Падающие звезды

Дмитрий Мамин-Сибиряк

Падающие звезды

ISNB: 978-1-64439-771-8

ПАДАЮЩИЕ ЗВЕЗДЫ

О, сынъ мой, плачь:
Еще звѣзда скатилась...
Беранже

I

Въ отдѣльномъ кабинетѣ моднаго загороднаго кабака "Кружало" стояла какая-то одуряющая атмосфера. Пахло апельсинами, ликерами, ѣдкимъ дымомъ дорогихъ сигаръ и просто людьми, которые долго и много пили. Бургардтъ чувствовалъ, какъ у него начала тяжело кружиться голова, а вмѣстѣ съ ней и вся комната. Сидѣвшій напротивъ него Сахановъ то казался ему такимъ маленькимъ-маленькимъ, то начиналъ вытягиваться въ длину, точно складной англійскій аршинъ. Но хуже было всего то, когда жирное и бѣлобрысое лицо Саханова съ глазами жареной корюшки начинало струиться и переливаться, какъ вода. Оно, именно, струилось, и Бургардтъ напрасно старался фиксировать его, закрывая то одинъ, то другой глазъ. Кто-то неестественно громкимъ голосомъ спорилъ, кто-то удушливо хохоталъ, гдѣ-то, сейчасъ на стѣной, назойливо бренчало разбитое піанино, и слышалось вызывающее взвизгиванье женскихъ голосовъ.

— Эге, надо пройтись...— соображалъ Бургардтъ, невѣрнымъ движеніемъ поднимаясь со стула.

Повидимому, стулъ былъ очень пьянъ, потому что покачнулся и полетѣлъ на полъ, а Бургардтъ едва удержался, схватившись за столъ, причемъ сильно дернулъ скатерть и въ то же время наступилъ на платье своей сосѣдки Ольги Спиридоновны. Нѣсколько стакановъ опрокинулось, а изъ одного обдало Ольгу Спиридоновну какимъ-то красноватымъ кабацкимъ пойломъ, составленнымъ по самому замысловатому рецепту. Ольга Спиридоновна какъ-то зашипѣла, сбрасывая съ платья ломтики ананаса и апельсина:

— Въ какой вы конюшнѣ воспитывались, Егоръ Захарычъ?

Онъ посмотрѣлъ на ея обозленное, вспыхнувшее красными

1

пятнами лицо и приготовился сказать какую-то дерзость, но именно въ этотъ рѣшительный моментъ лицо Ольги Спиридоновны начало струиться, какъ у Саханова.

— О, ммилая...— прошепталъ Бургардтъ коснѣющимъ языкомъ.

Ольга Спиридоновна окинула его уничтожающимъ взглядомъ, брезгливо повела плечами и отвернулась. Она чувствовала, что Красавинъ смотритъ на нее улыбающимся глазами, и не хотѣла показать ему, что разсердилась.

— Почему у васъ, Ольга Спиридоновна... глаза круглые?— спрашивалъ Бургардтъ, покачиваясь.— Совершенно круглые, какъ. у кошки...

— Потому что я вѣдьма, — бойко отвѣтила она, не поворачивая головы.

— Дѣйствительно...— согласился добродушно Бургардтъ.— Удивительно, какъ я этого раньше не замѣчалъ... Совершенно вѣдьма!..

Эта маленькая сцена вызвала общій смѣхъ. Даже улыбнулся Красавинъ, а этого было достаточно, чтобы всѣмъ сдѣлалось. весело. Сахановъ хохоталъ какимъ-то визгливымъ бабьимъ голосомъ, показывая свои гнилые зубы. Актеръ Бахтеревъ хохоталъ, запрокинувъ голову, а сидѣвшая рядомъ съ нимъ натурщица Шура улыбалась просто изъ вѣжливости, потому что никогда не понимала шутокъ. Смѣялся извѣстный "другъ артистовъ" Васяткинъ, ему вторилъ не менѣе извѣстный любитель Петюковъ и только хмуро молчалъ капитанъ Шпилевъ, неизмѣнный другъ Красавина.

Бургардтъ посмотрѣлъ на всю компанію осовѣвшими глазами и, махнувъ рукой, направился къ двери.

Онъ шелъ по какому-то корридору, состоявшему изъ хлопавшихъ дверей и "услужающихъ" татаръ, потомъ спустился по какой-то лѣстницѣ, прошелъ мимо буфета и очутился въ чахломъ садикѣ съ большой утрамбованной площадкой. Вездѣ горѣли разноцвѣтные фонарики, сверху лился раздражающей волной мертвый электрическій свѣтъ, передъ открытой эстрадой игралъ плохонькій оркестръ. Бургардъ мечталъ о маленькомъ балкончикѣ, который вытянулся надъ самой водой, но ему мѣшалъ идти какой-то господинъ въ котелкѣ.

— Милостивый государь, держите налѣво, — грубо замѣтилъ Бургардгъ.

— А вы держите направо!— не менѣе грубо отвѣтилъ котелокъ.

Это разозлило Бургардта. Онъ остановился передъ

котелкомъ въ угрожающей позѣ и, тыкая себя въ грудь, съ пьянымъ азартомъ проговорилъ:

— Я — Бургардтъ...— понимаете? Скульпоръ Бургардтъ...

Котелокъ остановился, дерзко смѣрялъ съ головы до ногъ знаменитаго скульптора и отвѣтилъ:

— Очень радъ... Имѣю честь рекомендоваться въ свою очередь: фабрикантъ Ивановъ... У меня фабрика никелированія живыхъ ершей.

Отвѣтъ былъ достоинъ того мѣста, гдѣ былъ данъ. Бургардгъ почувствовалъ чисто кабацкое оскорбленіе и поднялъ руку, но въ этотъ моментъ кто-то почтительно удержалъ его сзади.

— Ваше сіятельство, не извольте безпокоиться.

Когда Бургардъ оглянулся, передъ нимъ стоялъ лакей, татаринъ Ахметъ. Особенно дорогіе гости были распредѣлены между прислугой "Кружала", и Ахмету достался Бургардтъ, извѣстный между услуживающей татарской челядью подъ кличкой "профессора".

— Мадамъ ждетъ, ваше сіятельство...— бормоталъ Ахметъ.

— Какая мадамъ?

— Марина Игнатьевна... Онѣ сидятъ на балкончикѣ...

Взрывъ энергіи у Бургардта смѣнился разомъ какой-то мертвой усталостью. Онъ повернулся и покорно зашагалъ къ главному зданію, иллюминованному разноцвѣтными шкаликами и электрическимъ солнцемъ.

— А ты знаешь Ольгу Спиридоновну?— спрашивалъ онъ, по пьяной логикѣ возвращаясь къ давешней сценѣ.

— Помилуйте-съ, кто же ихъ не знаетъ-съ, ваше сіятельство...

— Она — вѣдьма, Ахметка... да.

Поднимаясь по лѣстницѣ, Бургардтъ нѣсколько разъ останавливался и спрашивалъ: — Ты кто такой?

— Услужающій, ваше сіятельство...

Они опять шли по корридору съ хлопающими дверями, опять сторожившіе въ корридорѣ татары почтительно давали имъ дорогу, пока Ахметъ не распахнулъ дверь, выходившую на небольшой балкончикъ, гдѣ сидѣла дама, кутавшаяся въ шелковый китайскій платокъ.

— Ахметъ, ты можешь уходить...— устало замѣтила она.

— Слушаю-съ...

— Подожди... Ты дашь сюда содовой воды и...

— Понимаю, ваше сіятельство.

Она усадила Бургардта на стулъ, пощупала его горѣвшій

лобъ, поправила спутавшіеся волосы и заговорила покровительствующимъ тономъ старшей сестры:

— Егорушка, развѣ можно такъ напиваться? Вѣдь вы знаете, что портеръ для васъ настоящій ядъ...

— А если она вѣдьма?— съ пьяной логикой отвѣтилъ Бургардтъ, раскачиваясь на своемъ стулѣ.— Совершенно вѣдьма... Это такъ смѣшно.

— Очень смѣшно... Вы посмотрѣли бы на себя, въ какомъ вы видѣ сейчасъ. Ахъ, Егорушка, Егорушка...

— Да, совершенный ядъ... знаю... А у ней глаза дѣлаются совсѣмъ круглые, когда она сердится... Ха-ха! Какъ у кошки... Я этого раньше совсѣмъ не замѣчалъ...

Она подвинулась къ нему совсѣмъ близко, обняла одной рукой, а другой поднесла къ его носу флаконъ съ англійской солью. Онъ потянулъ знакомый острый запахъ, сморщился и засмѣялся. Ему нравилось, что она ухаживаетъ за нимъ, и поэтому онъ опять разсердился на котелокъ и даже погрозилъ кулакомъ внизъ, гдѣ по аллеямъ бродила публика. О, онъ бы показалъ этому негодяю такихъ ершей... Но сейчасъ онъ не могъ разсердиться по настоящему, потому что его шею обвивала такая теплая женская рука, потому что пахло знакомыми духами, потому что въ моментъ опьяненія онъ любилъ чувствовать присутствіе хорошенькой женщины, которая позволяла капризничать. Да, какая хорошая эта Марина Игнатьевна, а Ольга Спиридоновна — вѣдьма съ круглыми кошачьими глазами...

— Марина, я васъ люблю... очень...

Она даже не улыбнулась, а только отодвинулись, потому что послышались шаги Ахмета.

Лакей подалъ бутылку содовой воды и пузырекъ съ нашатырнымъ спиртомъ. Марина Игнатьевна сдѣлала ему знакъ головой, что онъ можетъ исчезнуть, а потомъ осторожно отмѣрила въ стаканъ двѣ капли нашатырнаго спирта, налила воды и изъ своихъ рукъ заставила выпить все.

— Вотъ такъ, Егорутика... И больше портера я вамъ не дамъ. Понимаете? Мы еще на пароходѣ поѣдемъ кататься... будетъ хоръ музыка... цыгане... А то Сахановъ завтра разнесетъ по всему городу: "Бургардтъ былъ пьянъ мертвецки"... Всѣ будутъ смѣяться. Пожалуйста, пейте осторожнѣе, а то обольете меня всю, какъ давеча Ольгу Спиридоновну... Она вамъ этого никогда не проститъ. За каждое пятнушко на платьѣ она бьетъ свою горничную по щекамъ, а потомъ проситъ у нея прощенія.

Онъ молча поцѣловалъ ея руку, что заставило ее вздрогнуть и отодвинуться.

4

II

Принятое лѣкарство подѣйствовало очень быстро. Бургардтъ выпрямился и встряхнулъ головой, какъ человѣкъ, проснувшійся отъ тяжелаго сна. Въ слѣдующій моментъ онъ удивился, что сидитъ на балконѣ tête-à-tête съ Мариной Игнатьевной, и проговорилъ:

— Хорошо...

Отвѣта не послѣдовало. Марина Игнатьевна облокотилась на барьеръ и смотрѣла на Неву. Она любила большую воду, которая нагоняла на нее какую-то сладкую тоску. И теперь она легонько вздохнула, поддаваясь этому смутному, уносившему въ невѣдомую даль чувству. А какъ была сейчасъ хороша эта красавица Нева, разстилавшаяся живой блестящей тканью. Гдѣ-то въ густой зелени противоположнаго берега мелькали, точно свѣтляки въ травѣ, огоньки дачъ, и такіе же свѣтляки быстро неслись по рѣкѣ. Налѣво Нева была перехвачена громаднымъ деревяннымъ мостомъ, точно деревяннымъ кружевомъ. И мостъ, и береговая зелень, и огоньки дачъ — все это отражалось въ водѣ, которая блестѣла и переливалась искрившейся чешуей, точно она была насыщена бѣлесоватой мглой бѣлой петербургской ночи.

— Ей Богу, хорошо...— проговорилъ Бургардтъ.

— Ничего нѣтъ хорошаго...— лѣниво отвѣтила она, желая поспорить.— Я вообще не люблю этихъ безлунныхъ бѣлыхъ ночей. Есть что-то такое больничное въ освѣщеніи... Да, именно такой свѣтъ бываетъ въ больницахъ, гдѣ окна съ матовыми стеклами.

— Сантиментальное сравненіе...

— Что же худого въ сантиментальности?

— Договаривайте: лучше, чѣмъ реализмъ... пьяный...

— Не спорю...

Она печально улыбнулась и замолчала. Онъ посмотрѣлъ на нее, и ему вдругъ сдѣлалось жаль вотъ эту самую Марину Игнатьевну, охваченную раздумьемъ своей собственной безлунной ночи. А, вѣдь, она красива и даже очень красива, красива по настоящему, красива настоящей породистой красотой. Одинъ ростъ чего стоитъ. А лицо, тонкое и выразительное, съ затаенной лаской въ каждомъ движеніи, съ безукоризненнымъ профилемъ дорогой камеи, съ живой рамой слегка вившихся, какъ шелкъ, мягкихъ русыхъ волосъ, съ маленькимъ ртомъ — это была красавица, напоминавшая

5

монету изъ драгоцѣннаго металла высокой пробы. Рядомъ съ ней Бургардтъ чувствовалъ себя мужикомъ. Да, настоящимъ русскимъ мужикомъ, къ которому по странной ироніи судьбы была приклеена нѣмецкая фамилія. У него и ростъ, и коренастый складъ всей фигуры, и широкое лицо съ окладистой бородой, и мягкій носъ картошкой, и широкій ротъ, складывавшійся въ продававшую всего человѣка добрую славянскую улыбку — все было русское, мужицкое.

Она точно почувствовала его добрыя мысли, улыбнулась, придвинулась къ нему совсѣмъ близко, такъ что ея голова касалась его плеча, и заговорила:

— Егорушка, вамъ хорошо сейчасъ?.. Рѣка... огоньки... кто-то живетъ вонъ на тѣхъ дачахъ... да?.. Можетъ быть, кто-нибудь кого-нибудь сейчасъ ждетъ, кто-нибудь страдаетъ, кто-нибудь радуется, кто-нибудь любить, тихо и безотвѣтно, какъ безотвѣтна вотъ эта нѣмая бѣлая ночь... У каждаго и свое горе, и своя радость, и каждый увѣренъ, что міръ созданъ только для него. А я хотѣла-бы сидѣть вотъ такъ долго-долго... Пусть идутъ минуты, часы, дни, недѣли, мѣсяцы, годы, а я чувствовала бы себя спокойно-спокойно, какъ загипнотизированная...

Ея тонкіе пальцы перебирали его спутанные волосы. Ему хотѣлось сказать ей что-нибудь такое ласковое, доброе, хорошее, что отвѣтило-бы ея сантиментальному настроенію.

— Марина, милая, если-бы вы знали...

Она быстро закрыла его ротъ своей рукой и строго проговорила:

— Егорушка, я не принимаю милостыни... Можно, вѣдь, и безъ этого. Я знаю, что вы меня не любите, и не огорчаюсь... А знаете, почему? Очень просто: вы не можете любить... у меня не можетъ быть счастливой соперницы...

— Это почему?

— Опять просто: вы состарѣлись, Егорушка, состарѣлись душой... Васъ слишкомъ баловали женщины, и вамъ не чѣмъ сейчасъ любить.

Бургардтъ засмѣялся. Марина умѣла быть умной какъ-то совсѣмъ по своему и притомъ совершенно неожиданно. Впрочемъ, такое умное настроеніе такъ-же быстро и соскакивало съ нея, какъ это было и сейчасъ. Марина Игнатьевна вздохнула и проговорила:

— А ваша Шура имѣетъ успѣхъ...

— Почему она моя, Марина?

— Я не точно выразилась: ваша натурщица, Егорушка. Конечно, это успѣхъ новинки... Красавинъ лишенъ способности

6

увлекаться, какъ и вы, и ему нужно что-нибудь экстравагантное, острое, а у Шуры ему больше всего нравится дѣтское выраженіе ея глупаго личика.

— Да, Америка была открыта до нея...

— И знаете, Егорушка, мнѣ почему-то жаль ее, вотъ эту глупенькую поденку, какъ Сахановъ называетъ окружающихъ Красавина женщинъ. И вы виноваты, что толкнули на эту дорогу...

— Я?! Вся моя вина въ томъ, что Красавинъ видѣлъ еи у меня въ мастерской. Я больше ничего не знаю... Впрочемъ, какъ мнѣ кажется, наши сожалѣнія немного запоздали...

— Да, я видѣла, какъ давеча она пріѣхала въ коляскѣ Красавина... Вотъ въ такой коляскѣ ея погибель. Привязанности Красавина мѣняются съ такой-же быстротой, какъ и начинаются. Ахъ, какъ давеча Ольга Спиридоновна ѣла глазами эту несчастную Шуру... Рѣшительно не понимаю такихъ женщинъ. Не знаю, было у нея что-нибудь съ Красавинымъ или нѣтъ, но она такъ старается понравиться ему, а это губитъ женщину.

— У Ольги Спиридоновны своя психологія, Марина, и, какъ кажется, она не можетъ пожаловаться на судьбу.

— Да, но вопросъ въ томъ, чего требовать отъ судьбы?..

— Не больше того, что можетъ быть исполнено.

— Виновата, я, кажется, коснулась вашего больного мѣста, Егорушка: вы ухаживали за Ольгой Спиридоновной...

— Да?..

— А сейчасъ?

— Сейчасъ мое мѣсто старается занять Сахановъ, но, повидимому, безъ особеннаго успѣха.

— Вотъ кого я ненавижу ото всей души!— подхватила Марина Игнатьевна съ особеннымъ оживленіемъ.— Ненавижу и въ то-же время боюсь... Мнѣ кажется, что нѣтъ на свѣтѣ хуже человѣка, какъ этотъ Сахановъ... Вѣдь это онъ совращаетъ эту несчастную Шуру. Вы-бы послушали, что онъ ей говоритъ иногда...

— И я его тоже не люблю...

— Почсму жс Сахановъ считается однимъ изъ самыхъ, близкихъ вашихъ друзей, Егорушка?

— Моимъ другомъ онъ никогда не былъ, но онъ умный человѣкъ... Да, очень умный человѣкъ, а умъ — неотразимая сила, какъ и красота. Такъ мы сегодня ѣдемъ?

— Да... какая-то прогулка по взморью, потомъ на тони... Однимъ словомъ, цѣлый рядъ совершенно ненужныхъ глупостей. Ахъ, какъ мнѣ все это надоѣло, Егорушка!

— Чего-же мы ждемъ? Кажется, уже пора...

— Не знаю... Вѣроятно, готовится какой-нибудь неожиданный сюрпризъ. Я это подозрѣваю... Должно быть, Васяткинъ что-нибудь придумалъ. Онъ давеча о чемъ-то шепталася съ Сахановымъ, а потомъ исчезъ. Вѣдь они изъ кожи лѣзутъ, чтобы выслужиться передъ Красавинымъ. Гадко смотрѣть... Послушайте, намъ пора вернуться, а то Ольга Спиридоновна воспользуется случаемъ наговорить по моему адресу Богъ знаетъ что. Она, вообще, преслѣдуетъ меня...

Бургардтъ настолько оправился, что вернулся въ кабинетъ почти трезвымъ.

— А гдѣ-же ваша сестра милосердія?— спросила его Ольга Спиридоновна, сладко улыбаясь.

— Какая сестра милосердія? Ахъ, да... Вы спрашиваете про Марину Игнатьевну — она сейчасъ должна вернуться. Мы съ ней гуляли въ саду...

— Прогулка молодыхъ людей, подающихъ надежды?

— Именно...

Появленіе Антипа Ильича Красавина въ "Кружалѣ" составляло цѣлое событіе, что чувствовалось послѣднимъ татарченкомъ. "Кружало" только весной возникло на пепелищѣ прогорѣвшаго сада "На огонекъ". Все было реставрировано въ томъ миѳическомъ стилѣ, въ какомъ устраиваются всѣ загородные кабаки, и весь вопросъ сводился только на то, поѣдетъ-ли въ "Кружало" настоящая публика, та публика, которая задаетъ тонъ всему. Конечно, провертывались хорошіе гости, какъ квасоваръ Парѳеновъ или мѣховой торговецъ Букинъ — они оставляли въ одинъ вечеръ тысячи по три и заказывали шампанское прямо сотней бутылокъ. Но, во-первыхъ, все это были гости случайные, а во-вторыхъ — они еще не давали имени новому кабаку. Вотъ Красавинъ другое дѣло. Хозяинъ "Кружала" готовъ былъ угощать его даромъ, чтобы потомъ имѣть право сказать:

— А у насъ Антипъ Ильичъ весьма уважаютъ венгерскій хоръ...

Въ заколдованномъ кругу веселящагося "всего Петербурга" это было самое яркое имя, хотя Красавинъ столько-же принадлежалъ Москвѣ, какъ и Петербургу. Онъ переѣзжалъ съ мѣста на мѣсто дорогимъ и желаннымъ гостемъ. Хозяинъ "Кружала" бѣгалъ сейчасъ по корридору и, грозя услужающимъ татарамъ кулакомъ, повторялъ:

— Вы у меня смотрите, зебры полосатыя...

III

Самъ Красавинъ почти ничего не пилъ, кромѣ содовой воды, подкрашенной какимъ-то мудренымъ виномъ. Это былъ плечистый мужчина съ окладистой русой бородой, того неопредѣленнаго возраста, который Сахановъ называлъ "петербургскимъ". Широкая крѣпкая шея съ краснымъ наливомъ, широкое лицо съ тугимъ румянцемъ, каріе глаза съ поволокой, слегка вьющіеся русые волосы безъ малѣйшихъ слѣдовъ сѣдины — все, кажется, говорило о завидномъ богатырскомъ здоровьѣ, а между тѣмъ этотъ богатырь въ глазахъ свѣтилъ медицинской науки былъ обреченнымъ человѣкомъ, дни котораго сочтены. Красавинъ, вообще, являлся таинственнымъ человѣкомъ, который всплылъ на бурную поверхность столичной жизни изъ неизвѣстныхъ глубинъ и котораго одни считали милліонеромъ, а другіе — нищимъ.

— Все это сплетни,— рѣшилъ разъ и навсегда Сахановъ.— Вѣрно одно, что Антипъ Ильичъ аккуратно уплачиваетъ по всѣмъ рестораннымъ счетамъ...

Конечно, это было передано Красавину, но онъ ничего не отвѣтилъ, какъ и вообще не любилъ терять напрасно слова. Онъ гдѣ-то и что-то такое дѣлалъ, устраивалъ, хлопоталъ и проводилъ, какъ всѣ дѣльцы, а отдыхалъ въ смѣшанномъ обществѣ артистовъ, художниковъ и особаго сорта интеллигенціи, которая охотно собирается на даровую кормежку. Изъ собравшихся въ номерѣ гостей едва-ли кто нибудь могъ опредѣленно сказать, что такое Красавинъ, да мало этимъ и интересовались. Извѣстно было только, что онъ изъ заволжскихъ раскольниковъ и имѣетъ громадныя связи въ средѣ московскихъ старообрядцевъ-милліонеровъ. Ходили слухи, что раньше онъ пилъ запоемъ, а сейчасъ, когда на него накатывалась запойная тоска, ограничивался тѣмъ, что собиралъ около себя пьющую "братію". Какъ у всѣхъ богачей, у Красавина былъ другъ, такой-же таинственный человѣкъ, котораго всѣ называли Алешей. Онъ сейчасъ сидѣлъ около хорошенькой натурщицы Шуры и слѣдилъ за каждымъ движеніемъ патрона, какъ лягавая собака.

Эта Шура была послѣднимъ номеромъ изъ тѣхъ сомнительныхъ дамъ, которыя какъ-то неожиданно появлялись среди красавинской "братіи" и такъ-же неожиданно исчезали. Дѣвушка равнодушно смотрѣла на всѣхъ своими дѣтскими глазами и улыбалась при малѣйшемъ удобномъ случаѣ, что ее портило. Красивое дѣвичье лицо, обрамленное шелковыми прядями мягкихъ, слегка вившихся русыхъ волосъ, точно было нарисовано какимъ-то капризнымъ художникомъ, который вложилъ въ это лицо неуловимую молодую прелесть. Всего красивѣе у Шуры былъ ротъ, очерченный съ изумительной граціей. Но главное достоинство было не въ лицѣ, а въ тѣлѣ, какъ это всѣ знали по эскизамъ Бургардта. Въ своей компаніи она была извѣстна подъ кличкой "Ню". Шура была сложена, какъ статуя, и ее портили только руки, маленькія и нѣжныя, но съ слишкомъ короткими пальцами...

— У нея точно чужія руки, — говорила Ольга Спиридоновна, не выносившая женскаго превосходства.

Вернувшись въ номеръ, Бургардтъ нашелъ свое мѣсто занятымъ, — на его стулѣ сидѣлъ актеръ Бахтеревъ, котораго Ольга Спиридоновна нарочно подозвала, чтобы "отшить" Бургардта. Въ минуты раздраженія она не стѣснялась выраженіями и любила пустить вульгарное словечко. Бургардтъ подсѣлъ къ Шурѣ и молча взялъ ее за руку, отчего дѣвушка засмѣялась, какъ смѣются отъ щекотки.

— Вамъ весело, Шурочка?

— Такъ себѣ, Егоръ Захаровичъ... Я не умѣю плакать.

— Это отлично...

Бургардтъ любилъ свою натурщицу и относился къ ней, какъ къ избалованному ребенку. Онъ не ухаживалъ за ней, но чувствовалъ себя въ ея присутствіи какъ-то легче, какъ и другіе, точно она заражала всѣхъ своей цвѣтущей молодостью. Шура знала, что Бургардтъ любитъ портеръ, и незамѣтно подала ему полный стаканъ. Она видѣла, какъ слѣдитъ за нимъ Марина Игнатьевна, и дѣлала на зло ей изъ дѣтской шаловливости. Бургардтъ собственно не хотѣлъ больше пить, но изъ духа противорѣчія, чтобы подразнить "сестру милосердія", выпилъ свой стаканъ залпомъ. Шура опять смѣялась, незамѣтно наливая второй стаканъ.

— Я боюсь Марины Игнатьевны, — шепнула она Бургардту.— Она такими злыми глазами смотритъ на меня...

— Страшенъ сонъ, да милостивъ Богъ...

Публику занималъ одинъ Сахановъ, разсказывавшій самый послѣдній анекдотъ о какой-то актрисѣ, которая по близорукости приняла чужого мужа за своего, "со всѣми послѣдствіями" такой опасной близорукости.

Красавинъ слушалъ равнодушно и все посматривалъ на

10

дверь, какъ по его примѣру инстинктивно дѣлали и другіе, даже Ольга Спиридоновна, начинавшая что-то подозрѣвать. А Шура продолжала подливать Бургардту его стаканъ и незамѣтно перемѣнила свой стаканъ съ шампанскимъ. Бургардтъ поймалъ ее въ подлогѣ и на зло ей залпомъ выпилъ шампанское. Эта смѣсь быстро произвела свое дѣйствіе, и онъ необыкновенно быстро захмелѣлъ.

— Не пейте больше, ради Бога...— проговорила ему на ухо Марина Игнатьевна.

Но Бургардтъ уже былъ въ такомъ настроеніи, что не могъ слушать совѣтовъ, и отвѣтилъ какой-то грубостью. Шура кусала губы отъ смѣха, когда "сестра милосердія" отъѣхала ни съ чѣмъ.

Дальнѣйшія событія для Бургардта точно заволокло туманомъ, и онъ потерялъ нить въ поступательномъ ихъ движеніи. Ему почему-то не нравилось, что Алеша слишкомъ близко сидитъ около Шуры и даже фамильярно положилъ свою руку на спинку ея стула.

— Вы, господинъ хорошій, такъ нельзя...— грубо замѣтилъ ему Бургардтъ.

Алеша что-то ему отвѣтилъ, и Бургардтъ готовъ былъ разсердиться, если-бы не вмѣшалась Шура и прошептала:

— Миленькій, не стоитъ, бросьте.

Дальнѣйшія событія уже окончательно заволоклись туманомъ. Какъ сквозь сонъ Бургардтъ видѣлъ, какъ появился Васяткинъ, юркій господинъ въ пенснэ, и какъ всѣ разомъ поднялись съ своихъ мѣстъ. Марина Игнатьевна опять подошла къ Бургардту и шепнула:

— Проводите меня, Егорушка...

— Вы домой? Нѣтъ... нне желаю... да... Вы меня будете отпаивать чаемъ, а я не хочу...

Въ номерѣ появились услужающіе татары и смотрѣли на Красавина какими-то жадными глазами. Шура была огорчена, что Красавинъ не подалъ ей руки, а повелъ Ольгу Спиридоновну. Ей пришлось довольствоваться обществомъ Алеши.

— Пойдемте и мы, Егоръ Захаровичъ, — говорилъ Бахтеревъ, подхватывая Бургардта подъ руку.— Пора...

— Куда и зачѣмъ?

— Пароходъ ждетъ...

— А...

Въ коридорѣ ихъ обгоняли цыганки, подталкивая другъ друга, какъ выпущенныя изъ класса школьницы.

— Гм... Антонъ Ильичъ не забылъ о провизіи, —

11

соображалъ Бахтеревъ вслухъ, обнимая свободной рукой смуглую и костлявую цыганку.— Куда, фараоны?

— А мы съ вами на пароходъ...

Проходя садомъ, Бургардтъ вспомнилъ, какъ давеча обидѣлъ его господинъ въ котелкѣ, и началъ ругаться въ пространство, показывая кулаки.

— О, я ему покажу... да...

— Пренебрегите, Егоръ Захаровичъ, — уговаривалъ Бахтеревъ.

Когда они подходили уже къ пристани, Бургардтъ остановился и заявилъ, что не пойдетъ на пароходъ, потому что Красавинъ его не приглашалъ.

— Всѣхъ приглашалъ, значитъ и насъ... Главное: на тони поѣдемъ. Я страстный рыболовъ и лѣтомъ цѣлые дни просиживаю гдѣ-нибудь съ удочкой. А сейчасъ должны идти лососки... Понимаете, будемъ варить уху на свѣжемъ воздухѣ...

Послѣднее убѣдило Бургардта. Вѣдь и онъ тоже въ юности былъ страстнымъ рыбакомъ и проводилъ на Невѣ цѣлые дни. Милая, родная рѣка... Что можетъ быть красивѣе Невы? А петербуржцы, какъ оглашенные, бѣгутъ на какія-то дачи.

— Знаешь что, Бахтеревъ? — заговорилъ Бургардтъ, останавливая артиста.— Наплюемъ на этихъ дурацкихъ цыганъ и на тоню, а возьмемъ лодку, уѣдемъ куда-нибудь на Лахту, разведемъ костеръ... Боже мой, что лучше, какъ провести цѣлую ночь въ лѣсу у огонька? Голубчикъ, милый, поѣдемъ...

Этотъ планъ Бахтеревымъ не былъ принятъ, и онъ потащилъ Бургардта на пароходъ.

— Что-же это такое... Опять пьянство...— шепталъ Бургардтъ, теряя способность къ сопротивленію.

IV

Финляндскій пароходъ, расцвѣченный фонариками, стоялъ не у пристани, а прямо у берега. Слышалось легкое ворчаніе машины, гдѣ-то попыхивалъ бѣлыми клубами паръ, изъ трубы завивавшійся черной полосой тянулъ дымъ. На пароходѣ все было устроено еще въ Петербургѣ: поставлены столы, устроена закуска. Кухня помѣщалась въ носу. Все общество размѣстилось въ длинной каютѣ, кто гдѣ хотѣлъ. Бургардтъ замѣтилъ только одно, что Марина Игнатьевна не поѣхала домой, а осталась съ нарочной цѣлью слѣдить за нимъ. Чтобы досадить ей, онъ выпилъ большую рюмку англійской горькой и ушелъ на носъ, чтобы полюбоваться Невой. По дорогѣ суетившійся Васяткинъ едва не сшибъ его съ ногъ.

— Ахъ, pardon...

Услужающіе татары изъ "Кружала" тащили еще какія-то закуски, посуду и ящики съ бутылками, точно снаряжалась экспедиція на сѣверный полюсъ. Помѣстившись въ самомъ носу парохода, Бургардъ молча любовался красавицей Невой, которая отражала сейчасъ разноцвѣтные фонарики парохода. Что-то такое чудное и хорошее въ этой живой, вѣчно движущейся водѣ, какая-то скрытая сила и манящій покой. Недаромъ Марина Игнатьевна боялась воды: ее такъ и тянуло броситься въ рѣку.

Пароходъ далъ свистокъ и грузно началъ отдѣляться отъ берега. Слышно было, какъ винтъ рылъ воду, а машина прибавляла хода. Пароходъ легко и свободно врѣзывался своей желѣзной грудью въ застывшую рѣчную гладь и, распахнувъ ее могучимъ движеніемъ, оставлялъ за собой бурно двоившійся, широко волнистый слѣдъ.

— Какъ хорошо, какъ хорошо...— шепталъ Бургардтъ, подставляя горѣвшее лицо поднимавшемуся отъ движенія парохода вѣтру.

Плыли мимо низкіе зеленые берега, мелькали гдѣ-то въ зеленой гущѣ привѣтливые огоньки, быстро появлялись и еще быстрѣе исчезали лодки съ темными силуэтами сидѣвшихъ въ нихъ людей, давали свистки встрѣчные пароходики, пока все это не скрылось, уступивъ мѣсто широко налитому взморью. Боже, какъ хорошо было это подернутое матовой бѣлизной море, это свѣтившееся фосфорическимъ свѣтомъ небо, эта уходившая изъ-подъ парохода водяная гладь... Бургардту вдругъ страстно захотѣлось подѣлиться съ кѣмъ-нибудь своимъ настроеніемъ, и онъ вспомнилъ о Маринѣ Игнатьевнѣ.

— Да, только она пойметъ эту красоту... У нея есть чувство природы.

Бургардтъ уже поднялся, чтобы идти въ каюту, какъ раздалось цыганское пѣніе. Какой-то невообразимо дикій мотивъ поднялся дыбомъ, перемѣшиваясь съ бренчаньемъ цыганскихъ гитаръ. Бургардтъ даже заткнулъ уши. Неужели это кому-нибудь можетъ нравиться? Визгливые женскіе голоса съ гортаннымъ, надтреснувшимъ тембромъ, яркія вскрикиванія, раздражающее бренчанье гитаръ — въ общемъ все это напоминало звонъ разбитой посуды.

— Нѣтъ, я пойду и скажу, что это безобразіе, — рѣшилъ Бургардтъ.— Да, безобразіе, и самое скверное... Какъ не стыдно восхищаться этимъ дурацкимъ визгомъ и уханьемъ...

Цыгане столпились у входа въ каюту, такъ что ему пришлось расталкивать ихъ. Онъ отыскалъ глазами сидѣвшаго въ дальнемъ концѣ стола Красавина, чтобы высказать ему все, и вдругъ остановился. Около мецената сидѣла бѣлокурая стройная дѣвушка съ удивительнымъ лицомъ. Она смотрѣла на него и улыбалась — улыбка у нея была тоже удивительная, быстро появлявшаяся и такъ же быстро исчезавшая.

— Кто это?— спросилъ Бургардтъ сидѣвшую недалеко Марину Игнатьевну.

— Не знаю...— сухо отвѣтила та.— Кажется, новая прихоть нашего принципала. А что: поражены?

— Да, что-то необыкновенное... изумительное...

— Знаю одно, что англичанка. А вонъ ея мать сидитъ — крашеные рыжіе волосы и наштукатуренное лицо. Настоящая милашка... Это все сюрпризы Васяткина. Посмотрите на этого негодяя, какъ онъ доволенъ и счастливъ...

Хоръ дико завывалъ, гитары бренчали, хриплый баритонъ выводилъ какую-то нелѣпую руладу, а Бургардтъ все смотрѣлъ на бѣлокурую незнакомку и не могъ придти въ себя. Красавинъ что-то такое ей говорилъ, жестикулируя сильнѣе обыкновеннаго, а она улыбалась ему непонимающей улыбкой и что-то такое старалась объяснить руками.

— Боже мой, да вѣдь она нѣмая?!— невольно крикнулъ Бургардтъ, всплеснувъ руками отъ охватившаго его ужаса.

Это восклицаніе вызвало общій смѣхъ. Ольга Спиридоновна такъ и залилась, закрывая ротъ платкомъ. Къ Бургардту подошелъ Сахановъ и, слащаво улыбаясь, проговорилъ:

— Нѣтъ, каковъ нашъ Васяткинъ, а? Вѣдь это его выдумка... Дѣйствительно, нѣмая. Ну, кому придетъ въ голову такая счастливая идея...

Сахановъ никогда не напивался, а только входилъ въ умиленно-слащавое настроеніе, какъ и сейчасъ. Глядя на растерявшагося Бургардта, онъ какъ-то неестественно захохоталъ.

— Оставь меня, ради Бога...— сухо отвѣтилъ Бургардтъ, занимая свободный стулъ.— Гдѣ я? Что это такое?

— Самая обыкновенная вещь, — отвѣтила ему Ольга Спиридоновна, скашивая въ его сторону свои круглые глаза.— И нѣмыя дѣвушки имѣютъ скромное желаніе превратиться въ женщину... Очень просто.

14

Бургардтъ только посмотрѣлъ на нее дикими глазами и ничего не отвѣтилъ. Онъ теперь понялъ все. Васяткинъ въ своихъ интересахъ создавалъ соперницу Шурѣ. Да, это было ясно, какъ день. Чѣмъ можно было удивить Красавина, къ услугамъ котораго были женщины всѣхъ пяти частей свѣта? А тутъ нѣмая красавица... Это была такая экстравагантная новость, которая заставила оживиться скучавшаго мецената до неузнаваемости. Вглядываясь въ мать, Бургардтъ старался припомнить, гдѣ онъ ее встрѣчалъ. Эта женщина-маска положительно была ему знакома.

— Да, вѣдь, это миссъ Мортонъ?— обратился онъ къ Саханову.— Она лѣтъ десять тому назадъ пѣла на островахъ...

— Представьте себѣ, что она... Никто и не подозрѣвалъ, что у нея такая красавица дочь... и притомъ нѣмая. Васяткинъ положительно геніальный человѣкъ по этой части... У англичанокъ, знаешь, все просто и откровенно: Мортонъ желаетъ получить за свою дочь всего семнадцать тысячъ. Ха-ха... Почему не двадцать, для круглаго счета? Я убѣжденъ, что у нея и мысли такія-же крашеныя, какъ сама она...

— Да, бываютъ сны, а на яву чуднѣй!.. Ахъ, негодяй...

— Кто? Васяткинъ? Видишь-ли, всѣ геніальные люди немножко негодяи...

Дальше опять все заволоклось пьянымъ туманомъ. Бургардтъ пилъ уже безъ разбора рѣшительно все, что ему наливали — ликеры, портеръ, шампанское, водку. Ему хотѣлось забыться, хотѣлось плакать, хотѣлось крикнуть всѣмъ, какіе они негодяи. Да, именно негодяи... Это было самое подходящее слово.

Пароходъ сдѣлалъ широкій кругъ по взморью и двинулся обратно къ островамъ, чтобы попасть на тони у Елагина. На тоняхъ уже ждали дорогихъ гостей. Въ качествѣ спеціалиста теперь всѣмъ распоряжался Бахтеревъ. Всѣ вышли на деревянный плотъ, тонувшій подъ тяжестью набравшейся публики. Дамы считали своимъ долгомъ взвизгивать и кокетливо подбирали юбки. Красавинъ велъ нѣмую миссъ Мортонъ подъ руку и оказывалъ ей знаки особеннаго своего вниманія. Бургардтъ слѣдилъ за этой сценой воспаленными глазами и повторялъ:

— Негодяй... о, негодяй!..

Закинутая тоня оказалась счастливой, и нѣмая красавица апплодировала, когда рыбаки положили въ корзину судорожно бившуюся лососку.

— Одна нѣмая радуется, что попала въ сѣти другая нѣмая, — объяснилъ Сахановъ.

Потомъ тутъ-же на плоту, на заранѣе приготовленномъ очагѣ изъ камней, запылалъ костеръ и торжественно варилась уха по какому-то спеціальному рецепту, секретъ котораго былъ извѣстенъ только одному Алешѣ. Нѣмая миссъ Мортонъ опять была счастлива, какъ ребенокъ. Получалась оригинальная и красивая картина.

V

На другой день утромъ Бургардтъ просыпался нѣсколько разъ, натягивалъ на себя байковое одѣяло и опять засыпалъ тревожнымъ и нездоровымъ сномъ. Въ головѣ чувствовалась такая тяжесть, точно она была налита чугуномъ. А на улицѣ уже поднимался раздражающій дневной шумъ: тяжело катились ломовыя телѣги, дребезжали извозчичьи пролетки, изнемогающими голосами выкрикивали уличные разносчики — вообще, просыпалось тысячью самыхъ разнообразныхъ звуковъ то чудовище, которое называется большимъ городомъ.

Но всего больше Бургардта раздражали тяжелые шаги "человѣка" Андрея, который имѣлъ дурную привычку по нѣскольку разъ подходить къ дверямъ и прислушиваться, не проснулся-ли баринъ.

— Нѣтъ, нужно отоспаться...— думалъ про себя Бургардтъ, готовый притвориться спящимъ, если Андрею придетъ блажь отворить дверь въ кабинетъ.

Послѣ смерти жены Бургардтъ всегда спалъ у себя въ кабинетѣ, на широкомъ кожаномъ диванѣ, а спальня была превращена въ дѣтскую, гдѣ жила его дочь Анита съ своей воспитательницей миссъ Гудъ. Кабинетъ для Бургардта являлся символомъ холостой студенческой свободы, и онъ не желалъ устраивать себѣ особую спальню, чтобы не поощрять этой свободы.

Почему-то сегодня Андрей особенно настойчиво прислушивался у дверей, и Бургардтъ пришелъ къ убѣжденію, что сонъ "переломленъ" и что ничего не остается, какъ только вставать. По давно усвоенной привычкѣ, еще лежа въ постели, онъ дѣлалъ провѣрку наступающему дню, т. е. своей работоспособности. Онъ представлялъ себѣ свою мастерскую, покрытыя мокрыми тряпками работы, запахъ сырой скульпурной глины, молчаливаго Гаврюшу, работавшаго съ

16

угрюмой настойчивостью, даже ту пыль, которая набиралась въ мастерской, и самого себя въ рабочей блузѣ, безъ которой онъ не могъ работать. Если получалось ощущеніе какой-то таинственной полноты, значитъ, онъ будетъ работать. Сейчасъ такая провѣрка дала очень грустный минусъ.

Лежа на своемъ диванѣ, Бургардтъ напрасно старался припомнить, что такое было вчера. Пьяная безобразная ночь — эта внѣ сомнѣній. "Послѣдняя"...— повторилъ онъ про себя. Да, безобразіе было, и онъ былъ дѣятельнымъ участникомъ этого безобразія, но случилось еще что-то... Можетъ быть онъ сдѣлалъ скандалъ и, кажется, обругалъ Красавина негодяемъ. Да, онъ начиналъ припоминать отдѣльные эпизоды. Сначала "Кружало", гдѣ онъ, кажется, скандалилъ, потомъ пикникъ на пароходѣ, визгъ и уханье цыганскаго хора, потомъ тони...

— Безобразіе...— проговорилъ вслухъ Бургардтъ.

Потомъ онъ вдругъ все вспомнилъ и сѣлъ на диванѣ. Предъ его глазами живой выросла загадочная нѣмая бѣлокурая дѣвушка. Ахъ, да, Красавинъ ухаживалъ за ней, потомъ Сахановъ, по обычаю, говорилъ какія-то неприличныя вещи, потомъ горѣлъ костеръ... Да, да, она смѣялась, когда вытащили большую рыбу, и потомъ опять смѣялась, когда варили уху прямо на кострѣ, какъ любилъ Красавинъ.

— Да, да, все это было...— вслухъ проговорилъ Бургардтъ, начиная одѣваться.

Ему казалась, что онъ въ чемъ-то виноватъ и долженъ что-то такое сдѣлать. Онъ позвонилъ, и Андрей, отставной солдатъ съ отпущенной бородой, точно подбитой молью, подалъ на подносѣ то, что полагалась, когда баринъ возвращался домой слишкомъ поздно: бутылку квасу, зельтерской воды и стаканъ крѣпкаго чернаго кофе. Поставивъ на столъ подносъ, Андрей тяжело топтался на одномъ мѣстѣ.

— Что тебѣ нужно?— довольно сурово спросилъ его Бургардтъ.

— А тамъ... этотъ... бормоталъ Андрей, глядя въ уголъ.— Ну, который съ мѣшкомъ ходитъ...

— Хорошо... Я сейчасъ...

Когда вѣрный слуга удалился, Бургардтъ засмѣялся. Да, именно хорошо... Кажется, "человѣкъ съ мѣшкомъ" не могъ выбрать лучшаго момента.

Бурградтъ позвонилъ и велѣлъ Андрею позвать въ кабинетъ того, "который съ мѣшкомъ". Андрей презрительно скосилъ глаза и молча вышелъ. Скоро послышались тяжелые шаги, и въ кабинетъ вошелъ средняго роста человѣкъ въ

17

русской поддевкѣ, въ мужицкихъ тяжелыхъ сапогахъ и съ бѣлымъ мѣшкомъ въ рукахъ. Бургардтъ бросился къ нему навстрѣчу, крѣпко его обнялъ и расцѣловалъ изъ щеки въ щеку.

— Григорій Максимычъ, ты не могъ лучше придти...

— Слѣдовательно, опять покаянное настроеніе?— отвѣтилъ гость, вопросомъ, разглаживая свою козлиную бородку съ сильной просѣдью.

Гость говорилъ пріятнымъ груднымъ баскомъ и постарался освободить себя отъ вторичныхъ объятій хозяина. Онъ спокойно положилъ свой мѣшокъ въ уголъ, оглядѣлъ кабинетъ, точно былъ въ немъ въ первый разъ, и прибавилъ:

— Слѣдовательно, пришелъ навѣстить... Какъ живешь?

— Ахъ, не спрашивай, ради Бога... То же самое свинство.

Бургардтъ торопливо налилъ квасу и залпомъ выпилъ весь стаканъ. Гость смотрѣлъ на него своими добрыми карими глазами и беззвучно шевелилъ губами.

— Слѣдовательно, Сахановъ...— резюмировалъ онъ невысказаныя мысли.

— Какой тутъ Сахановъ... Ахъ, ничего ты не понимаешь, Григорій Максимычъ! Смотри на меня и презирай...

Торопливо глотая квасъ, Бургардтъ началъ разсказывать о вчерашнемъ вечерѣ, сбивался и подбиралъ слова, особенно когда дѣло дошло до нѣмой миссъ Мортонъ. Гость слушалъ эту горячую исповѣдь совершенно безучастно и отвѣтилъ совершенно невпопадъ:

— Слѣдовательно, я былъ сейчасъ въ мастерской... да... Разсматривалъ твой барельефъ...

— Сергія?

— Слѣдовательно, его...

— Ну, и что же? Онъ еще въ эскизѣ... Все не хватаетъ времени кончить. Есть срочные заказы...

— Слѣдовательно, вздоръ... Лѣность обуяла, пьянство, развратъ, Сахановъ... А барельефъ ничего. Какъ это у васъ нынче говорятъ? Есть настроеніе... да... Слѣдовательно, я смотрѣлъ и могу понять.

— Милый мой, вотъ и не понимаешь!— перебилъ его Бургардтъ, ломая руки.— Вотъ ты смѣешься надъ моимъ покаяннымъ настроеніемъ, а эта работа и есть мое покаяніе... Да!.. Вотъ и сейчасъ я пошелъ бы работать... Нѣтъ, вру, и совершенно безцѣльно вру.

Этотъ разговоръ былъ прерванъ появленіемъ Андрея. Онъ подалъ длинный изящный конвертъ и остановился въ дверяхъ. Бургардтъ быстро пробѣжалъ коротенькую записочку и

18

схватилъ себя за волосы. Это было письмо отъ Марины Игнатьевны, которая напоминала ему, что вчера онъ пригласилъ всѣхъ къ. себѣ на ужинъ и чтобы онъ не забывалъ объ этомъ.

— Ужъ второй часъ въ куфнѣ ждетъ васъ мужикъ съ рыбой, — объяснилъ Андрей, точно отвѣчая на нѣмое отчаяніе барина.

— Съ какой рыбой?

— А вы сами вчера заказывали, потому какъ бымши на тоняхъ...

— Пусть миссъ Гудъ ему заплатитъ, и ну его къ чорту...

Андрей вышелъ, а Бургардтъ зашагалъ по кабинету, напрасно стараясь припомнить, кого онъ вчера приглашалъ. Придетъ же такая пьяная фантазія... Еслибы еще миссъ Гудъ съ Анитой были на дачѣ, а то онѣ дома... Однимъ словомъ, самая скверная исторія.

Прогнавши мужика съ тоней, Андрей еще разъ явился въ дверяхъ и какъ-то особенно сердито заявилъ:

— Значитъ, при письмѣ былъ букетъ...Приказано поставить его въ мастерской...

— А, хорошо...

Квартира Бургардта помѣщалась въ третьемъ этажѣ большого каменнаго дома на четвертой линіи Васильевскаго Острова, недалеко отъ Средняго проспекта. Вотъ уже почти двадцать лѣтъ какъ онъ живетъ на Васильевскомъ Островѣ и, не смотря на нѣкоторыя неудобства, какъ удаленность отъ центра, онъ оставался здѣсь, точно привязанный къ своей четвертой линіи юношескими воспоминаніями, когда еще былъ безвѣстнымъ академистомъ. Много было здѣсь поработано, пережито и перечувствовано въ горячую пору юности, и здѣсь же для него проявился тотъ свѣтъ, который ему впослѣдствіи далъ европейское имя. Васильевскій Островъ съ его по казарменному вытянутыми улицами, напоминавшими архитектурный чертежъ, являлся для него второй духовной родиной, и онъ, работая въ Римѣ, тосковалъ вотъ объ этихъ скучныхъ улицахъ, вытянувшихся въ безнадежно-прямыя липіи. И какъ здѣсь ему было все знакомо, начиная съ домовъ и кончая послѣдней мелочной лавочкой. Вотъ студенческій трактиръ, рядомъ домъ, гдѣ онъ мыкалъ горе съ другими академистами, недалеко жила натурщица, въ которую онъ былъ влюбленъ и т. д. По этимъ улицамъ онъ вынашивалъ свои юношескія надежды, свои первыя сомнѣнія, неудачи и первые успѣхи. При одной мысли о перѣѣздѣ собственно въ Петербургъ, въ одну изъ центральныхъ модныхъ улицъ, у него являлся инстинктивный страхъ, точно вмѣстѣ съ этимъ переѣздомъ онъ и самъ сдѣлается другимъ, и художественное счастье его оставитъ. Это былъ совершенно дѣтскій страхъ, присущій слишкомъ нервнымъ натурамъ.

Настоящую квартиру Бургардтъ занималъ уже около десяти лѣтъ, хотя и собирался перемѣнить ее каждый годъ. Она была и велика и въ то же время мала. Собственно было только двѣ настоящихъ комнаты — большой залъ и мастерская, а остальныя комнаты состояли изъ конурокъ, какъ его кабинетъ, столовая, комната Аниты. Залъ тоже казался меньше, благодаря загромождавшему его всевозможному хламу, набравшемуся во время путешествій, изъ разныхъ подарковъ и благопріобрѣтенныхъ на Александровскомъ рынкѣ. Все сводилось на желаніе создать "обстановку", какъ говорилъ Сахановъ, а, въ сущности, получалась какая-то окрошка изъ всевозможныхъ стилей. Тутъ была и старинная стильная мебель, и восточные ковры, и старинное оружіе, и художественная бронза, и фарфоры, и археологическія рѣдкости, и всевозможные articles. Вообще, залъ былъ слишкомъ загроможденъ, на что жаловались всѣ артисты, которымъ приходилась здѣсь пѣть или играть на рояли. Человѣкъ Апдрей тоже не одобрялъ этого хлама, а къ такимъ вещамъ, какъ маккартовскіе букеты, точно питавшіеся пылью, относился прямо враждебно. "Въ самый разъ коровамъ отдать или какой барынѣ на шляпу", — ворчалъ онъ, когда по утрамъ наводилъ порядокъ въ комнатахъ. Самъ Бургардтъ не любилъ этого ненужнаго и претенціознаго хлама, но онъ набрался какъ-то самъ собой. Нѣсколько разъ онъ хотѣлъ выбросить всю эту дребедень, но ненужныя вещи, какъ и ненужные люди, имѣютъ присущую только имъ способность оставаться неприкосновенными по цѣлымъ годамъ.

Эта художественная обстановка больше всѣхъ возмущала Григорія Максимыча, какъ совершенно ненужная и безцѣльная прихоть. Прибавляя къ началу фразы свое "слѣдовательно", этотъ другъ дѣтства Бургардта возвышался до настоящаго краснорѣчія, когда обличалъ царившую въ залѣ "суету суетъ". Это было его пунктикомъ, какъ вторымъ пунктикомъ являлась какая-то органическая ненависть къ Саханову. Крайне терпимый и доступный во всемъ остальномъ, Григорій Максимычъ дѣлался придирчивымъ и злымъ, стоило Саханову войти въ комнату.

— Надѣюсь, ты у меня сегодня останешься поужинать?— спрашивалъ его Бургардтъ.— Будутъ все свои...

20

— Слѣдовательно...

— Да, будетъ и Сахановъ... Удивляюсь, право, что онъ тебѣ дался: ни хуже, ни лучше другихъ. Такой-же, какъ и всѣ... Я его совсѣмъ не желаю защищать.

Григорій Максимычъ не удостоилъ отвѣтомъ, а только теребилъ свою бородку.

— Ну, не сердись, — говорилъ Бургардтъ.— Пойдемъ въ мастерскую... Нужно посмотрѣть, что дѣлаетъ Гаврюша...

VI

Мастерская отдѣлялась отъ зала полутемнымъ корридоромъ, гдѣ уже чувствовался запахъ алебастра и мокрой глины. Въ мастерской никакой обстановки не полагалось. Это была почти совсѣмъ пустая комната, освѣщенная громаднымъ венеціанскимъ окномъ. Посѣтители, которые время отъ времени являлись сюда, искренно удивлялись этому убожеству знаменитой мастерской, изъ которой выходили такія удивительныя произведенія. Большинство начатыхъ работъ стояли закрытыя мокрыми тряпками и до окончанія находились подъ строгимъ наблюденіемъ сторожа Андрея. Къ работамъ своего барина Андрей относился съ авторитетомъ завзятаго спеціалиста, причемъ, какъ попугай, повторялъ разныя мудреныя слова, придавая имъ свой собственный смыслъ. Напримѣръ, Гамлетъ — это сурьезная статуя, съ настроеніемъ. Не даромъ тогда на выставкѣ вся публика ахнула, а того и не знаютъ, что одинъ онъ, Андрей, видѣлъ, какъ баринъ лѣпилъ ее отъ начала до конца и одобрилъ пораньше другихъ протчихъ. Вотъ тоже "Ромео и Джульета" — тоже ничего себѣ, не вредная группа, хотя до "Гамлета" и далеко. Охъ, какъ далеко... Какъ будто и то, а на самомъ дѣлѣ даже совсѣмъ наоборотъ. Нѣкоторыя работы Андрей ненавидѣлъ, какъ послѣднюю, — осрамится съ ней баринъ въ лучшемъ видѣ. Что публика уважаетъ: ей подавай съ пылу горячаго. Вонъ "Гамлетъ"-то какъ поглядываетъ и притомъ "мертвый черепъ" въ ручкѣ держитъ, тоже голенькія барышни — сужетъ пріятный. А то сейчасъ баринъ придумалъ лѣпить барыню въ платьѣ, да и барыня-то Ольга Спиридоновна. Ну, кто ее не знаетъ, Ольгу Спиридоновну, какъ она на тіатрѣ ногами брыкаетъ. Было ея время, да ушло. Сейчасъ Андрей ждалъ барина въ мастерской и только покосился на "человѣка съ мѣшкомъ", котораго считалъ вреднымъ, хотя онъ и генеральскій сынъ. Такъ въ томъ родѣ, какъ юродивый...

— Андрей, открой Сергія...— проговорилъ ему Бургардтъ.

Посрединѣ мастерской стоялъ знаменитый "Гамлетъ", съ котораго ученикъ Бургардта, самоучка Гаврюша, лѣпилъ копію. Это былъ юноша лѣтъ двадцати пяти, русоволосый, застѣнчивый, какъ дѣвушка, и съ дѣвичьимъ румянцемъ. Сторожъ Андрей ненавидѣлъ его и ворчалъ про себя:

— Туда-же, за нами погнался, мужланъ... А того не понимаетъ, что нужно имѣть свою эмоцію колоритную и талантъ тоже...

Взглянувъ на Гаврюшу, Бургардтъ сразу замѣтилъ, что дѣло у него не клеится, и онъ работаетъ съ молчаливымъ отчаяніемъ.

— Вотъ эта линія шеи у васъ не вышла...— объяснялъ Бургардтъ и хотѣлъ снять "стекой" лишнюю глину, но Гаврюша его остановилъ.

— Ради Бога, Егоръ Захарычъ... я самъ...

Юноша даже поблѣднѣлъ, точно ему самому хотѣли произвести какую-то очень мучительную операцію. Бургардтъ понялъ и оцѣнилъ это начинавшееся авторство. Похлопавъ Гаврюшу по плечу, онъ прибавилъ:

— Да, лучше самому повторить десять разъ свою ошибку и добиться цѣли...

Ему показалось, что Гаврюша посмотрѣлъ на него какимъ-то озлобленнымъ взглядомъ. Это было впечатлѣніе электрической искры.

Григорій Максимычъ внимательно разсматривалъ "Гамлета", точно видѣлъ его въ первый разъ. Это была удивительная статуя, въ которой онъ находилъ каждый разъ что-нибудь новое. Такъ было и сейчасъ. Какъ хорошо это молодое лицо, тронутое тѣнью геніальнаго безумія — нѣтъ, это было не одно лицо, а тысячи лицъ, спаянныхъ въ одно. Вотъ эти вдумчивые глаза, вотъ горькая улыбка, вотъ преждевременная старость въ слегка намѣченныхъ морщинахъ лба, вотъ цвѣтущая юность, притаившаяся въ мягкомъ контурѣ носа и губъ — однимъ словомъ, если смотрѣть на статую съ разныхъ точекъ, получалось впечатлѣніе разныхъ людей, возрастовъ и настроеній. А эта немного усталая поза молодого сильнаго тѣла, точно пропитанная мыслью о бѣдномъ Іорикѣ:

Тутъ были уста — я цѣловалъ ихъ такъ часто...
Гдѣ теперь твои шутки, ужимки?

22

Гдѣ пѣсни, молніи остротъ, отъ которыхъ всѣ пирующіе хохотали до упаду?

Кто съострить теперь надъ твоей же костяной улыбкой?

Бургардтъ тоже смотрѣлъ на "Гамлета", стараясь поднять то чувство, которое онъ испытывалъ, работая надъ этой статуей подъ декламаціи шекспировскихъ стиховъ Бахтеревымъ. Кстати, первыми оцѣнили это произведеніе именно люди, которыхъ онъ не любилъ и не уважалъ: актеръ Бахтеревъ и критикъ Сахановъ, а тѣ люди, на вниманіе и оцѣнку которыхъ онъ особенно разсчитывалъ, отнеслись къ его "Гамлету" или равнодушно, или скептически. Приходилось переживать мучительный періодъ сомнѣній, и бывали моменты, когда Бургардту приходилось удерживать самого себя, чтобы не разбить въ куски, можетъ быть, лучшую свою работу.

— Хорошо...— думалъ вслухъ Григорій Максимычъ, отходя отъ статуи.— Хорошо, хотя и безполезная вещь.

— Да?

— Слѣдовательно, да... Она немного опоздала, почти на цѣлыхъ сто лѣтъ. Къ этому "Гамлету" нужно обстановку какого-нибудь Эрмитажа, мужчинъ въ парикахъ, женщинъ въ фижмахъ, придворныхъ льстецовъ...

— Готово-съ...— докладывалъ Андрей, раскрывъ громадный барельефъ, стоявшій въ массивной деревянной части.

— Вотъ это, кажется, будетъ по твоей части, — замѣтилъ Бургардтъ, подводя друга на мѣсто, съ котораго удобнѣе было разсматривать работу въ общемъ.

— Слѣдовательно, посмотримъ...— говорилъ другъ, пристально всматриваясь въ барельефъ.

Бургардту нравилось, какъ его другъ относился къ его работамъ: вѣдь умѣть смотрѣть — искусство, которое дается немногимъ.

— Это преподобный Сергій въ тотъ моментъ, когда онъ благословляетъ Дмитрія Донского на битву съ Мамаемъ, — объяснялъ Бургардтъ.— Самъ Сергій уже конченъ... я его чувствовалъ... А вотъ вся бѣда съ Донскимъ: выходитъ что-то такое шаблонное, академическое, мертвое...

Барельефъ поразилъ Григорія Максимыча, хотя онъ ожидалъ отъ него многаго. Донского, дѣйствительно, не было, а Сергій вышелъ великолѣпно, удивительно, чудно. Какъ хорошо это изможденное постомъ, молитвой и трудами старческое лицо, проникнутое внутреннимъ свѣтомъ, очищенное душевными муками и смотрящее въ далекое-далекое будущее. У Григорія Максимыча просто шли мурашки по спинѣ, такъ хорошъ былъ этотъ великій представитель земли русской. Да, вотъ все это удѣльное княжье, городовая старшина, и всякіе переднiе люди полны недоумѣнія и страха; они уже не вѣрятъ въ собственную силу, которая изсякла подъ гнетомъ татарщины — вся сила теперь сосредоточилась вотъ въ этомъ изможденномъ старческомъ лицѣ и въ этомъ увѣренномъ строгомъ движеніи благословляющей руки. Великій подвижникъ провидѣлъ далекое будущее и настоящее видѣлъ прошлымъ.

— Слѣдовательно, изумительно...— бормоталъ Григорій Максимычъ, разсматривая детали.— Пересвѣтъ и Ослябя вышли тоже не дурно... Они должны были быть именно такими простыми...

— А знаешь, чего не достаетъ въ этой работѣ?— спрашивалъ Бургардтъ.— Именно, вотъ этой самой вѣрующей простоты, о которой ты сейчасъ говоришь

Художникъ только понималъ свой сюжетъ... Вѣдь взятъ рѣшающій моментъ, отъ котораго зависѣло все будущее, а въ такіе моменты самые обыкновенные люди дѣлаются героями.

Григорій Максимычъ молчалъ, продолжая наблюдать барельефъ. Его занимала та связь, которая необходимо должна была соединять "Гамлета" съ этимъ именно барельефомъ. Да; эта связь существовала, должна была существовать, какъ и между другими работами, кончая бюстомъ Красавина.

Наблюдавшій за "человѣкомъ съ мѣшкомъ" Андрей, чтобы посрамить барина, сказалъ:

— А у насъ есть еще одна модель, сударь... Вотъ извольте взглянуть.

Бургардтъ не успѣлъ предупредить, какъ Андрей уже раскрылъ бюстъ Ольги Спиридоновны. Григорій Максимычъ посмотрѣлъ на него совершенно равнодушно и еще болѣе равнодушно проговорилъ:

— Слѣдовательно, актриса?

— Нѣтъ, больше: балерина.

Этотъ отвѣтъ заставилъ друга отвернуться, и онъ даже сдѣлалъ брезгливое движеніе рукой, какъ отмахиваются отъ назойливаго насѣкомаго.

Это движеніе огорчило Бургардта. Очевидно, другъ не желалъ понимать...

— Послушай, Григорій, ты напрасно...— обиженно заговорилъ Бургардтъ, подбирая слова.— Дѣло въ томъ, что это... Да, это будетъ моя лучшая работа, если хочешь знать.

Другъ смотрѣлъ на него непонимающими глазами, а вѣрный старый слуга даже закрылъ ротъ рукой.

— Слѣдовательно, какъ же это такъ? То-есть, я ничего не понимаю...

Гаврюша сдѣлалъ видъ, что продолжаетъ свою работу. Онъ торжествовалъ. Да, Бургардтъ получилъ, наконецъ, самое сильное оскорбленіе и получилъ отъ человѣка, котораго искренно любилъ и уважалъ.

Бургардтъ прошелся нѣсколько разъ по мастерской, а потомъ остановился передъ бюстомъ и заговорилъ:

— Вотъ вы всегда такъ судите, т.-е. вы — публика... да.

— И что-же изъ этого?

— Что изъ этого? Послушайте, нѣтъ, это трудно объяснить словами. Понимаешь: въ жизни каждой хорошенькой женщины наступаетъ такой моментъ, когда духъ красоты, привлекавшій мужчинъ, ее оставляетъ, а форма еще остается. Она еще не успѣла состариться, линіи еще живы, но уже начинается омертвеніе... О, нѣтъ, ты ничего не понимаешь?! Уловить именно этотъ моментъ умирающей красоты, фиксировать его — громадная задача... Какъ хочешь, а міръ все-таки принадлежитъ хорошенькой женщинѣ, и красота, по выраженію поэта, страшная сила...

— Слѣдовательно, что же изъ этого?

— По моему, это величайшая трагедія...

— Кому она нужна?

— А кому нужно сумасшествіе датскаго принца Гамлета?

— Слѣдовательно... Позволь, я рѣшительно не могу связать эти вещи: Гамлета, преподобнаго Сергія и умирающую женскую красоту...

— Въ послѣдней высшая трагедія: вмѣстѣ съ ней умираетъ призывъ къ жизни... Если-бы мнѣ удалось воплотить то, что я задумалъ... голубчикъ, ты меня не понимаешь, и мы будемъ говорить на разныхъ языкахъ.

VII

Въ мастерской они пробыли до завтрака. Бургардтъ дѣлалъ попытку что-то поправить въ барельефѣ, но изъ этого ничего не выходило. Пришла горничная, некрасивая и кривобокая дѣвушка, и заявила, что завтракъ поданъ.

— Ну, идемъ...— говорилъ Бургардтъ, подхватывая друга подъ локоть.

Тотъ немного уперся и что-то такое замычалъ.

— Знаю, знаю...— засмѣялся Бургардтъ.— Ты, вѣдь, не обязанъ ѣсть мясо, а травы сколько угодно.

Столовая была и мала и слишкомъ заставлена мебелью. Въ концѣ длиннаго стола сидѣла худенькая сгорбленная старушка съ строго подобранными глазами. Она едва отвѣтила на поклонъ гостя. Рядомъ съ ней сидѣла дѣвочка, подростокъ лѣтъ четырнадцати, длинная и костлявая, съ попорченнымъ оспой лицомъ и злыми темными глазами. Она протянула гостю свою красную костлявую руку, какія бываютъ у малокровныхъ дѣвочекъ этого возраста.

— Какъ поживаете, Анита? — добродушно спрашивалъ Григорій Максимычъ, съ шумомъ отодвигая свой стулъ.

— Ничего, благодарю васъ...— сухо отвѣтила дѣвушка и посмотрѣла на миссъ Гудъ улыбавшимися глазами.

Воспитательница Аниты, миссъ Гудъ, точно замерзла на извѣстномъ кодексѣ приличій, нарушеніе которыхъ приравнивалось чуть не къ государственнымъ преступленіямъ, въ томъ числѣ — двиганье стульевъ, неосторожное обращеніе съ ножани и вилками и т. д. На этомъ основаніи Григорій Максимычъ находился у миссъ Гудъ въ большомъ подозрѣніи, и старушка особенно выразительно говорила Анитѣ, поднимая свои рѣдкія брови: "такъ дѣлаетъ другъ твоего папы, который ходитъ съ мѣшкомъ и о носовыхъ платкахъ имѣетъ довольно смутное представленіе, какъ нашъ Андрей... У твоего отца, вообще, много довольно странныхъ друзей, чтобы не сказать больше..."

— Зачѣмъ вы сидите въ городѣ, миссъ Гудъ?— спрашивалъ Григорій Максимычъ, устраивая второе неприличіе — онъ отломилъ корочку чернаго хлѣба и обмакнулъ ее прямо въ солонку.— Слѣдовательно, погода такая отличная, а здѣсь буквально дышать не чѣмъ...

Миссъ Гудъ отвѣтила ему по французски, какъ говорила обыкновенно съ гостями, стѣсняясь своего ломаннаго русскаго языка. Григорій Максимычъ свободно говорилъ на двухъ языкахъ и не повторялъ своего "слѣдовательно", какъ по русски.

— Мы ждемъ, когда будетъ свободенъ Егоръ Захарычъ, — говорила старушка.— Намъ однимъ скучно на дачѣ...

— Вы уѣзжаете, если не ошибаюсь, въ Финляндію?

— Да... Прелестная дикая страна, усѣянная чудными озерами. Я очень люблю Финляндію и не могу понять, почему эта страна не нравится Анитѣ...

— Очень интересно жить съ чухнами, — брезгливо отвѣтила Авита.— Самый противный народъ. Они и сами умираютъ отъ скуки...

Бургардтъ часто наблюдалъ за дочерью, когда она что-нибудь говорила, и находилъ ее остроумной. Ему не нравилось только то, что это остроуміе было подкрашено какимъ-то злобнымъ чувствомъ. Дѣвочка была умнѣе своихъ лѣтъ, потому что выросла въ обществѣ большихъ и наслушалась всего. Все вниманіе миссъ Гудъ было обращено главнымъ образомъ на физическую сторону воспитанія, и она больше всего гордилась тяжелой русой косой Аниты и ея ровными мелкими, бѣлыми, какъ у хищнаго звѣрка, зубами. Папа Бургардтъ не обманывалъ себя и находилъ дочь дурнушкой. Въ раннемъ дѣтствѣ Анита росла прехорошенькимъ ребенкомъ, но ее погубила оспа, и это было тяжелымъ ударомъ для Бургардта, который страдалъ вдвойнѣ — и какъ отецъ, и какъ художникъ, по своей профессіи поклонявшійся всякой красотѣ. Ему было больно, когда знакомые смотрѣли на Аниту съ скрытымъ сожалѣніемъ, за исключеніемъ можетъ быть одного Григорія Максимыча, видѣвшаго въ каждой женщинѣ прежде всего человѣка. И сейчасъ онъ говорилъ съ дѣвочкой такъ просто и хорошо, какъ-бы говорилъ съ самой записной красавицей.

— Да, я своими глазами видѣлъ, какъ одинъ чухонецъ умеръ отъ скуки, — поддержалъ Бургардтъ дочь.— Шелъ мимо нашей дачи, присѣлъ на камень и умеръ...

Григорію Максимычу не нравился шутливый тонъ, какимъ Бургардтъ говорилъ съ дочерью. Дѣвочка была ужъ большая и старалась тоже быть остроумной, а это извращало и портило природныя данныя. Миссъ Гудъ тоже ему не нравилась, какъ типичная представительница того запада, который окаменѣлъ въ эгоизмѣ, являясь полной противоположностью славянской теплотѣ и отзывчивости. Григорій Максимычъ не то что не любилъ старушку англичанку, а какъ-то жалѣлъ ее, какъ жалѣютъ слѣпого или глухого человѣка. Затѣмъ, онъ рѣшительно не понималъ, почему Бургардтъ взялъ воспитательницей дочери именно англичанку.

— Слѣдовательно, гораздо было-бы лучше, если-бы у Аниты была простая русская старушка няня... Она-бы и сказку пострашнѣе умѣла разсказать, и водила-бы дѣвочку въ церковь, и разнымъ-бы примѣтамъ научила, — право, все это хорошо въ свое время и все это необходимо пережить. А чему твоя накрахмаленная англичанка научитъ?

— Тутъ, братъ, цѣлая идея, — объяснялъ Бургардтъ.— Я

27

признаю только два высшихъ типа, до которыхъ доработалось человѣчество за всю свою исторію. На одномъ концѣ стоятъ римляне, а на другомъ, къ нашему счастью, какъ современниковъ — англичане. Да, это великій народъ, который завоевалъ цѣлый міръ, что ты тамъ ни говори. Они жестоки — да, потому что всякая сила жестока. Но они сконцентрировали въ себѣ самыя лучшія качества, какія только могла выработать вся наша европейская цивилизація. Англичанинъ не даромъ сдѣлался синонимомъ несокрушаемой энергіи, предпріимчивости и всякой силы вообще... Англійская женщина — самая лучшая женщина, высшій антропологическій типъ. Моя мечта, чтобы Анита усвоила себѣ хотя частицу англійской настойчивости...

— Слѣдовательно, все это пустяки... да.

За завтракомъ Григорій Максимычъ ѣлъ только одну зелень и даже отказался отъ яйца въ смятку. Миссъ Гудъ только пожала плечами, потому что питалась всю жизнь одними кровавыми бифштексами.

— У насъ сегодня вечеромъ гости...— предупредилъ ее, между прочимъ, Бургардтъ.— Вы видѣли лососину?

При словѣ "гости" у миссъ Рудъ явилось на лицѣ покорно-печальное выраженіе, какъ у человѣка, который отъ доктора съ рецептомъ идетъ въ аптеку. О, она отлично понимала, что такое эти русскіе гости, т.-е. сплошное безобразіе.

— Это вышло совершенно случайно, — оправдывался Бургардтъ.— У насъ вчера былъ очень веселый пикникъ;ъ и я рѣшительно не помню, какъ пригласилъ къ себѣ всѣхъ. Будетъ Красавинъ...

Послѣднія слова подѣйствовали на миссъ Гудъ, какъ электрическая искра. Она благоговѣла предъ всякой силой, а мистеръ Красавинъ — это милліоны. Бургардтъ смотрѣлъ на нее и улыбался, зная ея слабость къ богатымъ людямъ.

Совершенно другого мнѣнія былъ человѣкъ Андрей, который нѣсколько разъ появлялся въ дверяхъ столовой, какъ вопросительный знакъ.

— Отчего Гаврюша не идетъ завтракать?— спрашивалъ Бургардгъ.

— Они просили дать имъ завтракъ въ мастерскую, — по солдатски отвѣтилъ Андрей, вопросительно поглядывая на миссъ Гудъ, которая не выносила этого мужика-самоучку.

Солдатъ Андрей случайно зналъ Бургардта съ дѣтства, когда еще проживалъ на Охтѣ сейчасъ по выходѣ изъ военной службы. Сейчасъ онъ это скрывалъ по неизвѣстнымъ причинамъ. Зналъ онъ съ дѣтства и Григорія Максимыча. Дѣло было такъ. На Охтѣ проживалъ старый генералъ Шипидинъ, типичный русскій мечтатель и неисправимый прожектеръ, который съ одинаковымъ увлеченіемъ занимался въ одно и то же время изобрѣтеніемъ какого-то универсальнаго воздушнаго шара, имѣвшаго скромную задачу разрѣшить всѣ проблемы и проклятые вопросы будущаго всей Европы — и разведеніемъ клубники-монстръ. У генерала были кой-какіе средства и солидная пенсія, и онъ поселился на Охтѣ, гдѣ была и необходимая для изобрѣтателя тишина и близость столицы. Клубнику-монстръ разводилъ обрусѣвшій нѣмецъ Бургардгъ, съ которымъ Андрей водилъ знакомство, главнымъ образомъ потому, что продавалъ краденую изъ генеральскихъ оранжерей клубнику въ Петербургъ. У генерала былъ единственный сынъ Гриша, превратившійся теперь въ "человѣка съ мѣшкомъ", а у садовника сынъ Егорка, превратившійся въ знаменитаго скульптора. Они выросли друзьями дѣтства и добродушный генералъ Шипидинъ изъ любви къ дѣтской привязанности своего Гриши далъ воспитаніе въ гимназіи и его другу Егоркѣ, съ дѣтства проявлявшаго способности къ рисованію. Это случайно доброе дѣло, кажется, являлось единственнымъ удачнымъ предпріятіемъ генерала мечтателя, хотя онъ и не дожилъ до славы садовничьяго сына.

Генералъ Шипидинъ разорился и кончилъ свои дни очень печально. Его универсальный шаръ не желалъ летѣть, и старикъ умеръ съ убѣжденіемъ, что будь у него еще тысяча рублей — все человѣчество было-бы осчастливлено и наступила-бы новая эра. Клубника оказалась вѣрнѣе, и ученый нѣмецъ садовникъ сколотилъ потихоньку небольшой капиталецъ, купилъ у генерала его оранжереи и повелъ дѣло самостоятельно. Послѣдніе дни генералъ Шипидинъ проживалъ чуть не изъ милости у своего садовника, тѣмъ болѣе, что Гриша, его отцовская надежда и гордость, пошелъ совсѣмъ по другой дорогѣ. Молодой человѣкъ не кончилъ даже университета...

Судьба за то улыбнулась садовничьему сыну, который послѣ гимназіи поступилъ въ академію художествъ, кончилъ тамъ блестящимъ образомъ, былъ отправленъ на казенный счетъ за границу на пять лѣтъ и вернулся оттуда уже знаменитымъ художникомъ. Солдатъ Андрей, воровавшій генеральскую клубнику, никакъ не могъ понять такой метаморфозы: изъ настоящаго генеральскаго сына вышла пустышка, а садовничій сынъ, сынъ простого нѣмецкаго мужика, возсіялъ.

— Онъ будетъ генераломъ, — увѣрялъ Андрея отецъ-Бургардтъ.— Это весьма умный мальчикъ...

Устроившись, садовникъ началъ попивать, быстро опустился и умеръ отъ ожирѣнія.

И сейчасъ человѣкъ Андрей рѣшительно ничего не могъ понять. Садовничій сынъ жилъ бариномъ, а генеральскій сынъ поселился въ деревнѣ и жилъ совсѣмъ по деревенски — самъ и пахалъ, и сѣялъ и велъ все крестьянское хозяйство. Какой-же это порядокъ, ежели настоящія генеральскія дѣти пойдутъ въ мужики? Вотъ и сейчасъ сидятъ за столомъ рядомъ, а настоящаго-то генеральскаго сына никто и не признаетъ. Самъ Андрей тоже дѣлалъ видъ, что не узнаетъ Григорія Максимыча, чтобы не конфузить напрасно человѣка.

— Ослабѣлъ человѣкъ, вотъ и ходи съ мѣшкомъ, — думалъ Андрей, стоя у дверей.— Баринъ Егоръ Захарычъ, конечно, добрый и не гнушается по старой памяти, а все-таки оно какъ-то того...

VIII

За завтракомъ Бургардтъ старался воздержаться отъ напитковъ, но все-таки для поправки выпилъ рюмки три водки и бутылку пива. На лицѣ у него выступили красныя пятна, а глаза подернулись пьяной влагой. Аниту всегда возмущало такое поведеніе отца, тѣмъ болѣе, что миссъ Гудъ, свято храня традиціи доброй старой Англіи, относилась къ пьянству мужчинъ совершенно равнодушно. По ея мнѣнію, настоящій мужчина и не можетъ не пить, потому что алкоголь убавляетъ избытокъ физическихъ силъ, который дѣлаетъ мужчинъ несправедливыми, а потомъ выпившій мужчина всегда добрѣе и если у него есть жена, то онъ на другой день проситъ у нея прощенія!

— Папа, довольно!.. рѣшительно заявила Анита, когда отецъ потянулся къ графинчику съ коньякомъ.— Это ужъ лишнее...

Бургардтъ посмотрѣлъ на нее, на эту некрасивую маленькую женщину, и засмѣялся.

30

— Анита, ты знаешь, что я люблю пить кофе съ коньякомъ, — оправдывающимся тономъ заявилъ онъ.

— Нѣтъ, не будетъ...— съ капризной настойчивостію избалованной женщины заявила Анита и поставила графинъ съ коньякомъ на свою тарелку.— Ничего не будетъ...

— Да?

Бургардтъ вскочилъ и, улыбаясь, зашагалъ по столовой. Какъ всѣ женщины напоминаютъ одна другую, и Анита поступаетъ съ нимъ, какъ женщина. Бургардту захотѣлось сказать ей что нибудь непріятное, какъ иногда позволяютъ себѣ мужчины говорить самымъ любимымъ женщинамъ, онъ остановился и, глядя въ упоръ на Аниту и продолжая улыбаться, проговорилъ:

— А съ какой удивительной красавицей я вчера познакомился, Анита... Представь себѣ... Впрочемъ, вѣроятно, она сегодня будетъ вечеромъ...

Шипидинъ поднялся и досказалъ за него:

— Слѣдовательно, Егоръ Захарычъ, довольно... Да, довольно. Анита, вы можете не слушать... А еще лучше, если мы уйдемъ въ кабинетъ.

Мисъ Гудъ вся насторожилась, предчувствуя какую-то опасность, хотя и не могла понять, въ чемъ дѣло. Ей всегда не нравился тонъ, какимъ говорилъ "человѣкъ съ мѣшкомъ", и она не понимала, какъ Егоръ Захарычъ могъ допустить такое неуваженіе къ себѣ. Вѣдь онъ хозяинъ дома, во-первыхъ, знаменитый художникъ, во-вторыхъ, и человѣкъ съ большимъ общественнымъ положеніемъ, въ-третьихъ, а "человѣкъ съ мѣшкомъ" просто человѣкъ съ мѣшкомъ. Миссъ Гудъ давно жила въ Россіи, но многое для нея оставалось непонятнымъ. Старушка только пожала плечами, когда Шипидинъ взялъ Егора Захарыча подъ руку и увелъ его изъ столовой.

— Слѣдовательно, это невозможно...— ворчалъ Шипидинъ.— Это уже распущенность... да! Есть вещи, о которыхъ нельзя говорить съ дѣвочками-подростками.

— Ахъ, оставь, пожалуйста, — смѣялся Бургардтъ.— Аниту трудно чѣмъ нибудь удивить, и я просто хотѣлъ ее подразнить. Она дѣлается умнѣе, когда сердится...

Человѣкъ Андрей видѣлъ, какъ барышня Анита огорчила родителя и поэтому протащилъ незамѣтно изъ буфета въ кабинетъ бутылку любимаго барскаго ликера и для потѣхи поставилъ двѣ рюмки. Въ семейныхъ дѣлахъ онъ всегда, конечно, былъ на сторонѣ барина, тѣмъ болѣе, что по личному горькому опыту отлично зналъ всѣ муки тяжелаго похмѣлья.

— Вотъ и отлично, — похвалилъ его Бургардтъ, наливая рюмку бенедектина.

Шипидинъ отвернулся и началъ разсматривать заголовки стоявшихъ въ шкафу книгъ. Все это были роскошныя изданія на разныхъ языкахъ, главнымъ образомъ, конечно, по вопросамъ искусства. Тутъ были и послѣднія новости, которыхъ онъ еще не видалъ.

— Брось... все это хламъ...— замѣтилъ Бургардтъ, когда онъ взялъ французскую книгу о прерафаэлитахъ.— Не стоитъ...

— Интересно, что думаютъ въ Европѣ...

— Глупости думаютъ... Повѣрь мнѣ, что все это такъ. Да, глупости... импрессіонисты, прерафаэлиты... Ну, какъ ихъ еще тамъ... Вообще, декадентство, символизмъ, пунктуализмъ и сапоги въ смятку.

— Слѣдовательно, ты совершенно не правъ... Совершенно не правъ. Жизнь есть движеніе, искусство тоже должно двигаться, какъ воплощеніе этой жизни, и всякая новая школа, новое направленіе имѣютъ законное право на существованіе, Даже ошибки здѣсь приносятъ пользу, какъ своего рода реактивъ для отысканія истины...

— Истина? Ха-ха...

Шипидинъ только теперь замѣтилъ, что Бургардтъ совершенно пьянъ, и съ сожалѣніемъ посмотрѣлъ на него черезъ плечо.

— Ты меня жалѣешь, Гриша?— измѣнившимся тономъ спросилъ Бургардтъ, поймавъ этотъ взглядъ.— Да, я пьянъ... Только пьянъ не виномъ, какъ ты думаешь, а пьянъ вчерашнимъ вечеромъ, пьянъ этой чудной бѣлокурой головкой, этими дѣвичьими чистыми глазами, этой нѣмой загадкой, живымъ сфинксомъ...

Охваченный бурей мѣшавшихся въ головѣ мыслей, Бургардтъ крѣпко обнялъ друга дѣтства и цѣловалъ его, причемъ послѣдній имѣлъ удовольствіе чувствовать, какъ по его лицу и бородѣ катятся чужія слезы.

— Милый... дорогой...— шепталъ Бургардтъ, приходя въ "исповѣдальное" настроеніе, которое являлось у него послѣ каждаго сильнаго кутежа.— Я тебѣ скажу все... и только тебѣ... да. Потому что ты одинъ поймешь меня...

Именно это покаянное настроеніе Шипидинъ и не любилъ, потому что припадки самоуничиженія смѣнялись съ сумасшедшей быстротой нелѣпой гордостью и буйствомъ. Въ этой послѣдней стадіи Бургардтъ билъ себя кулакомъ въ грудь и выкрикивалъ неистовымъ голосомъ: "Я — Бургардтъ...

Понимаете?!. Меня знаетъ вся Европа. Да!.. Я... я..." Эти моменты бѣшенства вызывались обыкновенно самыми ничтожными причинами, предусмотрѣть и устранить которыя было невозможно. Сейчасъ Бургардтъ находился еще въ первой стадіи и заставилъ друга во второй разъ выслушать все, что происходило вчера, до роковой встрѣчи съ нѣмой англичанкой включительно.

— Слѣдовательно, я все это уже слышалъ...— увѣрялъ Григорій Максимычъ, защищаясь обѣими руками отъ новаго покушенія на объятія и поцѣлуи.— Да, слышалъ... И, представь, что все это совсѣмъ не такъ интересно, какъ ты думаешь.

Въ помутившихся глазахъ Бургардта блеснуло бѣшенство и его кулаки сжались, но эта буря разрѣшилась улыбкой.

— Нѣтъ, постой, Гриша... Ты меня долженъ выслушать. Да... Если бы ты зналъ, какъ я себя презираю...

— Слѣдовательно...

— Нѣтъ, нѣтъ... Меня и другіе презираютъ, но они глупы и не понимаютъ, какъ и за что меня слѣдуетъ презирать. Что я такое, ежели разобрать? Завтра я протрезвлюсь, буду работать, и всѣ меня будутъ уважать. Но это еще хуже... Зачѣмъ я буду красть чужое уваженіе? Нѣтъ, мало этого: у меня есть свои завистники... Они приходятъ ко мнѣ въ мастерскую и завидуютъ. Да, завидуютъ... А я дѣлаю видъ, что этого не замѣчаю и лгу каждымъ движеніемъ, каждымъ взглядомъ. Дескать, посмотрите, каковъ есть Бургардтъ, знаменитый Бургардтъ... Ха-ха! А никто и не подозрѣваетъ, что знаменитый Бургардъ просто покойникъ, настоящій покойникъ... И господа черви точатъ его еще за-живо, и онъ трогательно старается ихъ не замѣчать. Боже мой, Боже мой, если-бы только они знали...

Схвативъ Шипидина за руку, онъ прибавилъ другимъ тономъ:

— Ты видѣлъ Аниту? Видѣлъ милѣйшую замороженную англичанку? Развѣ это жизнь? Развѣ я не понимаю, что это неудачная имитація жизни и что я создалъ ее собственными руками... Ты только подумай, что я увѣренъ, что я люблю свою Аниту и даже самъ иногда умиляюсь надъ этой мыслью. А между тѣмъ... Ты одинъ понимаешь, что я — мужикъ, настоящій мужикъ, которому мѣсто на огородѣ. Можетъ быть, я и скульпторомъ сдѣлался только потому, что съ ранняго дѣтства больше всего любилъ устраивать чучела на грядахъ съ клубникой... Всѣ явленія связаны между собой невидимыми нитями, и переходъ отъ огородныхъ чучелъ къ статуямъ изъ каррарскаго мрамора совсѣмъ ужъ не такъ великъ. И сейчасъ меня очень часто гложетъ чисто мужицкая тоска о потерянномъ мужицкомъ раѣ... Не смѣйся надо мной, это совсѣмъ не фраза, потому что вѣдь я говорю объ Анитѣ. Она была бы въ тысячу разъ счастливѣе, если бы родилась дочерью простого огородника... Понимаешь? Какъ это хорошо у Некрасова сказано: "Намъ съ лица не воду пить..." Да!.. Онъ былъ правъ, потому что понималъ народную душу. Тутъ дѣло совсѣмъ не въ лицѣ, а въ человѣкѣ, въ душѣ, которую мы съ такой трогательной систематичностью вырываемъ изъ нашихъ дѣтей, какъ сорную траву. Мнѣ дѣлается больно, когда я начинаю думать о дочери...

— Слѣдовательно...

— Нѣтъ, постой!.. Знаешь, что я долженъ былъ сдѣлать? Когда умерла жена, я долженъ былъ отдать Аниту на воспитаніе тебѣ... Боже мой, если бы ты зналъ, какъ я завидую именно тебѣ!.. Но ты этого не долженъ знать... Храни тебя Богъ! Это я такъ... съпьяна... Мы — антиподы. Единственное живое звѣно между нами это — человѣкъ Андрей, который кралъ съ моимъ отцомъ ягоды у твоего отца. Впрочемъ, послѣднее — тайна...Представь себѣ, это его пунктикъ и онъ на этомъ основаніи, вполнѣ логично по моему, ненавидитъ тебя... Ахъ, да, позволь, къ чему все это я говорю?

Бургардтъ присѣлъ къ столу и схватилъ себя за голову, точно руками хотѣлъ распутать свившуюся въ клубокъ нить своихъ мыслей. Потомъ онъ вскочилъ, стремительно обнялъ друга и заговорилъ, быстро роняя слова:

— Вспомнилъ... Да! Марина мнѣ еще вчера сказала, что мнѣ не чѣмъ любить... И она была права... Съ ней бываетъ что-то вродѣ припадковъ ясновидѣнія. Да, мнѣ не чѣмъ любить, а любовь — это все творчество... Ты понимаешь? Вѣдь, навѣрно, влюбленный человѣкъ изобрѣлъ паровую машину, шведскія спички, телескопъ, спектральный анализъ, всѣ чудеса техники и величайшія проблемы науки, а въ недалекомъ будущемъ еще разъ влюбится и откроетъ секретъ воздухоплаванія. Да, я въ этомъ убѣжденъ! Я это, наконецъ, испыталъ на самомъ себѣ... Гриша, а ты былъ когда нибудь влюбленъ?

— Слѣдовательно, нѣтъ!— довольно рѣзко отвѣтилъ Шипидинъ и отвернулся къ окну.— Я любилъ — да, но ваша влюбленность — чувственное помѣшательство. Оно сейчасъ-же падаетъ, какъ только чувственный голодъ получаетъ свое удовлетвореніе. У васъ нѣтъ истинной любви, потому что нѣтъ истиннаго уваженія къ женщинѣ, какъ къ человѣку. Всѣ вы — чувственники и смотрите на женщину нечистыми глазами, поэтому и ваше хваленое искусство не чисто...

— Ахъ не то, совсѣмъ не то, Гриша! Я понимаю, цѣню и уважаю вашу монашескую любовь, а ты не хочешь понять нашей!.. Представь себѣ то ощущеніе... да, вчера... Когда я ее увидѣлъ, меня точно что осѣнило... Понимаешь? Больше уже ничего не существовало, и я самъ не существовалъ, охваченный свѣтлымъ облакомъ грѣшнаго чувства... Это былъ моментъ откровенія и счастливыхъ слезъ, моментъ великаго гнѣва и покаянія... Душа росла съ жаждой искупленія... Боже мой, я готовъ отдать всю свою жизнь, чтобы такой моментъ повторился...

— Слѣдовательно, довольно...— перебилъ его Шипидинъ, отыскивая свой мѣшокъ въ углу.— Я схожу по одному дѣлу, а ты въ это время успѣешь выспаться.

IX

Бургардтъ безпрекословно повиновался, и Шипидинъ уложилъ его на диванъ, подсунувъ подъ голову расшитую шелками подушку. Запасъ рьяной энергіи изсякъ; кромѣ того, въ характерѣ Бургардта была чисто женская черта, — въ извѣстные моменты онъ любилъ поддаваться чужой волѣ, какъ избалованный ребенокъ.

— Да, хорошо соснуть...— бормоталъ онъ, закрывая глаза.— Какое чудное изобрѣтеніе сонъ, какъ говоритъ Сахановъ...

— Это говоритъ не Сахановъ, а Санчо-Панчо въ "Донъ-Кихотѣ", — поправилъ его Шипидинъ.

Но Бургардту не суждено было воспользоваться "прекраснымъ изобрѣтеніемъ". Когда Шипидинъ выходилъ изъ кабинета, то чуть не сбилъ съ ногъ Васяткина, который даже уронилъ пенснэ.

— Кажется, мы съ вами гдѣ-то встрѣчались...— проговорилъ Васяткинъ стереотипную фразу, которую повторялъ при встрѣчѣ съ каждымъ незнакомымъ человѣкомъ.

— Очень можетъ быть...— довольно грубо отвѣтилъ Шипидинъ, загораживая дорогу — Егоръ Захарычъ легъ спать. Ему необходимъ нѣкоторый покой.

— О, мнѣ нужно всего одну минуту его видѣть... По очень важному дѣлу.

Потомъ онъ прибавилъ уже совершенно другимъ тономъ,

вынимая изъ кармана массивный портсигаръ и даже подмигивая:

— Не желаете-ли сигарочку? У меня, батенька, особенныя... по случаю досталъ два ящика...

— Благодарю васъ. Я не курю...

Васяткинъ, длинный сѣрый господинъ — у него все было сѣрое: и глаза, и цвѣтъ лица, и зубы, и волосы, и костюмъ, и даже самый голосъ — являлся типичнымъ другомъ артистовъ. Чѣмъ онъ занимался и чѣмъ жилъ — вѣроятно, невозможно было бы открыть никакимъ химическимъ анализомъ. Просто, Васяткинъ — и больше ничего. Главной гордостью этого загадочнаго субъекта было то, что онъ рѣшительно всѣхъ зналъ и, пробѣгая утромъ газету, начиналъ съ объявленій о покойникахъ, причемъ, повторялъ: "Боже мой, Павслъ Богданычъ тю-тю... А давно-ли, кажется, завтракали у Кюба!.. И Македонскій туда же... Ну, у этого блуждающія почки — вообще, негодяй. Варвара Петровна Зарѣзова... хе-хе-хе!.. Егоровъ... Вотъ человѣкъ, который умеръ полнымъ генераломъ!" Васяткина можно было встрѣтить на всѣхъ первыхъ представленіяхъ, на чествованіи знатныхъ иностранцевъ, юбилеяхъ и аукціонахъ. Кромѣ того, онъ былъ непремѣннымъ членомъ всѣхъ похоронныхъ процессій и благороднымъ свидѣтелемъ всѣхъ громкихъ скандаловъ. Молва гласила, что онъ давалъ деньги подъ проценты и при случаѣ былъ очень не чистъ на руку. Кромѣ страсти къ знакомствамъ, его одолѣвала манія всевозможныхъ рѣдкостей, по части которыхъ онъ былъ великимъ знатокомъ и обладалъ всевозможными коллекціями. Шипидинъ давно его зналъ и презиралъ, какъ пустого человѣка. Онъ только махнулъ рукой, когда вихлястая фигура Васяткина шмыгнула въ кабинетъ.

— Тоже другъ...— съ горечью подумалъ Шипидинъ. Бургардтъ уже спалъ, когда Васяткинъ вошелъ въ кабинетъ, и нѣсколько мгновеній не могъ ничего понять, когда его разбудили.

— Я на минутку, дорогой другъ, — говорилъ гость, усаживаясь на диванъ рядомъ.— Нарочно заѣхалъ предупредить васъ, что сегодня вечеромъ Красавинъ будетъ у васъ... да.

Это извѣстіе заставило Бургардта сѣсть. Вѣдь онъ вчера оскорбилъ, кажется, Красавина?

— Не хотите-ли сигарку?— болталъ Васяткинъ, протягивая портсигаръ.— Особенныя, батенька... по случаю... да. А вчера порядочно кутнули... хе-хе! Я видѣлъ счетецъ... около двухъ тысячъ...

Для эффекта Васяткинъ одну тысячу привралъ. Бургардтъ машинально взялъ у него сигару и, раскуривая ее не съ того конца, сообразилъ, наконецъ, въ чемъ дѣло.

— Значитъ, будетъ и эта... миссъ Мортонъ?— спросилъ онъ, не рѣшаясь договорить главнаго.

Но Васяткинъ предупредилъ неловкій вопросъ:

— Не безпокойтесь, мистрисъ устранена, а миссъ пріѣдетъ съ Ольгой Спиридоновной, которая приняла въ ней почти родственное участіе... У женщинъ бываютъ свои капризы, и Ольга Спиридоновна непремѣнно захотѣла ее привести къ вамъ.

Бургардтъ засмѣялся.

— Не будемте играть въ прятки... Ольга Спиридоновна въ данномъ случаѣ старается подслужиться предъ Красавинымъ и хочетъ устроить ему въ моемъ домѣ свиданіе. Да, я понимаю... гмъ... Только они забыли, что у меня есть дочь...

— Развѣ она здѣсь, а не на дачѣ? Гмъ... да... Впрочемъ, вѣдь, Ню бываетъ у васъ, и мы можемъ выдать миссъ тоже за натурщицу...

Сообщивъ нѣсколько самыхъ свѣжихъ утреннихъ новостей, Васяткинъ уѣхалъ. Бургардтъ былъ взбѣшенъ и далъ рѣзкій звонокъ. Когда явился Андрей, онъ по логикѣ разсерженныхъ людей накинулся на него:

— Какъ ты смѣлъ пустить этого... этого господина, когда я только что легъ спать?!. Ты идіотъ... Понимаешь: идіотъ. Всякій будетъ врываться ко мнѣ въ кабинетъ... понимаешь?

Когда баринъ обругался всласть и отвелъ душу, человѣкъ Андрей, не проронивъ слова въ свое оправданіе, проговорилъ дѣловымъ тономъ:

— Въ самый-бы разъ теперь, вашескородіе, въ баньку... ей Богу! Даже вотъ какъ отлично...

Бургардтъ немного смутился беззащитностью человѣка Андрея, а затѣмъ пришелъ въ восторгъ отъ его мудрой предусмотрительности. Именно, нужна была сейчасъ баня, и все похмѣлье какъ рукой сниметъ. Конечно, отлично сейчасъ направиться въ баню, а потомъ бутылку холодного квасу...

— Приготовляй все...— отвѣтилъ онъ тоже дѣловымъ тономъ, стараясь не смотрѣть на невиннаго. человѣка Андрея, на которомъ сорвалъ сердце.— Да не забудь взять квасу...

— Помилуйте, церемонія извѣстная...

37

Не глядя на барина, человѣкъ Андрей вышелъ, тяжело шмыгая ногами, точно онѣ у него прилипали къ полу.

Часа черезъ два, Бургардтъ вернулся домой совершенно здоровымъ, точно снялъ съ себя въ банѣ пьяную тяжесть. Онъ любилъ баню и парился на полкѣ, какъ извозчикъ. Андрей встрѣтилъ его въ передней и, снимая пальто, говорилъ:

— Вотъ вы всегда такъ, баринъ... А я не виноватъ. Я думалъ, што у васъ сидитъ этотъ съ мѣшкомъ, ну, а господинъ Васяткинъ и прорвались...

— Ну, хорошо, хорошо...

— Ежели бы я зналъ, такъ я... Очень даже просто.

Послѣ бани Бургардтъ съ часъ отдыхалъ у себя въ кабинетѣ и удивлялся самому себѣ, припоминая событія сегодняшняго утра. Во-первыхъ, ему не слѣдовало выходить въ столовую, а спросить завтракъ въ кабинетъ.. Миссъ Гудъ и Анита, конечно, замѣтили по его лицу, какъ онъ провелъ ночь. Ахъ, какъ не хорошо... Дѣвочка уже большая и о многомъ можетъ догадываться. Ему припомнилась сцена, какъ Анита не давала коньякъ и какъ онъ хотѣлъ ей досадить за это насиліе. Нелѣпо и глупо... Навѣрно, у него глаза были красные, а лицо въ пятнахъ. И это отецъ, который долженъ служить примѣромъ. Что подумаетъ о немъ миссъ Гудъ? А тутъ еще вечеромъ соберутся гости... Если бы можно было удалить Аниту куда нибудь на весь вечеръ, но у миссъ Гудъ болитъ нога, и это неисполнимо.

— Вообще, прекрасно...— резюмировалъ вслухъ Бургардтъ свои мысли, проклиная впередъ всѣхъ гостей, — а потомъ эта исповѣдь передъ Григоріемъ Максимычемъ... тоже недурно.

Дальше мысль о гостяхъ развилась неожиданно въ противоположную сторону. Вѣдь всѣ эти люди есть только то, что они есть, и нелѣпо требовать отъ нихъ, чтобы они были другими. Слѣдовательно, нужно было сердиться на самого себя, что проводишь свое время въ такомъ обществѣ. А женщины уже окончательно не были виноваты ни въ чемъ, какъ существа слабыя и зависимыя отъ тысячи случайностей. Бургардту сдѣлалось жаль ихъ всѣхъ. Въ сущности, вѣдь всѣ онѣ такія несчастныя, и каждая тяжелой цѣной расплачивается за свои короткіе успѣхи и сомнительныя побѣды. Если бы его дочь Анита очутилась въ положеніи миссъ Мортонъ... Нѣтъ, лучше о такихъ вещахъ не думать. Бургардта охватила страстная жалость къ дочери, которую онъ, въ сущности, любилъ только формально, и дѣвочка росла по собственной волѣ. Можетъ быть, эта дѣтская душа уже впитывала въ себя нездоровые міазмы окружавшей ее артистической атмосферы.

— Нѣтъ, все это необходимо перемѣнить...— думалъ Бургардтъ вслухъ, напрасно стараясь придумать изолирующую Аниту комбинацію.

X

Шипидинъ цѣлый день пробродилъ по городу, разыскивая кое-кого изъ старыхъ знакомыхъ и устраивая разныя дѣла. Когда онъ вышелъ изъ квартиры Бургардта, то сразу почувствовалъ облегченіе отъ какой-то неопредѣленной тяжести, которая испытывается . иногда въ жарко натопленныхъ оранжереяхъ. Онъ постоялъ у подъѣзда и про себя похвалилъ жаркій іюньскій денекъ. Со стороны моря надвигались такія хорошія, бѣлогрудыя облака.

— Навѣрно будетъ хорошій дождь...— подумалъ онъ по мужицки, совершенно позабывая, что для города это все равно — будетъ дождь или не будетъ.

Онъ повернулъ къ Николаевскому мосту. По улицѣ попадались больше ломовые, нагруженные бутовымъ камнемъ, кирпичемъ, досками, бочками съ цементомъ, мусоромъ отъ построекъ.. Въ нѣсколькихъ мѣстахъ шли постройки, обрѣшетченныя высокими лѣсами, по которымъ рабочіе ползали, какъ мухи. Въ воздухѣ пахло свѣжимъ кирпичемъ, известью, деревомъ и пылью. Многоэтажные дома, напоминавшіе соты, росли, какъ грибы, и Шипидинъ почему-то смотрѣлъ нихъ съ недовѣріемъ, какъ на что-то не настоящее и не нужное. Вѣдь если бы такого дома не было, все равно, какъ нибудь люди размѣстились бы по другимъ домамъ. Особенно его занимали несчастные городскіе ребятишки, игравшіе на мостовой, по тротуарамъ, во дворахъ, походившихъ на глубокіе колодцы, — эти дѣти столичной улицы ужасно напоминали городскихъ воробьевъ, которые пурхались въ пыли мостовой. Ему ужасно сдѣлалось жаль этихъ несчастныхъ ребятишекъ, которые никогда-никогда не увидятъ деревенскаго простора и должны замереть въ своихъ подвалахъ и чердакахъ.

Набережная отъ Николаевскаго моста до Горнаго института всегда нравилась Шипидину, и онъ еще юношей простаивалъ на ней цѣлые часы наблюдая кипучую работу тысячъ людей. Какъ красивы были всѣ эти суда, особенно морскія, выстроившіяся вдоль набережной въ нѣсколько рядовъ. Въ нихъ чувствовалось какая-то особенная сила, какъ у перелетныхъ птицъ сравнительно съ домашними. И матросы все были молодецъ къ молодцу, загорѣлые, сильные, какіе-то совсѣмъ особенные люди. Хороши были и крючники, разгружавшіе суда, и ломовики, нагружавшіе свои телѣги, и заморскіе мореходы — финляндскіе, шведскіе, датскіе, голландскіе, нѣмецкіе, англійскіе. Набережная являлась какимъ-то международнымъ пунктомъ, гдѣ разныя національности сошлись въ общей работѣ. Шипидинъ долго бродилъ по набережной и не могъ утерпѣть, чтобы не спрашивать, что заключается въ тысячахъ этихъ тюковъ бочекъ и ящиковъ. Шмыгавшіе вездѣ юркіе артельщики оглядывали его довольно подозрительно, а одинъ съ особенной грубостью отвѣтилъ ему:

— Проваливай... Вчерашній день потерялъ?

Кто-то засмѣялся, и Шипидинъ ушелъ. На набережной безъ него толклось достаточно любопытныхъ. Онъ уносилъ съ собой ту тихую тоску, которая преслѣдуетъ бывалыхъ людей, когда они встрѣчаютъ знакомыя сцены и знакомую обстановку. Когда-то и онъ суетился на такихъ набережныхъ, каталъ бочки и помощникомъ кочегара переплывалъ Атлантическій океанъ. Да, тогда была вѣра во что-то, что тамъ, за морями и горами, и что было разбито самымъ безжалостнымъ образомъ. А все-таки жаль... Въ душѣ проснулась такая зовущая хорошая тоска.

Шипидинъ еще разъ полюбовался съ Николаевскаго моста на красавицу Неву, уставленную точно отдыхавшими морскими судами, и неторопливымъ шагомъ отправился на другую сторону. Чѣмъ онъ ближе подвигался къ центру, тѣмъ сильнѣе вниманіе стоявшихъ на посту городовыхъ сосредоточивалось на его мѣшкѣ.

— Эй, ты, мужланъ, долой съ панели, — грубо остановилъ его одинъ изъ блюстителей порядка, когда онъ уже подходилъ къ Невскому.

Эффектъ получился еще больше, когда Шипидинъ вошелъ въ переднюю одного департамента. Расшитый швейцаръ даже онѣмѣлъ отъ изумленія.

— Мнѣ Петрова...— началъ было Шипидинъ.

— У насъ нѣтъ никакого Петрова.

— Вы ошибаетесь: Сергѣй Васильевичъ Петровъ...

— Ихъ превосходительство заняты...

— Все-таки будьте любезны передать ему мою записку. Я сейчасъ напишу...

Петровъ, старый товарищъ по университету, оказался

гораздо вѣжливѣе швейцара и встрѣтилъ Шипидина въ дверяхъ своей пріемной.

— Какими судьбами, голубчикъ?— спрашивалъ онъ, обнимая и цѣлуясь съ гостемъ.— А я ужъ думалъ, что тебя и въ живыхъ нѣтъ... Очень, очень радъ!..

Подтянутый, чистенькій, съ благообразной сѣдиной и почтительно строгимъ лицомъ, этотъ Петровъ былъ типичнымъ чиновникомъ изъ новыхъ. Онъ много разспрашивалъ Шипидина объ его жизни и особенное вниманіе обратилъ на положеніе его дѣтей, причемъ проявилъ замѣчательную проницательность, заставившую Шипидина съежиться.

— Четверо дѣтокъ? Очень, очень хорошо... Три сына и дочь? Отлично... Учатся...

— Да, т. е. дома...

— А сколько лѣтъ старшему?

— Шестнадцать, кажется...

Благообразно-проницательное министерское лицо приняло скорбное выраженіе.

— Очень, очень хорошо, т. е. совершенно наоборотъ, Григорій Максимовичъ... Ты ужъ меня извини, а я долженъ тебѣ сказать откровенно, какъ старый другъ... да... Дѣло въ томъ, что свою личную жизнь ты могъ устраивать, какъ хотѣлъ, причемъ, въ случаѣ неудачнаго опыта, благодаря тому капиталу, который ты несешь въ себѣ въ формѣ образованія и извѣстной культуры, могъ всегда вернуться въ привилегированную, нашу колею. Да... Но, по моему мнѣнію, — ты извини меня!— судьбой дѣтей ты не могъ такъ распоряжаться... Возьмемъ самый близкій вопросъ: воинская повинность?

— А если я, слѣдовательно, не желаю для своихъ сыновей никакихъ льготъ?

— Замѣть: это ты не желаешь, а вѣдь они имѣютъ право и на свои желанія... Вообще, вопросъ крайне серьезный и я буду радъ поговорить о немъ съ тобой серьезно, когда буду свободенъ. Сейчасъ я живу въ Павловскѣ, на дачѣ... Тоже женатъ, очень недавно, впрочемъ, и уже имѣю шестимѣсячнаго бебешку. Да, такъ ты и пріѣзжай ко минѣ на дачу... Сегодня у меня коммиссія... завтра — тоже... дѣла. Вообще вся недѣля занята, а на будущей...

— Я на дняхъ уѣзжаю...

— Оставайся, голубчикъ. Я такъ радъ...

— Слѣдовательно, не могу... У насъ страда начинается.

41

Чиновный другъ, видимо, былъ радъ такой счастливой развязкѣ, хотя и прибавилъ съ грустью:

— Знаешь, я начинаю какъ-то терять нашихъ изъ виду... Ужасно обидно. Они не много косятся на меня... да... Я это понимаю, и самъ отношусь немного скептически къ своей чиновничьей дѣятельности, но что подѣлаешь — слабый характеръ, не выдержалъ... Если тебѣ что нибудь нужно будетъ относительно дѣтей, то я съ удовольствіемъ... посовѣтовать, указать...

По генеральской привычкѣ Петровъ при прощаньи первый протянулъ руку.

Умудренно-проницательный чиновникъ сразу попалъ въ самое больное мѣсто Шипидина, какъ давеча Бургардтъ, который такъ искренно жалѣлъ, что не отдалъ свою Аниту ему на воспитаніе. Петровъ оказался умнѣе и проницательнѣе, и Шипидинъ, шагая по тротуару, только встряхивалъ головой.

— Слѣдовательно, капиталъ образованія и культуры...— бормоталъ онъ.— Хитрый чинушка... И все это такъ любезно...

Слѣдующимъ номеромъ былъ визитъ къ знаменитому дѣтскому врачу, тоже товарищу и даже однофамильцу. Нужно было посовѣтоваться относительно борьбы съ дѣтскими эпидеміями. На одной изъ модныхъ улицъ, у шикарнаго подъѣзда стоялъ великолѣпный рысакъ съ кучеромъ — чудовищемъ, у котораго на спинѣ были прикрѣплены къ поясу круглые часы. Шипидинъ въ первый разъ видѣлъ эту новинку и невольно засмѣялся. Въ подъѣздѣ онъ не утерпѣлъ и спросилъ швейцара, чей это кучеръ съ часами на поясницѣ.

— Доктора Шипидина...

— Значитъ, онъ дома?

— Стало быть, дома...

Этотъ кучеръ простаивалъ безъ дѣла у подъѣзда иногда цѣлые дни, но паціенты должны были понимать, какъ дорого время знаменитаго человѣка.

Дверь отворила накрахмаленная, очень строгая горничная, оглядѣла незавиднаго гостя съ ногъ до головы и сказала:

— Я сейчасъ узнаю... Какъ о васъ доложить? Пожалуйте въ пріемную... .

Шипидинъ написалъ записку и передалъ горничной, а самъ въ ожиданіи принялся разсматривать солидно обставленную пріемную. Тутъ все было солидно — мебель, ковры, бронза, картины, дѣлая витрина съ цѣнными подарками благодарныхъ кліентовъ. Въ углу стояли старинные англійскіе часы и маятникъ ходилъ съ медленной важностью. Гдѣ-то слышались осторожные шаги, потомъ осторожно пріотворилась массивная дверь, и Шипидину показалось, что въ щель на него смотрѣлъ самъ знаменитый другъ, но вмѣсто него вышелъ толстый мопсъ. Собака хрипѣла отъ ожирѣнія, но сочла долгомъ подойти къ кліенту и ткнуть его своимъ чернымъ сплюснутымъ носомъ въ руку. Потомъ послышались шаги и въ пріемную быстро вошла молодая, но болѣзненная и некрасивая дама.

— Простите, пожалуйста, что я прочла вашу записку, — заговорила она, протягивая руку.— Я — жена Ильи Алексѣевича... Онъ такъ будетъ жалѣть, что вы не застали его дома. Я много слышала о васъ и рада лично познакомиться... Илья Алексѣевичъ только что вышелъ, и я удивляюсь, какъ вы не встрѣтились съ нимъ на лѣстницѣ.

— Слѣдовательно, какъ же его лошадь стоитъ у подъѣзда?

— А онъ пошелъ пѣшкомъ къ больному рядомъ...

— Слѣдовательно, какъ же швейцаръ сказалъ, что онъ дома?

— Нашъ швейцаръ глупъ и вѣчно спитъ...

Она лгала съ такой измученной улыбкой, что Шипидину сдѣлалась, наконецъ, ее жаль. Знаменитый однофамилецъ просто не хотѣлъ его принять.

— Слѣдовательно, я зайду въ другой разъ, — проговорилъ Шипидинъ, дѣлая видъ, что всему повѣрилъ.

Знаменитый другъ, спрятавшись за драпировку, видѣлъ, какъ Шипидинъ переходилъ черезъ улицу, перекинувъ мѣшокъ черезъ плечо, и только покачалъ головой. Когда жена вошла въ кабинетъ, онъ сказалъ:

— Что можетъ быть хуже нашей проклятой профессіи? Ни одной свободной минуты, чтобы поговорить со старымъ другомъ... А этотъ Шипидинъ — замѣчательный человѣкъ. Говоря откровенно, я даже завидую ему...

Взглянувъ на часы — у доктора въ кабинетѣ вездѣ были часы: на письменномъ столѣ, на каминѣ, на стѣнѣ, такъ что куда онъ ни повертывался — его драгоцѣнное фемя показывалось съ точностью, — докторъ прибавилъ:

— У меня сейчасъ визитъ къ княгинѣ Оводовой.... да...

Жена покорно его слушала, не вѣрила ни одному его слову и смотрѣла на него влюбленными овечьими глазами.

XI

Шипидинъ пробродилъ по Петербургу до поздняго вечера. Онъ заходилъ въ складъ сельско-хозяйственныхъ машинъ, чтобы просмотрѣть новый плужокъ, усердно рекламированный въ газетахъ, потомъ былъ въ редакціи одной газеты, куда посылалъ иногда корреспонденціи, потомъ очутился на Пескахъ, гдѣ жилъ одинъ изъ "нашихъ". Это былъ интеллигентный человѣкъ безъ опредѣленныхъ занятій, ютившійся въ грязномъ надворномъ флигелѣ съ громадной семьей.

— Иванъ Петровичъ дома?

— А куды ему дѣться...— грубо отвѣтила грязная кухарка.

Иванъ Петровичъ, испитой сгорбленный господинъ, съ тревожно бѣгавшими безцвѣтными глазками, былъ типичнымъ представителемъ интеллигентнаго столичнаго пролетаріата. Онъ всю жизнь чего-то ждалъ, на что-то надѣялся и смотрѣлъ на свое настоящее, какъ на переходное состояніе. Главное, нужно было выдержать характеръ, не поддаться fortuna adversa и т. д. Встрѣтилъ онъ гостя съ неподдѣльной радостью и сейчасъ же послалъ кухарку за пивомъ.

— Слѣдовательно, я не пью...— заявилъ Шипидинъ.

— У тебя вѣчныя фантазіи!.. По крайней мѣрѣ, не мѣшай мнѣ порадоваться за тебя. Мнѣ докторъ прописалъ пить пиво, въ умѣренномъ количествѣ, конечно...

Квартира была грязная, обстановки никакой, изо всѣхъ дверей выглядывали грязныя дѣтскія рожицы, изъ кухни воняло жаренымъ лукомъ и еще какой-то дрянью. Хозяинъ пилъ пиво и все время говорилъ только о себѣ, о своихъ планахъ, причемъ кого-то бранилъ и обѣщался отомстить. Между прочимъ, досталось и генералишкѣ Петрову, и доктору Шипидину, и Бургардту. Шипидинъ терпѣливо его слушалъ, выжидая удобный моментъ, чтобы уйти поскорѣе.

Шипидинъ вздохнулъ свободнѣе, когда вышелъ изъ этого мертваго дома. Да, есть люди, которымъ нужно воспретить закономъ имѣть семьи, какъ это ни жестоко. Онъ съ тоской думалъ о чумазыхъ дѣтскихъ личикахъ и о собственномъ эгоизмѣ. Вотъ онъ взялъ и ушелъ, потому что ему было непріятно смотрѣть на эту западню, а Иванъ Петровичъ остался и будетъ пить свое пиво, пока его не съѣстъ чахотка или не разобьетъ параличъ. Если бы взять этихъ несчастныхъ дѣтей и воспитать ихъ въ деревнѣ, на свѣжемъ воздухѣ... Ему опять

44

пришли на память отрывистыя слова мудраго чиновника относительно его собственныхъ дѣтей.

— Слѣдовательно, капиталъ образованія и культуры, — притворялъ онъ, покачивая головой.

Слѣдующіе визиты къ "нашимъ" были удачнѣе. Люди какъ люди, хотя и пропитавшіеся столичнымъ ядомъ. Одинъ учитель гимназіи мечталъ даже о своей землѣ.

— У насъ почти всѣ мечтаютъ о землѣ, — объяснялъ онъ.— Конечно, не о подвигѣ, а просто о землѣ. Не нужно крайностей, а нуженъ простой нормальный человѣкъ. Прежде всего, необходимо, чтобы дѣти видѣли для сравненія деревню и деревенскую жизнь.

— Слѣдовательно, вродѣ нагляднаго урока или чтенія объяснительнаго?

— Называй, какъ хочешь... Ты думаешь, что мы не понимаемъ, что ростимъ изъ нашихъ дѣтей какихъ-то квартирантовъ, у которыхъ всѣ дѣтскія впечатлѣнія и воспоминанія будутъ примѣняемы къ тѣмъ квартирамъ, гдѣ они жили, и у самыхъ счастливыхъ къ какому нибудь дачному мѣсту. Нѣтъ, братику, отлично понимаемъ... А вотъ мы имъ покажемъ настоящую деревню, пусть смотрятъ и учатся...

— Но не живутъ?

— А это ужъ они сами... да. Теперь у насъ по части фантазій весьма тихо. Копимъ деньги и присовокупляемъ... Глядишь, годиковъ черезъ десять-пятнадцать имѣньишко и выросло. Ребята будутъ на свѣжемъ воздухѣ цѣлое лѣто проводить, а я буду капусту да рѣдьку садить...

— Пріятное съ полезнымъ, значитъ?

— Это, положимъ, не идеалъ и даже очень не идеалъ, но приходится довольствоваться возможнымъ. Вѣдь и ты, въ сущности, ведешь только фермерское хозяйство, значитъ, остановился на полдорогѣ. А ты запишись въ настоящіе мужики, войди членомъ въ настоящую мужицкую общину, вози станового и исправника, отбывай повинность какого нибудь старосты — вотъ это будетъ послѣдовательно.

— Ты говоришь такъ потому, что не знаешь совсѣмъ деревни, гдѣ и фермерское хозяйство тоже нужно. Именно, фермерское, а не помѣщичье или арендаторское.,

— Вѣдь и наша дѣятельность тоже нужна, голубчикъ. Мы тоже не сидимъ, сложа руки... У насъ и ремесленныя школы, и школьныя лѣтнія колоніи, и пріюты, и санаторіи.

— Однимъ словомъ, чудеса въ рѣшетѣ.

Учитель обидѣлся и замолчалъ. Шипидинъ тоже былъ

задѣть за живое его замѣчаніемъ о поступленіи въ настоящіе мужики и постарался выяснить разницу, которая принцпиіально раздѣляетъ его хозяйство отъ ихъ дачныхъ утѣхъ.

— Для меня мое хозяйство — все, въ моей работѣ есть нравственный смыслъ. Умѣть своими руками заработать свой кусокъ хлѣба — великая вещь и заработать настоящимъ трудомъ, а не жалованіемъ, разными дипломными синекурами и культурными привилегіями. Если я ѣмъ кусокъ хлѣба, то я знаю, что я дѣйствительно его заработалъ тяжелымъ трудомъ. Затѣмъ, что мое хозяйство имѣетъ такое же значеніе, какъ и крестьянское — доказательство на-лицо. Нынче въ нашей Тамбовской губерніи урожай, а въ результатѣ страшное паденіе цѣнъ на хлѣбъ. Въ помѣщичьихъ хозяйствахъ получается такая комбинація: если убрать хлѣбъ и продать его, то получится чистаго убытка около четырнадцати рублей, считая арендную стоимость десятины въ двадцать рублей. Положеніе глупое: урожай плохой — цѣны хорошія и продавать нечего, а урожай хорошій — убытокъ землевладѣльцу, который работаетъ чужими руками. За то мужикъ радуется и мужицкій трудъ поднимается въ цѣнѣ. Я тоже радуюсь, потому что урожай для меня обезпеченіе на цѣлый годъ, а работаю самъ съ своей семьей — слѣдовательно, повышеніе цѣны на рабочія руки меня не касается. Кажется, ясно?

Друзья разстались чуть не врагами, обвиняя другъ друга въ непониманіи. Шипидинъ не былъ въ Петербургъ лѣтъ пять и былъ особенно огорченъ: и онъ не понималъ, и его не понимали, а въ результатѣ изъ "нашихъ" получались чужіе люди. Да, это были настоящіе обломки разбитаго корабля...

Было уже часовъ десять вечера, когда Шипидинъ опять очутился на петербургской улицѣ, пыльной и еще не остывшей отъ дневного зноя. Духота висѣла въ воздухѣ. Рабочая суета на улицахъ прекратилась, смѣнившись обычной вечерней сутолокой. Летѣли на острова экипажи, по тротуарамъ торопливо шли на свой промыселъ жертвы общественнаго темперамента, какіе-то подозрительные молодые люди въ котелкахъ и просто люди, желавшіе какъ нибудь убить свое ненужное время. Милліонное чудовище засыпало тревожнымъ и тяжелымъ сномъ, придавленное болѣзненнымъ кошмаромъ.

— И люди могутъ здѣсь жить?— думалъ Шипидинъ, шагая по широкой панели Невскаго.— Имъ не страшно за каждый новый день? Вѣдь могутъ уѣхать на лѣто куда нибудь на дачу только избранники, а остальные заперты здѣсь навсегда.

И если подумать, что вся эта живая сила въ разное время вытянута изъ провинціи и похоронена здѣсь навсегда — получалось ужасное впечатлѣніе. Въ молодости и онъ провелъ не одно лѣто въ Петербургѣ, но тогда все скрашивалось молодымъ настроеніемъ, работой и надеждами. Ему даже нравился Петербургъ лѣтомъ, благодаря красавицѣ Невѣ и взморью. Да, онъ помнилъ свои бѣлыя ночи, когда былъ по своему счастливъ...

Мучительное чувство одиночества охватило Шипидина, и онъ даже закрылъ глаза, мысленно уносясь въ свою деревню, гдѣ сейчасъ такъ было хорошо. Онъ даже хотѣлъ вернуться въ свои меблированныя комнаты, но хотѣлось взглянуть на Неву ночью, когда онъ особенно ее любилъ. Ноги машинально двигались впередъ, и Шипидинъ уже чувствовалъ вѣявшую со стороны рѣки прохладу.

— Да, чужой, совсѣмъ чужой...— повторялъ онъ.

На Николаевскомъ мосту онъ опять остановился, не зная, идти ему къ Бургардту или нѣтъ. Нева плыла, точно подернута матовымъ серебромъ, на мачтахъ судовъ яркими звѣздочками теплились разноцвѣтные фонарики, такія же звѣздочки бѣжали по водѣ, отражавшей въ себѣ параллельныя линіи береговыхъ фонарей. Гдѣ-то тихо плескалась сонная вода, гдѣ-то рѣзко прорѣзывалъ воздухъ пароходный свистокъ, гдѣ-то слышалось непріятное дребезжаніе извозчичьей пролетки...— Да, капиталъ образованія и культуры, — еще разъ повторилъ про себя Шипидинъ, дѣлая поворотъ на Васильевскій островъ.

Ему вдругъ захотѣлось быть въ обществѣ и видѣть незнакомыхъ людей, тѣмъ болѣе, что у Бургардта соберутся разные художники и артисты, а къ искусству у Шипидина сохранялась какая-то неопредѣленная и мучительная тяга — послѣдній остатокъ его культурныхъ привычекъ.

XII

Когда Шипидинъ раздѣвался въ передней, человѣкъ Андрей встрѣтилъ его особенно непривѣтливо. Дескать, всякій претъ къ Егору Захарычу, а тутъ ждутъ Красавина. Изъ гостиной уже доносился трескучій голосъ Саханова, а на звонокъ въ дверяхъ показалась голова Васяткина и сейчасъ же скрылась. Шипидинъ былъ пріятно удивленъ, когда увидѣлъ

Бургардта совершенно трезвымъ, именно такимъ, какимъ онъ его любилъ — скромный, умный, съ застѣнчивой улыбкой.

Въ гостиной, въ "азіатскомъ уголкѣ", освѣщенномъ модной лампой на высокой тонкой подставкѣ, сидѣли какія-то дамы и тутъ же миссъ Гудъ съ Анитой. Изъ дамъ Шипидинъ узналъ одну Ольгу Спиридоновну, которую встрѣчалъ раньше и которая успѣла сильно обрюзгнуть и постарѣть. Она сегодня находилась въ умиленномъ настроеніи и все время ухаживала за миссъ Мортонъ, которую приняла подъ свое крылышко. Анита такъ и впилась въ новую гостью, которая ей казалась какимъ-то ангеломъ, и дѣвочка не могла отвести отъ нея глазъ. Ей страстно хотѣлось сѣсть съ ней рядомъ, взять за руку и, вообще, чувствовать близость этой живой красоты. Даже нѣмота частью являлась въ глазахъ Аниты какимъ-то достоинствомъ, какъ молчатъ мраморныя статуи и картины, которыя она любила. Миссъ Мортонъ нѣсколько разъ улыбнулась ей, и Анита краснѣла вмѣстѣ съ ушами. Это было то дѣтское обожаніе, которое испытываютъ дѣвочки-подростки въ своемъ критическомъ переходномъ возрастѣ.

Бургардтъ наблюдалъ дочь и, по привычкѣ художника, обдумывалъ тему экзальтированной молящейся дѣвочки. Сейчасъ Анита была почти красива, и это было опять новой темой, именно сдѣлать некрасивое лицо подъ вліяніемъ сильнаго душевнаго возбужденія красивымъ. Противъ ожиданія, строгая миссъ Гудъ отнеслась къ новой гостьѣ съ большимъ сочувствіемъ, вѣроятно, благодаря ея нѣмотѣ, съ одной стороны, и потомъ тому, что миссъ Мортонъ разговаривала съ ней на бумагѣ на чистомъ англійскомъ языкѣ. Вообще, миссъ Мортонъ на всѣхъ произвела выгодное впечатлѣніе, и даже Шипидинъ, забившись въ уголокъ, разсматривалъ ее съ особеннымъ вниманіемъ, котораго женщинамъ не удѣлялъ вообще.

— Ну, что? — спросилъ его Бургардтъ вполголоса, указывая на миссъ Мортонъ глазами.— Не правда-ли хороша?

Шипидинъ сразу точно съежился. Его даже покоробила послѣдняя фраза. Развѣ можно такъ говорить и несчастіи?

Просто, несчастная дѣвушка, которая попала въ очень сомнительную обстановку. Ему вообще не нравилось, какъ Бургардтъ смотрѣлъ на женщинъ, — онъ вездѣ видѣлъ скрытое платьемъ живое женское тѣло и расцѣнивалъ его формы по спеціальному масштабу. Это его возмущало всегда, а теперь въ особенности. Несчастіе имѣетъ право если не на уваженіе, то на скромность.

— Зачѣмъ она здѣсь?— отвѣтилъ онъ Бургардту вопросомъ. Бургардтъ немного смутился и ничего не отвѣтилъ. Шипидинъ не желалъ понимать, что такое художникъ.

Марина Игнатьевна сидѣла въ тѣни развѣсистой латаніи и терпѣливо выслушивала жалобы Бахтерева. Ей какъ-то всегда приходилось выслушивать чужія жалобы, и она точно была по заказу создана терпѣливой слушательницей. Бахтеревъ стоялъ передъ ней и жаловался, дѣлая театральные жесты. Помилуйте, гдѣ же справедливость, когда его коронную роль Гамлета передаютъ какимъ-то безмозглымъ мальчикамъ? Положимъ, что его фигура округлилась, но вѣдь въ одной ремаркѣ Шекспира Гамлетъ прямо названъ жирнымъ, а Росси шестьдесятъ лѣтъ, у него порядочный животикъ, и старикъ все-таки продолжаетъ играть Гамлета.

— Да, да...— соглашалась Марина Игнатьевна.

— Вообще, наши театральные порядки ни къ чорту не годятся, — продолжалъ Бахтеревъ, подогрѣтый искренностью тона своей терпѣливой слушательницы.— Развѣ у насъ есть піесы? Что ни новая піеса, то провалъ. Нынѣшніе драматурги прямо пишутъ свои Елены для извѣстнаго костюма какой-нибудь премьерши... И вездѣ первое мѣсто отводится именно женскимъ ролямъ и даже названія піесы прямо говорятъ только о женщинахъ: "Медея", "Татьяна Рѣпина", "Ольга Ранцева"... Намъ, мужчинамъ, актерамъ, скоро отведется мѣсто статистовъ, какъ балетнымъ танцорамъ... Да, театръ падаетъ, вѣрнѣе — совершенно упалъ.

Бахтеревъ, какъ-только просыпался утромъ, начиналъ припоминать нанесенныя ему въ разное время обиды и постепенно взвинчивалъ себя на цѣлый день. У него выработалась даже стереотипная улыбка, когда онъ встрѣчалъ кого нибудь изъ знакомыхъ, которые должны были понять, какъ міръ несправедливо относится къ нему и какъ онъ стоитъ головой выше этихъ мелочей. Марина Игнатьевна, по сценѣ Бачульская, могла бы разсказать изъ своей практики гораздо больше, потому что одинокой артисткѣ, незаручившейся крупнымъ и вліятельнымъ покровителемъ, приходилось терпѣть и отъ антрепренеровъ, и отъ рсцспзентовъ, и отъ товарищей по сценѣ. Но она не любила говорить о своихъ невзгодахъ, ограничиваясь фразой:

— Вездѣ вѣдь одно и то же...

Между прочимъ, и Сахановъ приложилъ руку, когда она выступала въ "Озеркахъ" въ одной изъ лучшихъ ролей, причемъ самъ же привезъ къ ней номеръ газеты и сказалъ со свойственнымъ ему нахальствомъ:

— Видите, мой другъ, насколько я безпристрастенъ... Да, я могу ошибаться, но не буду лгать. Презирайте меня, выгоните вонъ, но я всегда писалъ и пишу, что думаю.

Между прочимъ, какъ театральный рецензентъ, Сахановъ пользовался нѣкоторымъ вліяніемъ, и послѣ его рецензіи Бачульская не рѣшилась дебютировать на императорской сценѣ. Сегодня онъ былъ особенно великолѣпенъ, потому что надѣлъ самый модный лѣтній костюмъ изъ бѣлой фланели съ тоненькими голубыми полосками, точно онъ весь былъ разграфленъ, какъ ученическая тетрадка. У него была дурная привычка что-нибудь вертѣть въ рукахъ во время разговора, и сегодня ему попалась черная фетровая шляпа Марины Игнатьевны.

— Да оставьте вы шляпу!— уговаривала его Ольга Спиридоновна.— Вѣдь за нее деньги плачены...

Въ обществѣ Сахановъ обыкновенно завладѣвалъ разговоромъ и обладалъ способностью говорить безъ умолку. Впрочемъ, онъ умѣлъ быть интереснымъ и уснащалъ свою рѣчь тысячью цитатъ, къ которымъ питалъ большую слабость. Онъ былъ и уменъ, и рѣчистъ, и остроуменъ, но писалъ скверно, какъ-то вяло и безцвѣтно, точно за него писалъ кто-нибудь другой. Когда-то онъ мечталъ объ ученой карьерѣ и нѣсколько лѣтъ готовилъ большую работу по исторіи Византіи, съ которой и провалился самымъ торжественнымъ образомъ. Это обозлило его навсегда, и ему казалось, что всѣ потихоньку смѣются надъ нимъ. Благодаря развившейся мнительности, онъ разошелся со своимъ ученымъ кругомъ и навсегда потонулъ въ болотѣ журнальныхъ спеціалистовъ, обязанныхъ знать все на свѣтѣ. Бургардтъ въ одно и то же время и любилъ его, какъ безспорно умнаго и образованнаго человѣка, и почти ненавидѣлъ, какъ болтуна и крайне пристрастнаго человѣка, на котораго нельзя было положиться ни на одну секунду. Теперь для Саханова было единственнымъ удовлетвореніемъ, если его слушали внимательно, смѣялись его остротамъ и, вообще, считали умнымъ человѣкомъ. Въ противномъ случаѣ онъ мстилъ, терпѣливо выжидая удобнаго случая, а въ такихъ случаяхъ недостатка не было, потому что онъ вращался въ пестрой средѣ артистовъ, художниковъ и своей братіи журналистовъ.

Сейчасъ Сахановъ по совершенно неизвѣстнымъ причинамъ разносилъ искусство вообще, искусство девятнадцатаго вѣка въ частности и русское въ особенности.

— Искусство — это фантазія сытаго человѣка... да. Больше:

пресыщенаго человѣка. Мнѣ надоѣли женщины, я уже потерялъ всякій аппетитъ и могу смотрѣть только на нарисованную женщину. Корова Ванъ-Гуттена въ Эрмитажѣ стоитъ сто тысячъ рублей... За что? Развѣ въ картинахъ, статуяхъ, музыкѣ, стихахъ и прозѣ жизнь? Все это жалкая поддѣлка подъ жизнь, нашъ самообманъ и самодурство... Приведите свѣжаго, нетронутаго человѣка и покажите ему Рубенса или Канову — онъ отвернется, потому что это самая условная ложь. Всѣ школы и направленія во всякомъ искусствѣ сводятся только на новую форму лжи... Всего удивительнѣе то, что сами художники доводятъ себя до той степени самогипноза, что начинаютъ сами вѣрить въ свои произведенія. Я понимаю, какъ одинъ старый художникъ цѣлыхъ двадцать лѣтъ рисовалъ одну ручку метлы... Публика тоже гипнотизируетъ себя, когда ахаетъ надъ произведеніями искусства и даже проливаетъ слезы... Получается взаимное одолженіе...

— Позвольте, г. Сахановъ, а работа артиста?— перебилъ его Бахтеревъ, выпячивая грудь и надуваясь.

— Вы хотите сказать объ артистахъ актерахъ? Это уже область подражательныхъ способностей и по моему самый лучшій актеръ — обезьяна.

— Вѣроятно, вы хотѣли сказать наоборотъ: обезьяна — самый лучшій актеръ, — нашелся Бахтеревъ.

— Браво, Бахтеревъ! аплодировала Ольга Спиридоновна.

— Слѣдовательно, позвольте, есть здоровое и хорошее искусство, — неожиданно вмѣшался Шипидинъ изъ своего угла.

— Именно? Это очень интересно слышать...— иронически отвѣтилъ Сахановъ.

— Вы говорите парадоксами и правы въ томъ отношеніи, что въ искусствѣ есть свои мертвыя точки и отрицательныя стороны, но есть и другое искусство, серьезное, идейное, глубокое, которое освѣщаетъ намъ жизнь, какъ путеводный маякъ. Я укажу безъ комплиментовъ на нашу русскую школу... да-съ. Наши художники, не всѣ, конечно, дѣлаютъ большое и хорошее дѣло, пока не подлаживаются ко вкусамъ толпы и капризамъ меценатовъ. Не буду называть именъ — они извѣстны слишкомъ хорошо всѣмъ.

Завязался горячій споръ, причемъ Сахановъ нѣсколько смутился, когда взъерошенный субъектъ въ поддевкѣ началъ приводить въ подтвержденіе своихъ словъ цитаты по нѣмецки и по французски.

Бургардтъ, вообще, не выносилъ этихъ безконечныхъ

русскихъ споровъ съ ихъ ожесточеніемъ, колкостями и взаимнымъ нежеланіемъ понимать противника, хотя Шипидинъ представлялъ исключеніе и спорилъ корректно, съ достоинствомъ искренно убѣжденнаго человѣка. Когда Сахановъ встрѣчалъ болѣе сильнаго противника, онъ прибѣгалъ къ одному маневру — вынималъ часы, дѣлалъ видъ, что подавлялъ зѣвоту, и говорилъ:

— Кажется, мы достаточно не понимаемъ другъ друга и продолжать непонимать еще болѣе — не стоитъ...

Онъ такъ сдѣлалъ и сейчасъ.

Бургардтъ все время наблюдалъ миссъ Мортонъ и переживалъ какую-то тихую и такую хорошую радость, точно ожила одна изъ тѣхъ статуй, которыя когда-то грезились ему. Это былъ чудный молодой сонъ, который заслонялъ все остальное. А она была такъ хороша и чиста въ своемъ непониманіи, въ ореолѣ дѣвичьей невинности и въ этомъ молчаніи, скрывавшемъ таинственнаго внутренняго человѣка, точно это было неземное существо, а пришелецъ изъ какого-то другого міра. Бургардту хотѣлось сказать вотъ именно этой нѣмой дѣвушкѣ, какой онъ нехорошій человѣкъ, какъ безумно растрачиваетъ свои лучшіе годы, какъ зарываетъ въ землю данный ему Богомъ талантъ и какъ раскаивается каждый разъ, чтобы повторить то же самое. Именно, сказать все это, чтобы почувствовать освѣжающій здоровый стыдъ, обновиться душой, стряхнуть съ себя испорченнаго человѣка... И вдругъ, среди этихъ размышленій, въ головѣ Бургардта, какъ смертный приговоръ, мелькнула припомнившаяся ему именно сейчасъ фраза Бачульской, сказанная вчера: "Вамъ нечѣмъ любить..."

— Нѣтъ, не правда!..— мысленно сказалъ Бургардтъ, отыскивая глазами Марину Игнатьевну, которая съ ангельскимъ терпѣніемъ битый часъ выслушивала жалобы Бахтерева.

XIII

Шипидинъ не вытерпѣлъ дальнѣйшихъ разглагольствованій Саханова и ушелъ въ мастерскую, гдѣ Гаврюша работалъ при слабомъ освѣщеніи. Именно только при этомъ освѣщеніи выступали рельефы въ своей живой полнотѣ. У Гаврюши никакъ не удавался античный затылокъ Гамлета, именно мускулы cucullaris и latissimus dorsi. Затѣмъ, чувствовалось что-то неестественное въ легкомъ поворотѣ головы, точно у Гамлета болѣла шея. Увлекшись своей работой, Гаврюши не обратилъ вниманія на Шипидина, который по обыкновенію скромно помѣстился въ уголкѣ. Вѣроятно въ ожиданіи гостей, всѣ работы были открыты и производили теперь странное впечатлѣніе, точно то сказочное царство, гдѣ всѣ заснули: застылъ на губахъ Гамлета его горькій монологъ, окаменѣла благословляющая рука препод. Сергія, Ромео и Джульета замерли, бюстъ Ольги Спиридоновны смотрѣлъ какими-то пустыми глазами, изъ которыхъ выкатилась жизнь. Появился на свѣтъ еще новый барельефъ, котораго давеча Шипидинъ не замѣтилъ — онъ занималъ боковую стѣну и заслонялся со стороны входа печкой.

На первомъ планѣ была молодая женщина верхомъ на конѣ. Она была одѣта по мужски, но съ распущенными волосами, съ лукомъ въ рукахъ. Около лошади толпилась невыяснившіяся еще фигуры какихъ-то людей, которые хватались за поводья, угрожающе поднимали руки кверху и, вообще, страшно волновалась, точно хотѣли вылѣзти изъ непросохшей глины.

— Что это такое?— спросилъ Шипидинъ.— Жанна Д'Аркъ?

— Нѣтъ, это Марина Мнишекъ... Взять моментъ, когда она бѣжала изъ Тушина и явилась въ станѣ Сапѣги, одѣтая въ костюмъ польскаго воина.

Замѣтивъ, что Шипидинъ любуется Мариной, Гаврюша прибавилъ:

— Не правда-ли, какая экспрессія? А лицо Марины... За такихъ женщинъ умираютъ. На выставкѣ вся публика ахнетъ, и никто не будетъ подозрѣвать, что вотъ эта самая Марина продавала булки и сухари на Пескахъ. Красавинъ, кажется, хочетъ купить и барельефъ, и оригиналъ.

— Что съ вами, Гаврюша?— удивился Шипидинъ, глядя на покрывшееся пятнами круглое лицо Гаврюши.— Вѣдь вы, вѣроятно, повторяете какую нибудь ходячую сплетню... Не хорошо, молодой человѣкъ.

Лицо Гаврюши приняло злое выраженіе, которое совсѣмъ не шло къ нему, онъ уже раскрылъ ротъ, чтобы отвѣтить, но въ этотъ моментъ послышался громкій звонокъ въ передней и слышно было, какъ торопливо пробѣжалъ человѣкъ Андрей. Гаврюша быстро сбросилъ съ себя рабочую блузу, торопливо вымылъ руки и ушелъ. Шипидинъ посмотрѣлъ ему въ слѣдъ, покачалъ головой и подумалъ:

— Этотъ молодой человѣкъ плохо кончитъ... Что за фантазія была у Егора выхватить этого мальчика изъ родной обстановки и бросить въ омутъ искусства?

По затихшему въ гостиной говору Шипидинъ догадался, что пріѣхалъ самъ меценатъ Красавинъ. Въ открытую дверь корридора можно было разсмотрѣть промелькнувшую фигуру Васяткина, точно громадная сѣрая летучая мышь, которую показываютъ на экранѣ волшебнаго фонаря. Все это коробило Шипидина. Неужели искусство не можетъ существовать безъ мецената? А тутъ еще довольно прозрачные намеки Гаврюши.

— А ну ихъ! рѣшилъ Шинидинъ, опять начиная разсматривать Марину, у которой уже окончательно не было никакой связи съ остальными произведеніями.

Именно здѣсь Шипидинъ и былъ накрытъ, когда изъ гостиной съ шумомъ привалила цѣлая толпа гостей съ Красавинымъ во главѣ.

— А... вы здѣсь, — проговорилъ Сахановъ, который велъ подъ руку бывшую натурщицу Шуру.— Рекомендую вамъ оригиналъ...

Ню слегка покраснѣла отъ этой рекомендаціи, но отнеслась къ новому знакомому съ самымъ обиднымъ равнодушіемъ, точно ей рекомендовали кошку. Красавина велъ подъ руку Васяткинъ, говорившій задыхавшимся отъ волненія голосомъ:

— Нѣтъ, вы посмотрите, Антонъ Ильичъ, что это такое... Вѣдь съ этого барельефа открывается новая страница въ русской скульптурѣ... Вѣдь это все живое... Посмотрите, какъ протянула Марина впередъ свою руку, обращаясь къ казакамъ.

— И совсѣмъ это не казаки... поправилъ его Сахановъ.

— Гмъ, эти... Виноватъ, дѣйствіе происходитъ въ лагерѣ Сапѣги и кругомъ поляки, — подхватилъ Васяткинъ.

Красавинъ только морщился, какъ человѣкъ, у котораго надъ самымъ носомъ жужжитъ муха. Онъ прямо подошелъ къ барельефу Марины Мнишекъ и долго разсматривалъ не ея лицо, а посадку, причемъ сдѣлалъ замѣчаніе относительно неправильно согнутаго колѣна и слишкомъ короткаго стремени. Бургардтъ не возражалъ, потому что былъ поглощенъ тѣмъ, какъ отнесется миссъ Мортонъ къ его работѣ. Нѣмая дѣвушка точно расцвѣла, когда очутилась въ мастерской. Она радостно узнала бюстъ Ольги Спиридоновны, Шуру въ Маринѣ Мнишекъ, ее же въ Джульеттѣ и даже шею Бахтерева въ Гамлетѣ. Бургардту казалось, что среди его скульптуры она именно дома, какъ нигдѣ, и онъ даже поймалъ ея ревнивый взглядъ, когда она съ особеннымъ вниманіемъ разсматривала Марину.

— Удивительно... Новая эра въ искусствѣ... задыхавшимся шопотомъ повторялъ Васяткинъ, обращаясь къ Саханову, причемъ шопотъ настолько былъ разсчитанъ, что его могли слышать и другіе.

Ольга Спиридоновна рѣшительно ничего не понимала въ скульптурѣ и восхищалась изъ вѣжливости. Она сегодня находилась въ самомъ умиленномъ настроеніи духа и даже не обидѣлась, когда Сахановъ назвалъ ее незаконной дочерью дьякона, какъ называлъ Бачульскую "мадонной для некурящихъ". Это дешевенькое остроуміе, вѣроятно, было взято на прокатъ изъ какого-нибудь уличнаго заграничнаго листка. Сахановъ получалъ всѣ иностранныя изданія этого тона и не стѣснялся черпать изъ нихъ полной рукой.

Бывшая натурщица Шура такъ мило стѣснялась, чувствуя, какъ всѣ сравнивали ее съ Мариной! Ей даже было немножко стыдно, что она верхомъ на лошади и сидитъ въ сѣдлѣ по мужски. Могли подумать, что она въ такой позѣ сидѣла передъ Бургардтомъ голая, потому что нѣкоторые скульпторы предварительно лѣпятъ голую фигуру, а уже потомъ ее одѣваютъ. Особенно она подозрѣвала въ такомъ взглядѣ на нее Шипидина, который такъ пристально всматривался въ нее, сравнивая съ Мариной.

— Что этому-то вахлаку нужно? думала Шура и злилась.

Наблюдая каждое движеніе Красавина, Шипидинъ, въ свою очередь, негодовалъ на меценатство, въ которомъ видѣлъ главный источникъ уклоненій искусства отъ своей прямой задачи служить одной истинѣ. Это его возмущало до глубины души, какъ своего рода развратъ. И Бургардтъ, какъ другіе, невольно поддѣлывается подъ вкусъ этого сомнительнаго креза, и можетъ быть Гаврюша давеча былъ правъ. Эта мысль почти подтвердилась, когда, разсмотрѣвъ внимательно барельефъ, Красавинъ небрежно сказалъ Бургардту:

— Мнѣ эта вещь нравится... Мы потомъ поговоримъ.

Сахановъ и Васяткинъ только переглянулись, что въ переводѣ значило: везеть-же этому Бургардту, какъ утопленнику. "Нравится" Красавина стоило тысячъ десять — пятнадцать, а барельефъ еще не конченъ. Конечно, дѣло тутъ не въ искусствѣ, а въ Ню, которую Красавинъ желаетъ получить увѣковѣченной въ мраморѣ.

— Здоровую пѣночку слизнулъ многоуважаемый Егоръ

Захарычъ, — шепталъ Васяткинъ.— Это, видно, не Пересвѣтъ и Ослябя...

Когда всѣ ушли, Шипидинъ сдѣлался невольнымъ свидѣтелемъ довольно жестокой сцены. Гаврюша, блѣдный и страшный, схватилъ за обѣ руки Шуру и задыхавшимся голосомъ повторялъ:

— Я тебя убью, змѣя... убью!..

— Мнѣ больно... больно...— шептала дѣвушка, напрасно стараясь вырвать свои руки.— Какъ вы смѣете...

Шипидинъ спокойно подошелъ къ Гаврюшѣ и помогъ дѣвушкѣ освободиться. Когда Шура торопливо ушла въ гостиную, онъ спокойнымъ голосомъ замѣтилъ:

— Слѣдовательно, такъ съ дамами нельзя поступать...

Гаврюша ничего не понималъ и только смотрѣлъ на него страшными глазами.

— Слѣдовательно, нельзя, — еще разъ повторилъ Шипидинъ.— Выпейте холодной воды. Это помогаетъ...

Гаврюша схватилъ себя за голову, бросился на узкій диванчикъ въ углу и зарыдалъ.

— Вы хорошій человѣкъ...— шепталъ онъ.— Но вы ничего не понимаете... Ее мало убить... Нѣтъ, ей лучше быть убитой... Смерть избавитъ ее отъ позора...

XIV

Столовая оказалась тѣсной, и часть гостей должны были устроиться за маленькими угловыми столиками, какъ въ ресторанѣ. А гости все прибывали: зашелъ старикъ Локотниковъ, когда-то гремѣвшій, какъ жауристъ, потомъ молодой юркій пейзажистъ Меню и еще какіе-то художники, которыхъ, кажется, не зналъ и самъ хозяинъ. Ужинъ состоялъ всего изъ одного блюда, — на столъ подана была тридцатифунтовая лососина во всей своей красотѣ. Это было и оригинально, и ново, какъ всегда у Бургардта. Миссъ Гудъ очень смущалась, что нѣтъ ни ростбифа, ни дичи, и старушкѣ казалось, что гости смотрятъ на нее съ нѣмымъ укоромъ, обвиняя въ скаредности. Впрочемъ, она знала, что Красавинъ вообще ѣстъ очень мало, а другіе гости могутъ быть сыты и одной лососиной. Больше всѣхъ ѣла Ольга Спиридоновна, любившая прикушать, а тутъ еще пили шампанское, какъ квасъ, что ей тоже нравилось. Напуганная Шура все посматривала на дверь и виновато улыбалась, встрѣчаясь глазами съ Шипидинымъ, который очутился рядомъ съ Красавинымъ, занявъ по ошибкѣ мѣсто Саханова.

— Представьте себѣ, а я зналъ вашего отца...— припоминалъ Красавинъ, когда хозяинъ ихъ познакомилъ.— Я бывалъ даже у васъ на Охтѣ. Давненько это было...

Красавину нравился "пашконецъ", какъ онъ мысленно назвалъ Шипидина. Неглупый и крѣпкій человѣкъ, напомнившій ему родныхъ заволжскихъ раскольниковъ. И держитъ себя такъ просто и независимо. Вниманіе Красавина къ какому-то юродивому въ поддевкѣ возмущало Саханова и Васяткина до глубины души, точно Шипидинъ обкрадывалъ ихъ. Бургардтъ тоже былъ хорошъ: все время смотритъ на нѣмую англичанку, какъ дуракъ, и, кажется, никого не замѣчаетъ.

— Кажется, завязка романа, — шепталъ Саханову Васяткинъ.

— Очень можетъ быть...— соглашался тотъ.— Только романы Бургардта извѣстны: срокъ — двѣ недѣли.

Сахановъ, вообще, терпѣлъ сегодня неудачу за неудачей. Сначала пробовалъ заговорить объ искусствѣ, т. е. обругалъ кое-кого изъ отсутствовавшихъ художниковъ, а въ особенности молодежь, впадавшую въ ересь импрессіонизма. Но Красавинъ упорно не желалъ слушать, хотя время отъ времени и смотрѣлъ на него. Пришлось перемѣнить тему. Сахановъ перѣхалъ на свой любимый конекъ и заговорилъ о женщинахъ.

— Одинъ французъ совершенно вѣрно опредѣлилъ, что женщина есть апоѳозъ кривой линіи, — ораторствовалъ Сахановъ съ обычнымъ апломбомъ.— Это очень метко сказано... Не правда-ли?

Но и тутъ вышла неудача. Старикъ Локотниковъ, обозленный на всѣхъ лѣтъ двадцать, замѣтилъ:

— А у меня есть знакомый профессоръ математики, который доказываетъ, что на пощечину нельзя сердиться, потому что на языкѣ математики это только кривая второго порядка... Значитъ, по вашему, Павелъ Васильичъ, всякая женщина есть апоѳеозъ пощечины. Сравненіе немного натянуто, хотя и не хуже другихъ.

Сахановъ надулся и проворчалъ:

— Я-бы сказалъ вашему профессору математики, что онъ просто копченая ветчина, что тоже не обидно, хотя въ переводѣ это выходитъ: свинья.

Въ отместку злому старичишкѣ Сахановъ заговорилъ о конченныхъ художникахъ, которымъ ничего больше не остается, какъ только повторять самихъ себѣ.

— Это повторяется во всѣхъ областяхъ творчества, и нѣтъ необходимости называть имена, которыя хорошо извѣстны публикѣ. Конечно, трудно опредѣлить роковой моментъ, когда художникъ духовно умираетъ. Въ механикѣ есть прекрасное опредѣленіе этого момента, именно, когда она разбираетъ законы движенія самаго обыкновеннаго колеса. Есть роковая мертвая точка, которая останавливаетъ это движеніе. То же самое и въ творчествѣ художника: если онъ не двигается впередъ — значитъ, онъ конченный человѣкъ для искусства. Возьмите, наконецъ, скажемъ, какого нибудь атлета: онъ развиваетъ свою силу постепеннымъ упражненіемъ мускуловъ, но уже въ самой его организаціи, въ скелетѣ, въ строеніи мышцъ, связокъ и сухожилій заключается своя предѣльная точка. Почему онъ можетъ выжать шесть пудовъ и двѣнадцать фунтовъ, а на тринадцатомъ фунтѣ пасуетъ? Вѣдь, кажется, фунтъ самъ по себѣ ничтожная величина, каждый ребенокъ подниметъ фунтъ, а тутъ именно этотъ роковой тринадцатый фунтъ пересиливаетъ профессіональнаго силача. Такъ и въ искусствѣ...

Бургардтъ слышалъ этотъ монологъ и только пожалѣлъ старика Локотникова. Мозгъ у Саханова походилъ на болотную кочку, въ которой гнѣздились самыя вредныя бактеріи и самые ядовитые міазмы. Локотниковъ не нашелся, что ему отвѣтить, но за него обидѣлся Бахтеревъ, сидѣвшій рядомъ съ Бачульской.

— Позвольте, г. Сахановъ (онъ никогда не называлъ Саханова по имени и любилъ начинать рѣчь съ "позвольте", точно его мысль продиралась каждый разъ черезъ толпу невидимыхъ враговъ), вы можетъ и правы механически и даже атлетически, но вѣдь все это крайне условно... Вамъ ничего не стоитъ однимъ почеркомъ пера уничтожить самую почтенную репутацію, но это только потому, почему ребенокъ ломаетъ свои игрушки. Вы просто не любите искусства.

Красавинъ все-таки не обращалъ вниманія, хотя и смотрѣлъ на руки Саханова, въ которыхъ вертѣлась лакированная японская пепельница. Теперь удалось его занять Васяткину, подсѣвшему сзади и начавшему разговоръ о скачкахъ. Дѣло въ томъ, что скоро должны были фигурировать на скачкахъ въ Коломягахъ двѣ новыхъ лошади Красавина, о которыхъ спортсмэны говорили еще зимой, именно, рыжій жеребецъ "Ушкуйникъ" и сѣрая кобыла "Пурга". Впередъ уже составлялись пари, и Васяткинъ хотѣлъ вывѣдать кое-что впередъ.

— "Ушкуйникъ" что-то не ладится, — объяснялъ Красавинъ на спортсмэнскомъ жаргонѣ и назвалъ его секунды.— А "Пурга" еще совсѣмъ не готова.

Сахановъ былъ убитъ. Разъ Красавинъ заговорилъ о лошадяхъ — все было кончено. Продалъ друга проклятый Васяткинъ, умѣвшій подслужиться меценату. Понималъ Саханова одинъ Локотниковъ, наблюдавшій его улыбавшимися глазами.

— Боже мой, какіе идіоты!— думалъ Сахановъ.

Ольга Сергѣевна насытилась и дремала, дѣлая видъ, что слушаетъ. У нея въ такіе моменты являлось какое-то куриное выраженіе, и Бургардтъ наблюдалъ на ея лицѣ зачатки мѣшковъ подъ глазами и на подбородкѣ. Сидѣвшая рядомъ съ ней Бачульская молчала все время, и Бургардту сдѣлалось ее жаль. Это была удивительная женщина — молодая, красивая, но въ ней не было чего-то, что привлекаетъ мужчинъ. Она была не глупа и не безъ таланта. Мужчины охотно знакомились съ ней, но сейчасъ же отпадали, какъ осенній сухой листъ. Въ ней что-то было загадочное, недосказанное. Бургардтъ подошелъ къ ней и молча пожалъ руку. Она его любила, но какъ-то по своему.

— Егорушка, вы увлекаетесь? — съ ласковымъ укоромъ спросила она

— Да...

— Знаете, это — хорошо. А слышали, что говорилъ Сахановъ о конченныхъ людяхъ? Знаете, это... это...

Разговоръ оборвался, потому что Красавинъ быстро вскочилъ съ мѣста и выбѣжалъ въ гостиную. Васяткинъ остолбенѣлъ. Бургардтъ пошелъ за нимъ.

— Гдѣ вашъ кабинетъ? — тревожно спрашивалъ Красавинъ, мѣняясь въ лицѣ.

Бургардту показалось, что онъ не здоровъ. Красавинъ быстро прошелъ въ кабинетъ и заперъ за собой двери на ключъ. Васяткинъ и Сахановъ переглянулись, — вѣроятно, сейчасъ начнется торгъ за Марину, и Бургардтъ получитъ изрядный кушъ впередъ.

Красавинъ настолько былъ взволнованъ, что долженъ былъ пройти нѣсколько разъ по комнатѣ и выпить стаканъ холодной воды, прежде чѣмъ получилъ способность говорить.

— Этотъ... этотъ... неужели вы не замѣтили?— бормоталъ онъ, показывая рукой въ сторону столовой.

— Рѣшительно ничего не понимаю, Антипъ Ильичъ, — недоумѣвалъ Бургардтъ.

— Ахъ, ну, этотъ... Сахановъ!.. Понимаете: это ужасно. Да, ужасно...

Бургардтъ опять ничего не понималъ, что еще сильнѣе взволновало Красавина. Меценатъ кончилъ тѣмъ, что, боязливо оглянувшись на запертую дверь, проговорилъ:

— Вы обратили вниманіе: онъ весь въ этомъ фланелевомъ дурацкомъ костюмѣ... да? Давеча въ гостиной онъ все время вертѣлъ въ рукахъ черную дамскую шляпку... да? Бѣлое и черное — вѣдь это ужасно... Потомъ за ужиномъ онъ все время вертѣлъ въ рукахъ черную японскую тарелочку — опять черное и бѣлое... Нѣтъ, это невозможно!

Схватившись за голову, Красавинъ забѣгалъ по кабинету. Бургардтъ смотрѣлъ на него и ничего не могъ придумать въ утѣшеніе.

Карьера Саханова у знаменитаго мецената была кончена.

XV

Неожиданное исчезновеніе Красавина произвело свой эффектъ, и когда Бургардтъ вернулся въ столовую, его встрѣтили нѣмыми вопросительными взглядами. Онъ только развелъ руками и проговорилъ:

— Антипъ Ильичъ проситъ извинить его... Онъ чувствуетъ себя не совсѣмъ хорошо и поэтому уѣхалъ, не простившись.

— Все вретъ, — шепнулъ Сахановъ Васяткину.— Ни о чемъ Антипъ Ильичъ не просилъ, а просто взялъ и уѣхалъ, какъ и подобаетъ халую. Бургардтъ слизнулъ свой задатокъ и теперь будетъ разводить бобы.

Больше всѣхъ обидѣлась Ольга Спиридоновна и какъ-то вся распустилась. По театральной привычкѣ она всегда держалась лицомъ къ публикѣ, а сейчасъ это было лишнее, и она принялась снова за ѣду съ аппетитомъ какой-нибудь московской свахи. А еще она привезла эту нѣмушку, хлопотала съ ней, была доброй весь вечеръ, — спрашивается, для чего?

Миссъ Гудъ тоже смотрѣла на Бургардта тревожными глазами. Равнодушными оставались только Анита и нѣмая миссъ Мортонъ. Анита воспользовалась замѣшательствомъ, вызваннымъ бѣгствомъ Красавина, и заняла мѣсто рядомъ съ ней. Дѣвочка была глубоко счастлива, что сидитъ рядомъ именно съ этимъ чудомъ живой красоты и онѣмѣла отъ радости, когда англичанка взяла ея руку и прижала къ своей божественной груди. Анитѣ хотѣлось плакать отъ охватившаго ее счастья, цѣловать безъ конца эту античную руку и чувствовать безъ конца близость богини. Да, близость богини... Когда Анита замѣтила пристальный взглядъ отца на миссъ Мортонъ, она припомнила, что онъ говорилъ за завтракомъ, и ревниво прижалась къ платью своего божества.

Бургардтъ разсказалъ о случившемся только одной Бачульской, которая пожала плечами и отвѣтила:

— Можетъ быть, онъ и правъ.

— Вы думаете?

— Бываетъ такое настроеніе, когда хочется выгнать всѣхъ вонъ или убѣжать самой... Развѣ вы этого не испытывали? Ахъ, Егорушка, какъ я рада за васъ... Вы ничего не понимаете, что дѣлается кругомъ?

— Да...

Она молча и крѣпко пожала его руку. Миссъ Мортонъ наблюдала особенно пристально ее и Шуру и, видимо, не могла рѣшить вопроса, которая изъ этихъ двухъ женщинъ пользуется преимуществомъ въ сердцѣ Бургардта. Въ ея глазахъ свѣтилось почти ревнивое чувство, и она невольно сравнивала себя съ присутствовавшими здѣсь женщинами. Осмотръ мастерской произвелъ на нѣмую дѣвушку глубокое впечатлѣніе, потому что она среди нѣмыхъ статуй чувствовала себя дома, какъ въ родной семьѣ. Вѣроятно, на этомъ основаніи она и на Бургардта смотрѣла теперь совсѣмъ иначе, какъ на человѣка, который понималъ безъ словъ. Да, онъ такой хорошій, и дѣвушка слегка волновалась, чувствуя на себѣ его наблюдавшій взглядъ. Бургардтъ въ свою очередь сдѣлалъ попытку говорить съ ней, но изъ этого ничего не вышло — онъ по англійски объяснялся съ трудомъ, а она плохо знала французскій языкъ. Переводчицей явилась Анита, причемъ проявила ревнивое чувство къ своему нѣмому идолу.

— Она тебя, папа, очень любитъ, — переводила Анита отвѣтъ миссъ Мортонъ: — и желала бы превратиться въ одну изъ твоихъ статуй... Только не въ качествѣ натурщицы, конечно, — прибавила Анита уже отъ себя.

— Мнѣ и не нужно натурщицы, — отвѣчалъ Бургардтъ.— Мнѣ, вообще, ничего не нужно... Скажи ей, что она хорошая. Нѣтъ, лучше: славная. Я очень люблю это слово...

Ольга Спиридоновна немножко вздремнула и, очнувшись

отъ неестественно-театральнаго хохота Бахтерева, заявила съ особенной торопливостью:

— Ну, намъ пора домой, миссъ...

Ее не удерживали. А вмѣстѣ съ ней разомъ поднялись и другіе гости. Между Васяткинымъ и Сахановымъ произошла нѣмая борьба изъ за того, кому провожать Шуру. Но она предупредила ихъ и сама попросила проводить ее старика Локотникова, который былъ очень польщенъ этимъ вниманіемъ хорошенькой натурщицы. Бахтеревъ уѣхалъ съ Бачульской, и Васяткину съ Сахановымъ пришлось ѣхать вдвоемъ.

— Недурной пейзажикъ...— ворчалъ Сахановъ.— Возвращеніе двухъ непризнанныхъ львовъ. Такъ я говорю, Алексѣй Иванычъ?

— А я буду мстить, Павелъ Васильичъ, — отвѣчалъ Васяткинъ, теребя бородку.— Эта Ню зазналась... Мы слишкомъ ее избаловали своимъ вниманіемъ.

— И Егоръ Захарычъ тоже хорошъ... Какъ онъ ловко обошелъ Красавина!

— Чего же ему: цапнулъ кушъ — и конецъ. Нужно бы и ему немножко крылушки пообрѣзать... Кто его создалъ-то, Павелъ Васильичъ? Это на твоей душѣ грѣхъ...

— Да, я того... кажется, ошибка. А впрочемъ, за собакой палка не пропадаетъ. Еще сочтемся...

Шипидинъ остался ночевать у Бургардта, хотя и проявлялъ большое сопротивленіе.

— У меня съ юности принципъ: ночевать дома, — объяснялъ онъ Бургардту.— Кажется, пустяки, а между тѣмъ и пустяки имѣютъ свое значеніе...

Человѣкъ Андрей устроилъ человѣку съ мѣшкомъ постель въ мастерской, гдѣ на диванѣ обыкновенно спалъ Гаврюша. Послѣдній ушелъ, предупредивъ, что дома не будетъ ночевать. Бургардтъ только теперь вспомнилъ, что Гаврюша былъ какой-то странный и не вышелъ ни къ завтраку, ни къ ужину.

Вернувшись изъ передней, Бургардтъ хотѣлъ пройти къ себѣ въ кабинетъ и сейчасъ же лечь спать, но, проходя по гостиной, онъ услышалъ чьи-то глухія рыданія. Забившись въ азіатскій уголокъ, плакала Анита.

— Что съ тобой, дѣвочка?— спрашивалъ Бургардтъ, стараясь отнять руки Аниты, которыми она закрывала свое лицо.

— Такъ, папа...

Онъ усадилъ ее рядомъ, обнялъ и повторилъ вопросъ. Она

прижалась къ нему всѣмъ худенькимъ, еще совсѣмъ дѣтскимъ тѣломъ и прошептала:

— Папа, зачѣмъ я такая некрасивая?!. Боже мой, Боже мой... я сегодня смотрѣла на всѣхъ — вѣдь всѣ женщины красивы или были красивыми. Даже миссъ Гудъ и та была въ свое время красивой... Дѣвочекъ, которыя родятся некрасивыми, нужно убивать, чтобы онѣ не страдали всю, всю свою жизнь. Это, наконецъ, папа, несправедливо...

— Милая дѣточка, вѣдь никто не обязанъ быть красивымъ.

— И безобразіе необязательно, а я чувствовала себя все время такимъ несчастнымъ уродомъ...

— А вотъ и неправда, ты сегодня была даже интересной, когда любовалась миссъ Мортонъ... Я даже думаю сдѣлать съ тебя этюдъ молящейся дѣвочки. Есть внутренняя, болѣе глубокая красота...

Анита освободилась отъ родительскихъ объятій и заявила уже сердитымъ тономъ:

— Не хочу, не хочу... Это ты только утѣшаешь меня духовной красотой. Да... А я читала у Надсона:

Бѣдный ребенокъ, — она некрасива!
То-то и въ школѣ, и дома она
Такъ не смѣла, такъ всегда молчалива,
Такъ не по дѣтски тиха и грустна!
Зло надъ тобою судьба подшутила:
Острою мыслью и чуткой душой
Щедро дурнушку она надѣлила, —
Не надѣлила однимъ — красотой!
Ахъ, красота — это страшная сила...

Что было отвѣчать отцу, поклоннику и служителю чистой красоты? Бѣдная дѣвочка такъ была жалка въ своемъ дѣтскомъ горѣ. Бургардтъ неловко молчалъ, не находя у себя ни подходящихъ аргументовъ, ни словъ.

— Вѣдь всякая красота — вещь условная...— бормоталъ онъ, чувствуя, какъ начинаетъ брать фальшивый тонъ.— Да, совершенно условная... А, впрочемъ, я плохой судья въ этихъ вопросахъ, и ты поговори объ этомъ лучше съ Григоріемъ Максимычемъ.

Анита сдѣлала презрительное движеніе своими худенькими плечиками.

— Да, да, — обрадовался Бургардтъ своей мысли.— И я даже говорилъ съ нимъ о тебѣ давеча утромъ... Онъ тебѣ объяснитъ все. Да вонъ и миссъ Гудъ ищетъ тебя.

Дѣйствительно, въ залу вошла миссъ Гудъ и очень подозрительно посмотрѣла на заплаканное лицо Аниты. Строгая старушка англичанка не любила, когда Анита въ свое время не ложилась спать, какъ случилось сегодня.

Дѣвочка плохо спала ночь и поднялась на другой день раньше обыкновеннаго, такая худенькая, блѣдная и сдержанная. Вчерашнее настроеніе улеглось, и она, по любимому выраженію миссъ Гудъ, взяла себя въ руки. Бургардтъ объяснилъ Григорію Максимычу, въ чемъ дѣло, и тотъ еще за кофе предложилъ Анитѣ прогуляться въ биржевой скверъ, гдѣ продавали обезьянъ и канареекъ. Миссъ Гудъ ничего не имѣла противъ такой прогулки, тѣмъ болѣе, что сама не могла ходить. Возмущенъ былъ одинъ человѣкъ Андрей, когда барышня отправилась на прогулку съ человѣкомъ съ мѣшкомъ.

— Слѣдовательно, мы отлично пройдемся...— повторялъ Шипидинъ, когда они вышли на улицу.

Было еще свѣжо, особенно на тѣневой сторонѣ улицы. Анитѣ вдругъ сдѣлалось совѣстно... А если папа все сказалъ вотъ этому Григорію Максимычу? Они сдѣлала кругъ, чтобы побывать на набережной, гдѣ стояли суда. Рынокъ въ биржевомъ скверѣ былъ совсѣмъ плохъ и ничего особеннаго не представлялъ, такъ что Анита пожалѣла о напрасно потерянномъ времени. Ее заинтересовали только двѣ крошечныя обезьянки "уистити". Совсѣмъ маленькія обезьянки, съ такими смѣшными мордочками.

— Обезьяны счастливѣе людей, Григорій Максинычъ, — сказала Анита.— Имъ не нужно быть красивыми...

— Слѣдовательно, да, — схватился за эту мысль Шипидинъ.— Красота — это выдумка, какъ и безобразіе. Почему носъ картошкой хуже греческаго носа? Все это дѣло личнаго вкуса, вѣрнѣе сказать — дѣло нашей хищнической культуры. Въ сущности, наша условная красота это возведенное въ типъ хищничество... Въ красотѣ скрыто незримое зло.

— А красивыя женщины?

— Слѣдовательно, вы видали орхидеи, любовались ими и, вѣроятно, знаете, что онѣ не имѣютъ запаха? Въ сущности, это просто чужеядныя растенія, паразиты, какъ тѣ насѣкомыя, о которыхъ не принято говорить. Мы и женскую красоту подняли на эту же ступень чужеядности и паразитизма... Вся она сводится только на то, чтобы кому-то нравиться, производить импонирующее впечатлѣніе, — она существуетъ не сама по себѣ, а какъ паразитъ. Мужчина уже поднялся неизмѣримо

64

выше, потому что въ немъ цѣнятъ прежде всего человѣка, и выходитъ даже какъ-то такъ, что красивый мужчина... Слѣдовательно, какъ это сказать повѣжливѣе? ну, тоже въ своемъ родѣ паразитъ, т. е. паразитъ въ возможности, поскольку онъ будетъ реализировать именно только одну свою красоту. Вы меня не понимаете, дѣтка?

— Нѣтъ, понимаю...

— Женщины выбиваются изъ силъ, чтобы казаться красивыми, но вѣдь это глубокое несчастіе... Я бы сказалъ, что женская красота — несчастіе. Вчера вечеромъ я смотрѣлъ на эту нѣмую миссъ Мортонъ и отъ души ее жалѣлъ... Бѣдная дѣвушка!.. Я говорю совершенно серьезно, Анита.

Анита молча пожала костлявую руку Шиаидина, хоть и не могла съ нимъ согласиться.

XVI

Утромъ послѣ фестиваля Бургардтъ проснулся въ странномъ настроеніи. Онъ чувствовалъ себя такъ бодро, какъ давно не чувствовалъ, голова была совершенно свѣжая, и, потомъ, являлась потребность въ работѣ. Онъ любилъ именно это послѣднее, какъ вѣрный признакъ душевнаго равновѣсія. Да, онъ сегодня будетъ работать все утро... Но это бодрое и хорошее настроеніе покрывалось какимъ-то новымъ, неяснымъ и смутнымъ ощущеніемъ, которое еще не опредѣлилось, но вызывало въ немъ счастливое смущеніе и какую-то робость, точно онъ шелъ на первое любовное свиданіе. Больше — ему было стыдно, такъ, безъ всякаго основанія, стыдно. Ему было стыдно и за свою безпорядочную жизнь, и за своихъ друзей, и за небрежное отношеніе къ своей работѣ — много было основаній для этого чувства, которое Бургардтъ даже любилъ въ себѣ. Вѣдь человѣкъ, который не потерялъ способности стыдиться — еще не совсѣмъ погибъ. Именно въ такіе моменты Бургардтъ работалъ особенно удачно и теперь перебиралъ мысленно, за что онъ сегодня возьмется. Все были только начатыя работы.

Проводивъ Аниту съ Шипидинымъ, онъ отправился въ мастерскую. Гаврюша, конечно, былъ уже на своемъ посту и поздоровался довольно сухо. Раньше Бургардтъ не обращалъ вниманія на эти мелочи, а сегодня невольно посмотрѣлъ на своего ученика особенно пристально и замѣтилъ:

— Что съ вамъ, Гаврюша? У васъ такой видъ, точно васъ всѣ обижаютъ... Знаете, вѣдь и я тоже могу быть недовольнымъ.

Гаврюша поблѣднѣлъ, поправилъ воротъ блузы и отвѣтилъ, очевидно, заранѣе обдуманной фразой:

— Егоръ Захаровичъ, право, мнѣ странно слышать, что вы обращаете вниманіе на такіе пустяки, какъ моя особа... Право, не стоитъ. Что я такое: ничтожество, козявка, пыль...

— А вотъ, видите, это именно и не хорошо, т. е. нехорошо самоунижение. Впрочемъ, у всякаго человѣка могутъ быть свои личныя дѣла, которыя никого не касаются... Мнѣ показалось, что вы недовольны именно мной, поэтому я и позволилъ себѣ замѣтить.

— Не обращайте, пожалуйста, на меня вниманія, Егоръ Захаровичъ. Увѣряю вамъ: не стоитъ.

— Какъ знаете...

Единственнымъ свидѣтелемъ этой сцены былъ человѣкль Андрей, который смотрѣлъ на Гаврюшу ревнивыми глазами. Онъ удивился, когда Бургардтъ велѣлъ ему открыть всѣ работы, чего обыкновенно не дѣлалось. Андрей съ недовольнымъ видомъ исполнилъ приказаніе, подалъ въ тазикѣ воду, придвинулъ глину и вытянулся у дверей. Бургардтъ курилъ одну папиросу за другой, шагая по мастерской. Онъ не могъ рѣшить, съ чего сегодня ему начать. Конечно, слѣдовало прежде всего докончить Марину, какъ выгодный заказъ, съ другой стороны, хорошо было бы поработать надъ Пересвѣтомъ и Ослябей — пусть Шипидинъ посмотритъ и дастъ свое заключеніе, а лично для себя ему хотѣлось продолжать бюстъ Ольги Спиридоновны. Онъ нѣсколько разъ останавливался передъ нимъ и провѣрялъ вчерашнее наблюденіе подбородка съ зарождавшимися около него и подъ нимъ мѣшками, но это не подходило къ его задачѣ, потому что старило лицо слишкомъ откровенно.

— Нѣтъ, ничего не выйдетъ... рѣшилъ Бургардтъ.

Марина ему сегодня тоже не нравилась, потому что она сидѣла на лошади какъ-то деревянно, какъ манекенъ, а настоящая Марина умѣла ѣздить верхомъ. Бѣдная Шура даже плакала, когда по цѣлымъ часамъ сидѣла по мужски въ сѣдлѣ. Она была сложена замѣчательно хорошо, но не умѣла красиво сидѣть. Взявъ стеку, Бургардтъ пробовалъ дѣлать поправки, но изъ этого ничего ни выходило, кромѣ потери времени. А еще недавно ему нравилась эта работа...

Бургардтъ хорошо зналъ эти приливы художественнаго отчаянія, отъ которыхъ было одно средство — бросить на время работу. А сейчасъ ему между тѣмъ хотѣлось работать.

— Нѣтъ, не то... совсѣмъ не то... повторялъ онъ мысленно.

У него въ головѣ зарождалась новая идея, которая мелькала въ мозгу, какъ легкая тѣнь. О, тутъ онъ зналъ, что ему дѣлать... Передъ его глазами стоялъ такой чудный женскій образъ, покоряющій властной красотой. Именно это былъ-тотъ высшій женскій типъ, который грезился ему когда-то въ юношескихъ мечтахъ. Тутъ ничего не было лишняго, и все вмѣстѣ составляло гармоническое цѣлое. Мысль забѣгала далеко впередъ, рисуя подробности живого чуда, а она была именно такимъ чудомъ, вся — чудо.

— Э, все равно, сегодня ничего не выйдетъ!— рѣшилъ Бургардтъ про себя, снимая рабочую блузу.

У него вдругъ явилось непреодолимое, страстное желаніе видѣть ее, видѣть хотя издали. Да, именно сегодня видѣть... Отъ охватившаго его волненія онъ даже потерялъ способность представить себѣ ея лицо, улыбку, выраженіе глазъ... Онъ могъ не узнать ее, встрѣтивъ гдѣ нибудь на улицѣ. Нѣчто подобное онъ испытывалъ и раньше, когда слишкомъ сильно увлекался женщинами, — изъ памяти вдругъ выпадало именно любимое лицо, точно предметъ, который мы разсматриваемъ черезъ увеличительное стекло на слишкомъ близкомъ разстояніи.

Въ сущности, самымъ простымъ было ѣхать къ ней съ визитомъ, но, во первыхъ, онъ не зналъ ея адреса, а потомъ — его охватывала робость. Самое лучшее было бы встрѣтиться гдѣ нибудь на нейтральной почвѣ. Перебирая въ умѣ возможныя комбинаціи, Бургардтъ не могъ остановиться ни на одной. Если ѣхать къ Ольгѣ Спиридоновнѣ — это афишировать несуществующія отношенія, Васяткина никогда нѣтъ дома, Сахаловъ — болтунъ. Нужно было рѣшить вопросъ, гдѣ она сегодня могла быть?

Но уѣхать Бургардту утромъ такъ и не удалось, чему онъ былъ даже радъ. Въ мастерскую явилась высокая полная дама, одѣтая съ дорогой простотой; съ ней были дѣвочка-подростокъ, смотрѣвшая на скульптора, какъ дѣти смотрятъ въ зоологическомъ саду на звѣрей.

— Извините, ради Бога, что я рѣшилась такъ безцеремонно ворваться въ вашу студію, — говорила гостья съ легкимъ иностраннымъ акцентомъ. Моя фамилія — Карпенская. Мы съ вами встрѣчались... Да, да, встрѣчались у Красавина, а затѣмъ у насъ есть общій знакомый, г. Васяткинъ. О, я ему считаю себя очень много обязанной...

— Да, я помню, — довольно сухо отвѣтилъ Бургардтъ.

Это была одна изъ благотворительныхъ дамъ, вѣчно что-нибудь устраивавшая и надоѣдавшая актерамъ, пѣвцамъ и художникамъ. Было много и другихъ дамъ благотворительницъ, но эта отличалась особенной энергіей и настойчивостью, почему и носила въ обществѣ артистовъ кличку "доброй щуки". Бургардтъ никакъ не могъ понять, что ей отъ него нужно, тѣмъ болѣе, что благотворительный сезонъ былъ еще очень далекъ.

— Видите-ли, я скоро уѣзжаю въ деревню, гдѣ и пробуду до осени, — продолжала она.— Можетъ быть, вернусь слишкомъ поздно... да... Поэтому мнѣ и хотѣлось впередъ заручиться вашимъ согласіемъ помочь мнѣ вашими указаніями по устройству одного благотворительнаго вечера съ процессіями, живыми картинами...

— Вамъ лучше всего обратиться къ кому-нибудь изъ артистовъ, а затѣмъ мнѣ совсѣмъ не случалось заниматься этимъ дѣломъ.

— Вотъ, вотъ, именно послѣднее и дорого, когда ваше имя появится въ первый разъ на афишѣ. Это произведетъ громадный фуроръ... Согласитесь, что это совсѣмъ — совсѣмъ не дурная идея? Успѣхъ будетъ обезпеченъ впередъ... Я понимаю вашу скромность и понимаю, что вы возмущаетесь моей навязчивостью, но войдите и въ наше положеніе... Боже мой, чего не приходится переносить, когда наперекоръ всему хочешь быть доброй. Какъ надъ нами смѣются, какъ насъ вышучиваютъ юмористическіе журналы, сколько приходится выслушивать непріятныхъ вещей... Простите меня, но не всѣ художники бываютъ всегда деликатными.

Однимъ словомъ, это былъ ошеломляющій потокъ словъ и чтобы избавиться отъ назойливой посѣтительницы, Бургардтъ что-то такое обѣщалъ — вѣдь отказаться времени остается достаточно. Но выпроводить "добрую щуку" было не такъ-то легко. Заручившись согласіемъ милаго хозяина, она перешла къ осмотру начатыхъ работъ, что всегда злило Бургардта. Ему дѣлалось жутко, когда чужіе глаза прежде времени начинали цѣнить его работу. Но благотворительная дама ничего не желала замѣчать и, держа модный лорнетъ на длинной черепаховой ручкѣ, разсматривала одну работу за другой, причемъ съ особеннымъ вниманіемъ остановилась на Маринѣ, которую приняла за Жанну Д'Аркъ, и почему-то улыбнулась, что кольнуло Бургардта.

— Простите меня, если я позволю себѣ сдѣлать маленькое

замѣчаніе, — проговорила она съ самой обворожительной улыбкой.

— Я слушаю.

— Ради Бога, не обижайтесь... Развѣ можно сердиться на женщину? Притомъ, и мое замѣчаніе чисто женское...

Оглянувшись на дочь, которая съ дѣтскимъ любопытствомъ смотрѣла, какъ работаетъ Гаврюша, она проговорила вполголоса:

— Насколько мнѣ извѣстно, Жанна Д'Аркъ не имѣла дѣтей, а у вашей Жанны Д'Аркъ животъ замужней женщины...

Бургардтъ даже покраснѣлъ, но сдержалъ себя и отвѣтилъ съ дѣланной вѣжливостью:

— Во первыхъ, сударыня, у дѣвушки, которая привыкла носить корсетъ, при посадкѣ въ мужскомъ сѣдлѣ долженъ быть именно такой животъ, а во вторыхъ — это не Жанна Д'Аркъ, а Марина Мнишекъ, у которой были дѣти.

— Простите, что я такъ грубо ошиблась. Печальная судьба всѣхъ диллетантовъ, которые суются не въ свое дѣло... Ахъ, бѣдная Марина! Какая была это поэтическая натура и какая энергія... Но, еще разъ будьте великодушны и простите — Марина была небольшого роста, притомъ съ наклонностью къ полнотѣ и тогда животъ вашей Марины малъ...

Когда благотворительная дама, наконецъ, удалилась, Бургардтъ накинулся на Андрея.

— Тебѣ что сказано, а?.. Тебѣ сказано никого не пускать въ мастерскую... а?

— Да ежели она, баринъ, ворвалась сама...

Андрей уже приготовился принять кару и сдѣлалъ безнадежно глупое лицо, но его выручила весело вбѣжавшая въ мастерскую Анита. За ней шелъ Шипидинъ, тоже довольный исполненной миссіей. Бургардтъ сразу отмякъ и даже подумалъ, что, вѣдь, если разобрать, такъ вся эта исторія просто смѣшной анекдотъ.

— Публика въ массѣ всегда справедлива, какъ замѣтилъ еще Тургеневъ, — отвѣтилъ Шипидинъ, когда Бургардтъ передалъ ему въ шутливомъ тонѣ визитъ "доброй щуки".— Слѣдовательно, мы смотрѣли сейчасъ обезьянъ... да...

— Папочка, купи мнѣ "уистити"!— съ дѣтской порывистостью упрашивала Анита.— Маленькая, маленькая обезьянка и такая хорошенькая — хорошенькая...

Бургардтъ молча пожалъ руку другу дѣтства, который вернулъ Анитѣ ея веселость, и въ тоже время почему-то подумалъ:

— Нѣтъ, я сегодня никуда не поѣду.

XVII

Бачулинская жила въ Озеркахъ, гдѣ наняла дачу въ разсчетѣ на лѣтній заработокъ въ театрѣ. Но именно этотъ разсчетъ и не оправдался; а вмѣсто него получилась масса мелкихъ непріятностей, начиная съ того, что въ Озеркахъ поселился и Сахановъ, отравлявшій ей существованіе однимъ своимъ видомъ. Бахтеревъ тоже жилъ въ Озеркахъ, потому что былъ приглашенъ на гастроли. Онъ былъ глупъ и грубоватъ, но не золъ, и Бачульская считала его порядочнымъ человѣкомъ. И Сахановъ, и Бахтеревъ были условно семейные люди, т. е. имѣли сожительницъ;—первый жилъ уже третій годъ съ одной "водевильной штучкой", отъ которой имѣлъ ребенка, а у Бахтерева была старинная связь съ очень пожилой, некрасивой и очень подозрительной женщиной, которая держала его въ рукахъ, хотя они каждый годъ и расходились по нѣскольку разъ, причемъ Бачульской приходилось иногда устраивать примиреніе.

— Это самая скверная женщина, какую я только знаю! повторялъ Бахтеревъ, дѣлая трагическіе жесты.— Но я не могу безъ нея жить... Понимаете? Это не женщина, а какой-то удавъ. Я ее когда нибудь задушу...

Сахановъ тщательно старался скрывать свое семейное положеніе, держалъ сожительницу впроголодь, проявлялъ дома просвѣщенный деспотизмъ, ревновалъ и, какъ большинство ревнивцевъ, предоставлялъ себѣ полную холостую свободу. Бѣдная "водевильная штучка" страстно его любила, все прощала и все переносила. Бачульская встрѣчалась съ ней за кулисами и отъ души жалѣла, какъ совсѣмъ неопытную дѣвушку, которая еще вѣрила всему. Между прочимъ, бѣдняжка ревновала своего сожителя къ ней, потому что Сахановъ хотя и бранилъ въ своихъ рецензіяхъ Бачульскую, но постоянно бывалъ у нея въ уборной. По сценѣ "водевильная штучка" носила фамилію Комовой. Она часто приходила на репетицію съ красными отъ слезъ глазами, но никому не жаловалась и ни съ кѣмъ особенно близко не сходилась, ревниво оберегая свое горе. И костюмы у нея были какіе плохенькіе, сборные, причемъ опытный театральный глазъ сразу видѣлъ спрятанную подъ ними горькую нужду и тѣ грошовые разсчеты, когда приходится одѣваться не для себя, а для службы. Бачульской часто хотѣлось ее приласкать, утѣшить, что нибудь посовѣтовать, но Сахановъ предупредилъ всякую возможность такого сближенія, потому что постоянно говорилъ дома о Бачульской, какъ о чудовищѣ разврата.

Послѣ фестиваля у Бургардта прошло уже нѣсколько дней. Погода стояла чудная. Бачульская любила вставать рано, наскоро пила свой кофе и шла гулять. Ей нравиласъ именно эта оживляющая утренняя прохлада, когда въ воздухѣ еще стоитъ смолистый ароматъ. А потомъ раннимъ утромъ не нужно было одѣваться въ полную форму, потому что настоящая дачная публика еще спала. Просыпаясь утромъ, Бачульская распахивала окно и знала впередъ, что если день хорошій, то она увидитъ одну и ту же картину: черезъ крыши сосѣднихъ дачъ изъ ея окна виднѣлся уголокъ озера, гдѣ стояли купальни и лодки, а у купальни непремѣнно стоялъ Бахтеревъ съ удочкой. Онъ былъ страстный рыболовъ и выстаивалъ цѣлые часы, чтобы поймать нѣсколько мелкихъ рыбешекъ.

Проснувшись сегодня, Бачульская увидѣла обычную картину: Бахтеревъ былъ на своемъ посту. Она быстро одѣлась, выпила свой кофе и вышла. На улицѣ встрѣчались однѣ горничныя и дачные дворники, причемъ происходилъ обычный обмѣнъ утреннихъ вѣжливостей. Бачульская долго гуляла наслаждаясь утренней прохладой. Обратно ей пришлось идти самымъ берегомъ озера, гдѣ стояли купальни. Бахтеревъ все еще удилъ. Съ нимъ рядомъ удили два маленькихъ гимназистика и какіе-то босоногіе ребятишки.

— Здравствуйте, Евстратъ Павлычъ, — окликнула Бачульская.

— А, здравствуйте...— отвѣтилъ Бахтеревъ, наблюдая дрогнувшій поплавокъ.— Ахъ, негодяй, сорвался! Извините, Марина Игнатьевна, что застаете меня за такимъ глупымъ занятіемъ. Знаете, утромъ на озерѣ такъ хорошо...

— Я каждое утро наблюдаю васъ изъ окна своей дачи и, говоря откровенно, могу только удивляться вашему терпѣнію...

— Привычка... Ахъ, опять сорвался, негодяй!..

— Я вамъ, кажется, принесла неудачу...

— О, нѣтъ... А вотъ и онъ, попался, голубчикъ! Перекинувшись двумя — тремя фразами, Бачульская отправилась домой, испытывая пріятную усталость послѣ долгой ходьбы. Когда она уже подходила къ своей дачѣ, ее остановилъ чей-то голосъ, котораго она не узнала. Это былъ Сахановъ. Шея у него была обернута купальнымъ полотенцемъ.

— Марина Игнатьевна... ухъ! усталъ, т. е. задохся. А я за вами гонюсь отъ самой купальни. Во-первыхъ, утро — самое неудобное время для свиданій, а во-вторыхъ — мнѣ необходимо васъ видѣть сегодня. Если я приду къ вамъ въ двѣнадцать, вы ничего не будете имѣть?

— Пожалуйста... Я буду рада васъ видѣть.

Эта встрѣча Бачульской была крайне непріятна. Съ Сахановымъ она видѣлась только въ театрѣ и у общихъ знакомыхъ. Къ ней на квартиру онъ никогда не заходилъ, и теперь его визитъ имѣлъ какую-нибудь непріятную подкладку.

Вернувшись домой, она заказала горничной, которая "отвѣчала" и за камеристку, и за повара, легкій завтракъ, а сама принялась убирать комнаты. Дачка была маленькая, вѣрнѣе — комнаты отъ жильцовъ во второмъ этажѣ, до котораго не поднималась уличная пыль и вечерніе туманы.

Сахановъ въ назначенный часъ — онъ отличался аккуратностью — явился и съ особенной галантностью расцѣловалъ объ руки "очаровательной отшельницы". По пути онъ оглядѣлъ незавидную обстановку, даже прикинулъ въ умѣ, что она могла стоить и, какъ настоящій кавалеръ, заговорилъ о погодѣ.

— Васъ удивляетъ, что я говорю о погодѣ?— спохватился онъ и сейчасъ же нашелся:— А, знаете, погода — все... Каждый солнечный день для насъ, дешевенькихъ смертныхъ — это нѣчто вродѣ преміи "Нивы". Мы слишкомъ удалились отъ природы и не хотимъ знать, что всякая наша радость существуетъ постольку, поскольку свѣтитъ солнце. Да, солнце, солнце и еще немножко солнца, чтобы прелестныя женщины улыбались, какъ вы сейчасъ, чтобы въ ихъ глазахъ свѣтился живой огонь и т. д., и т. д. А вы теряете время въ разговорахъ съ достопочтеннымъ мистеромъ Бахтеревымъ, который по своему существу есть дерево, или, выражаясь библейски — теревинфъ рослый.

— А вы не можете обойтись безъ того, чтобы не позлиться?

— Такая натуришка... Прибавьте къ этому, что всѣхъ, кого мнѣ случалось обидѣть, я въ большинствѣ случаевъ искренно люблю.

— Къ вамъ это слово: "люблю", Павелъ Васильичъ, какъ-то совсѣмъ не идетъ...

Сахановъ весело болталъ все время завтрака и по обыкновенію сыпалъ цитатами. Бачульская замѣтила, что онъ какъ то особенно непріятно ѣстъ, жмуря глаза и чмокая. Она понимала, что настоящій разговоръ еще впереди, и смутно догадывалась объ его содержаніи. Когда горничная подала кофе, онъ попросилъ позволенія закурить сигару и, откинувшись въ креслѣ, проговорилъ:

— А нашъ общій другъ Егоръ Захарычъ, кажется, того... гмъ... да... Завернулъ какъ-то къ нему на дняхъ, захожу въ кабинетъ, а онъ за спину книжку прячетъ... Ха-ха!.. Смотрю, а это азбука для разговора глухонѣмыхъ. Вотъ оно куда пошло... да-а.

— Что же, эта англичанка очень красивая дѣвушка, а потомъ, какъ я думаю, Егору Захарычу интересно наблюдать ея мимику съ точки зрѣнія скульптора. У нѣмыхъ вырабатывается особенная подвижность лица...

— Гмъ... Лицо, конечно, вещь не послѣдняя, но я думаю, что Егоръ Захарычъ пробирается поближе къ душѣ, забывая желѣзный законъ спроса и предложенія и другой не менѣе желѣзный законъ — о прибавочной стоимости и конкурренціи. Мнѣ его, вообще, жаль, потому что можетъ въ результатѣ получиться, выражаясь юридическомъ языкомъ, покушеніе съ негодными средствами, а въ данномъ случаѣ — съ малыми. Впрочемъ, я это такъ...

Бачульская покраснѣла. Сахановъ догадывался объ ея отношеніяхъ къ Бургардту и теперь старался подѣйствовать на ея ревность. Онъ не зналъ только одного, что старался совершенно напрасно, — эти отношенія ограничивались только тѣмъ, что она его любила.

Посасывая сигару, Сахановъ среди разговора спросилъ вскользь:

— А вы не помните, Марина Игнатьевна, изъ-за чего тогда Красавинъ убѣжалъ отъ Бургардта?.. Мнѣ помнится, что Егоръ Захарычъ что-то такое объяснялъ... да.

— Нѣтъ, я ничего не знаю...

— Странный человѣкъ, вообще... Представьте себѣ, Красавинъ сейчасъ живетъ въ Павловскѣ, у него великолѣпная дача, ну, я вчера былъ на музыкѣ и завернулъ къ нему — и онъ меня не принялъ. Такъ-таки и не принялъ... Я знаю, что онъ былъ дома, потому что встрѣтилъ на вокзалѣ Васяткина и тотъ проговорился. А у меня къ Красавину есть одно серьезное дѣло... да. Въ свое время я умѣлъ быть ему полезнымъ...

Прощаясь въ передней, Сахановъ еще разъ вернулся къ этой темѣ.

— Вы не помните, Марина Игнатьевна, тогда за ужиномъ не сказалъ ли я чего-нибудь такого? Красавинъ ужасно обидчивъ и подозрителенъ.

— Могу васъ увѣрить, что ничего рѣшительно такого не было сказано.

— Странный человѣкъ... Наканунѣ пьяный Егоръ Захарычъ

73

наговорилъ ему порядочныхъ дерзостей, а на другой день онъ пріѣзжаетъ къ нему, какъ ни въ чемъ не бывало. Да, странный... Я, знаете, всегда былъ за политику открытыхъ дверей...

Когда Сахановъ ушелъ, Бачульская заперлась въ своей спальнѣ и разрыдалась. О, Боже мой, сколько она терпѣла, цѣлую жизнь терпѣла, а тутъ приходитъ чужой человѣкъ и глумится надъ ней въ глаза. Ей хотѣлось крикнуть ему въ окно: негодяй!

Бросившись въ постель и уткнувшись головой въ подушку, чтобы горничная ничего не слышала, Бачульская передумала еще разъ свою неудавшуюся жизнь, начиная съ ранняго замужества. Восемнадцати лѣтъ она уже была замужемъ и черезъ годъ разошлась съ мужемъ, который оказался самымъ обыкновеннымъ негодяемъ. У нея оставались кое-какія средства, и она пошла на сцену, надѣясь въ искусствѣ получить какое-нибудь утѣшеніе, и еще разъ ошиблась. У нея была сценичная наружность, гибкій голосъ, пониманіе сцены и полное отсутствіе таланта, въ чемъ она сама постепенно убѣдилась. Она осталась на сценѣ "полезностью", и была довольна, что у нея есть все-таки свое дѣло и свой маленькій кусокъ хлѣба. Съ молодыхъ ролей она уже переходила на амплуа grande dame.

Первое время молодого одиночества доставалось не легко, но время шло и постепенно дѣлало свое дѣло. Лѣтъ черезъ пять Бачульская пришла къ убѣжденію, что она пережила возможность ошибокъ и скороспѣлыхъ увлеченій и что теперь уже застрахована отъ всякихъ женскихъ слабостей. Но именно въ этотъ моментъ она случайно познакомилась съ Бургардтомъ и увлеклась имъ, какъ молодая дѣвчонка. Это было странное и обидное чувство, о которомъ самъ Бургардтъ и не подозрѣвалъ. Они были просто хорошими друзьями, и онъ любилъ ее и уважалъ, какъ друга, повѣряя свои задушевныя тайны. Это была настоящая мука, растянувшаяся на нѣсколько лѣтъ, мука, которой даже не предвидѣлось конца. И она ему прощала все, прощала каждый мучительно прожитый день. А когда ей случалось бывать у него въ квартирѣ, какъ она страдала... Если бы она была скульпторомъ, какую бы статую нелюбимой женщины она сдѣлала, — вѣдь такія темы въ мужскую голову не приходятъ. Скульпторы лѣпятъ дѣвушекъ съ разбитыми кувшинами, покинутыхъ женщинъ, вдовъ, а настоящее женское горе имъ недоступно.

Въ теченіе шести лѣтъ передъ глазами Бачульской прошло нѣсколько женщинъ, которыми Бургардтъ увлекался, и она прощала счастливымъ соперницамъ ихъ успѣхъ. Кажется, однимъ изъ послѣднихъ номеровъ была Ольга Спиридоновна. Впрочемъ, увлеченія Бургардта не отличались особенной прочностью, и она могла утѣшать себя тѣмъ, что тутъ не было и тѣни настоящаго чувства. Плохое утѣшеніе, но все-таки утѣшеніе. Начинавшаяся сейчасъ исторія безпокоила ее больше другихъ, и она начинала испытывать муки настоящей ревности.

Вечеромъ Бачульская получила записку Саханова:

"Пріѣзжайте въ воскресенье въ Царское на скачки; я васъ встрѣчу на вокзалѣ".

— Что ему, наконецъ, нужно отъ меня?— возмущалась Бачульская.

XVIII

Было воскресенье, и скачки въ Царскомъ Селѣ обѣщали быть очень интересными. Программы были напечатаны во всѣхъ газетахъ, и въ уличныхъ листкахъ впередъ были намѣчены фавориты. Праздничная толпа осаждала царскосельскій вокзалъ въ Петербургъ. Царило праздничное настроеніе, какое охватываетъ сонную петербургскую публику только въ дни скачекъ. Въ сущности, лѣтній сезонъ для столицы мертвое время, и Сахановъ, толкаясь въ толпѣ, искренно удивлялся, откуда набирается въ Петербургѣ столько приличныхъ скаковыхъ мужчинъ и нарядныхъ скаковыхъ дамъ. Онъ, вообще, любилъ публику, любилъ просто подавленный шумъ толпы, сложную мозаику лицъ — въ этомъ было что-то захватывающее, гипнотизирующее, какъ въ морскомъ прибоѣ. Сахановъ помнилъ еще то время, когда скачки существовали только для присяжныхъ спортсмэновъ и профессіональныхъ любителей, а собственно публика начала увлекаться скачками сравнительно очень недавно. Въ переливавшейся на вокзалѣ толпѣ онъ встрѣтилъ много знакомыхъ лицъ — одного профессора, съ которымъ онъ иногда завтракалъ у Кюба, нѣсколько извѣстныхъ врачей, инженеровъ, дѣльцовъ и просто богатыхъ людей неизвѣстной профессіи. Много было офицеровъ, которые держались хозяевами праздника. Сахановъ испытывалъ какое-то непріятное чувство, когда слышалъ терпкій лязгъ волочившейся по каменному полу кавалерійской сабли. Онъ переживалъ въ такіе моменты

75

что-то вродѣ затаенной гражданской скорби и дѣлалъ злое лицо.

Былъ уже второй звонокъ, а Бачульской все не было, и Сахановъ началъ волноваться. А вдругъ она не пріѣдетъ? Тогда весь его планъ рушится. Сахановъ обошелъ всю платформу, заглядывая въ окна вагоновъ — Бачульской нигдѣ не было. Она пріѣхала къ послѣднему звонку, когда Сахановъ потерялъ уже всякую надежду.

— Простите, если я заставила васъ ждать, — извинялась она, — но отъ финляндскаго вокзала такъ далеко...

— Ахъ, ничего, ничего...— говорилъ онъ, цѣлуя ея руку.— Какая вы сегодня интересная, Марина Игнатьевна.

Она, дѣйствительно, сегодня имѣла цвѣтущій видъ, и лѣтній костюмъ шелъ къ ней. Когда они сѣли въ вагонъ, она съ наивностью замѣтила:

— Знаете, я ѣхала и всю дорогу думала, зачѣмъ я ѣду? Вѣдь скачки для меня никакого рѣшительно значенія не имѣютъ...

— Просто, потолкаемся въ публикѣ — иногда и это бываетъ полезно, — съ улыбкой объяснилъ Сахановъ.— Будетъ много знакомыхъ... Нельзя же вѣчно сидѣть въ своемъ углу. Одурь возьметъ...

— Въ довершеніе всего, кажется, еще гроза собирается, а я ужасно боюсь грома...

— Что же, это хорошо, если вспрыснетъ дождичкомъ нашихъ спортсмэновъ. Особенно хороши будутъ мокрые жокеи, которые и безъ того походятъ на обезьянъ. А сколько публики претъ на скачки... Кажется, скоро грудныхъ младенцевъ повезутъ. Мы будемъ играть на лошадей Красавина... Интересно.

Когда поѣздъ подходилъ уже къ Царскому Селу, началъ накрапывать дождь. Публика бросилась изъ вагоновъ съ такой стремительностью, точно ее оттуда гнали палками. На платформѣ произошла настоящая давка, пока пестрая толпа не вытянулась живой полосой по мосткамъ къ кассѣ. Дамы торопливо раскрывали зонтики и подбирали юбки безъ всякой надобности. У кассы опять происходила давка, и пришлось подождать. Сахановъ удивился, когда въ толпѣ замѣтилъ Шипидина.

— Вы-то какъ сюда попали, человѣкъ божій?— спросилъ онъ, здороваясь.

— А такъ же, какъ и вы... Слѣдовательно, нужно было съѣздить въ одно мѣсто, къ одному человѣку, по одному дѣлу.

Глаза Саханова пытливо прищурились, и онъ спросилъ:

— Понимаю, вы были въ Павловскѣ у Антипа Ильича?

— Слѣдовательно, былъ... Г. Сахановъ, будьте любезны, передайте Егору Захаровичу, что я его здѣсь жду. Я сегодня уѣзжаю...

— Хорошо, хорошо...

Когда они проходили черезъ турникетъ, Бачульская издали еще разъ раскланялась съ Шипидинымъ и замѣтила:

— Какой милый и симпатичный человѣкъ... Зачѣмъ вы его назвали божьимъ человѣкомъ?

— А какъ его иначе назвать? Это его профессія... Интересно знать, зачѣмъ онъ понадобился Красавину... Впрочемъ, нашъ уважаемый меценатъ питаетъ слабость къ такимъ монстрамъ на постномъ маслѣ. А вы сегодня, Марина Игнатьевпа, прехорошенькая, и я буду за вами ухаживать...

— Прикажете принимать это за комплиментъ?

— Виноватъ, отъ избытка чувствъ обмолвился, сударыня, — извегнялся Сахановъ и, остановивъ свою даму, показалъ на площадку между платформой и трибунами, гдѣ останавливались свои экипажи:— Обратите вниманіе, Марина Игнатьевна, вонъ на тотъ англійскій модный экипажъ, который дѣлаетъ кругъ. Правитъ лошадьми бѣлокурый господинъ въ цилиндрѣ... Это нашъ петербургскій купецъ, который торгуетъ пряниками и кислыми щами. Посмотрите, какъ онъ подогналъ себя подъ настоящаго англичанина... Наrродецъ!..

Черезъ буфетъ, гдѣ стѣной толпилась публика у "источника", они прошли въ трибуны. Сахановъ раскланивался направо и налѣво, называя фамиліи интересныхъ знакомыхъ.

— Вонъ два театральныхъ рецензента, которые грызутся въ разныхъ газетахъ, и публика думаетъ, что они готовы перервать другъ другу горло... Одинъ писалъ о васъ и хвалилъ, значитъ другой будетъ ругать. А вонъ тамъ милліонеръ... еще милліонеръ, изъ Москвы... Тоже конкурренты.

Всѣ трибуны были сплошь набиты пестрой праздничной толпой. Дамы забирались на верхнія скамейки, прячась отъ дождя. Ложи были всѣ заняты, и Сахановъ долго искалъ ложу Красавина, пока не догадался, что меценатъ въ сосѣдней членской трибунѣ. На скаковомъ кругу было еще пусто, и только направо, гдѣ въ концѣ круга стояли конюшни, толпилась кучка конюховъ, тренеровъ и жокеевъ. Игралъ казачій оркестръ, но музыку плохо было слышно.

Сахановъ въ бинокль отыскалъ ложу, гдѣ у барьера сидѣла Шура, и, извинившись передъ своей дамой, отправился розыскивать Бургардта, чтобы передать ему порученіе божьяго человѣка. Но Бургардта въ ложѣ не оказалось — тамъ сидѣли однѣ дамы, изъ которыхъ Сахановъ узналъ Ольгу Спиридоновну и миссъ Мортонъ. Нужно было идти въ буфетъ, гдѣ Бургардтъ и оказался. Онъ сидѣлъ за столикомъ въ обществѣ одного доктора и двухъ журналистовъ.

— Ахъ, я сейчасъ...— спохватился Бургардтъ.— Вѣдь я ему обѣщалъ... Вотъ проклятая память.

Сахановъ не утерпѣлъ и спросилъ:

— А зачѣмъ этотъ божій человѣкъ ѣздилъ къ Красавину?

— Вотъ ужъ, батенька, не знаю. Кажется, Красавинъ самъ его приглашалъ...

Когда Сахановъ вернулся въ трибуны, былъ уже второй звонокъ и по скаковому кругу дѣлали пробную проѣздку два офицера. Бачульская вопросительно посмотрѣла на своего кавалера, удивляясь, что онъ не ведетъ ее въ ложу Ольги Спиридоновны, которую она успѣла высмотрѣть.

— Первый заѣздъ совсѣмъ пустой...— сбивчиво объяснялъ Сахановъ, что-то соображая про себя.— Это вродѣ тѣхъ водевилей, которые даются для съѣзда публики. И призъ ничтожный, и лошади неважныя. Странно, что тогда у Бургардта говорили, будто "Ушкуйникъ" пойдетъ въ Коломягахъ, а онъ поставленъ въ шестомъ номерѣ здѣсь. Что нибудь налуталъ Васяткинъ...

Послѣ маленькаго вступленія дождь хлынулъ разомъ, такъ что на время широкое скаковое поле было заслонено живой дождевой сѣткой. Шансы игры сразу перемѣнились, потому что по мокрому грунту могли выиграть только очень выносливыя лошади. Первый заѣздъ прошелъ подъ дождемъ, не вызвавъ особеннаго оживленія. Публика приняла сразу какой-то хмурый видъ. У Саханова была афиша, размѣченная Васяткинымъ, какъ знатокомъ лошадей, и онъ былъ радъ, что назначенная Васяткинымъ лошадь проиграла.

— Вотъ всегда такъ, — резонировалъ Сахановъ.— Всѣ эти, знатоки рѣшительно ничего не понимаютъ. Вы знаете, что жокеи, — кажется, ужъ они-то должны знать лошадей!— всегда проигрываютъ...

Въ бинокль Сахановъ разсмотрѣлъ, наконецъ, Красавина, который сидѣлъ въ членской бесѣдкѣ наверху. Къ нему нѣсколько разъ подбѣгалъ Васяткинъ, что-то шепталъ и стремительно исчезалъ. Вѣроятно, шла какая-нибудь крупная игра, и онъ приносилъ послѣднія конюшенныя новости.

— Этакой хамъ! возмутился про себя Сахановъ, жалѣя, что не можетъ конкуррировать съ этимъ дуракомъ. Второй и третій заѣздъ прошли тоже вяло. Одна лошадь упала, но ѣздокъ остался цѣлъ. Публика ахнула и точно осталась недовольна, что все сошло благополучно. Бачульская скучала, проклиная свою податливость. И зачѣмъ только она тащилась такую даль? Кругомъ шелъ разговоръ на какомъ-то тарабарскомъ языкѣ, а она ничего не понимала. Что такое значитъ: "голова въ голову", "въ мертвомъ гитѣ", "шотландская банкетка", "стартъ", "стипль-чезъ", и т. д. О лошадяхъ говорили, какъ о старыхъ знакомыхъ, по именамъ перечисляя ихъ родословную, взятые призы, ожидающее ихъ будущее и разныя комбинацій отдѣльныхъ заѣздовъ.

Передъ началомъ шестого заѣзда Сахановъ вдругъ потащилъ свою даму въ ложу Ольги Спиридоновны. Бачульская только теперь поняла, какую глупую роль она разыграла. Саханову, очевидно, нужно было попасть въ ложу Красавина, гдѣ сидѣли сейчасъ дамы, а идти туда безъ приглашенія было неловко, т. е. можно было войти, раскланяться, поболтать и, если не послѣдуетъ приглашенія остаться — скромно удалиться. Другое дѣло, когда Сахановъ являлся съ своей собственной дамой, тѣмъ болѣе, что Красавинъ благоволилъ до нѣкоторой степени Бачульской. Красавинъ теперь сидѣлъ въ ложѣ и пришелъ въ ужасъ, когда увидѣлъ Саханова.

— Боже мой, онъ преслѣдуетъ меня...— шепнулъ меценатъ Бургардту.— Уберите его или я самъ убѣгу...

— Это не совсѣмъ удобно, Антипъ Ильичъ, — объяснилъ Бургардтъ.— Если бы онъ былъ одинъ, а то съ Мариной Игнатьевной. Она, вѣдь, не виновата...

— Да, совершенно не виновата...— упавшимъ голосомъ отвѣтилъ Красавинъ.

Къ Бачульской меценатъ отнесся съ особенной любезностью, точно старался вытѣнить свое неудовольствіе по поводу незваннаго гостя. Красавинъ даже сказалъ ей какой-то комплиментъ, что для него было страшнымъ усиліемъ. Бачульская улыбалась заученной театральной улыбкой, а въ сущности даже не слыхала, что ей говорилъ Красавинъ. Она была вся поглощена присутствіемъ Бургардта и женскимъ чутьемъ поняла, что онъ волнуется и чѣмъ-то очень недоволенъ. Впрочемъ, причина этого недовольства скоро объяснилась, когда Бургардтъ показалъ ей глазами на Шуру и сидѣвшую рядомъ съ ней у барьера миссъ Мортонъ и выразительно пожалъ плечами.

— А вѣдь я умная и все поняла, — шепнула ему Бачульская, когда всѣ поднялись, чтобы смотрѣть на скачку "Ушкуйника".— Ей не слѣдовало появляться въ этомъ обществѣ и афишировать себя... да?

Онъ молча пожалъ ей руку, а потомъ шепнулъ:

— Узнайте ея адресъ... Мнѣ неудобно.

XIX

Въ заѣздѣ было шесть лошадей, причемъ главнымъ соперникомъ "Ушкуйника" была великолѣпная сѣрая кобыла "Баловень", сильная и выносливая. Другіе соперники въ счетъ не шли, хотя и могъ случиться фуксъ. На "Ушкуйникѣ" ѣхалъ знаменитый красавинскій жокей Чарльзъ, а на "Баловнѣ" гусарскій офицеръ, тоже знаменитый ѣздокъ. Васяткинъ прибѣгалъ уже нѣсколько разъ въ ложу Красавина, сообщая ходъ игры въ тотализаторъ. Играли больше на "Баловня", чѣмъ на "Ушкуйника", потому что "Ушкуйникъ" былъ лѣнивъ и шелъ съ своимъ "лидеромъ". Красавинъ только пожималъ плечами, какъ посторонній человѣкъ.

— А что говорятъ жокеи?— спросилъ онъ, чтобы сказать что нибудь.

— Они играютъ всѣ на "Ушкуйника"...

Красавинъ не былъ настоящимъ спортсмэномъ и держалъ лошадей только для того, чтобы о нихъ говорили и писали. Какъ-то было неприлично такому богатому человѣку не имѣть своей скаковой конюшни. Сегодня онъ былъ въ дурномъ расположеніи духа и не уѣзжалъ со скачекъ домой только изъ приличія. Его даже не интересовало, выиграетъ "Ушкуйникъ" или проиграетъ. Красавинъ сидѣлъ у барьера, и ему все время казалось, что изъ-подъ лѣваго локтя его руки выползаетъ паукъ — покажутся тонкія, точно переломанныя и неудачно склеенныя паучиныя ноги и сейчасъ же спрячутся. Это было мучительное и тяжелое состояніе, отъ котораго у Красавина шли мурашки по спинѣ. Онъ боялся пошевелиться, чтобы какъ нибудь не раздавить воображаемаго паука, а, главное, онъ боялся выдать самого себя и показаться смѣшнымъ.

Бургардтъ относился къ скачкамъ совершенно безучастно,

а лошади для него имѣли смыслъ и значеніе только живыхъ моделей и какъ вопросъ о "прогрессѣ лошадиныхъ формъ." Вѣдь, въ сущности, всѣ эти дорогіе скакуны съ болѣе или менѣе вѣрной родословной и выработанными систематическимъ подборомъ формами являлись уродами. Да, настоящіе уроды, тонконогіе, поджарые уроды, у которыхъ утрачена всякая гармоническая пропорція отдѣльныхъ частей, какъ она утрачивается у подстриженныхъ деревьевъ. Цѣлой, настоящей нормальной лошади уже не существовало, а были монстры, задача которыхъ заключалась только въ томъ, чтобы развить предѣльную скорость на минимальное разстояніе. Вмѣстѣ съ утратой нормальной пропорціональности исчезла и настоящая красота. Сахановъ очень остроумно увѣрялъ Ольгу Спиридоновну, что давеча съ одной лошадью сдѣлалась истерика — вѣдь это тоже проявленіе нарушенной нормы и здоровой душевной красоты. Потомъ Бургардта интересовала эта спеціальная скаковая публика, слившаяся въ одно нервно-возбужденное цѣлое. Особенно сильно волновались дамы, изъ которыхъ не многія рѣшились бы подойти къ лошади близко, какъ Ольга Спиридоновна, боявшаяся ѣздить даже на извозчикахъ, а тутъ онѣ слѣдили за лошадями, затаивъ дыханіе.

— А если кто нибудь упадетъ?— впередъ ужасалась Ольга Спиридоновна и даже закрывала глаза, какъ курица.— Я ужасно боюсь...

Миссъ Мортонъ, казалось, вся превратилась въ одно зрѣніе и, кромѣ лошадей, ничего не видѣла. Она была счастлива, что могла понимать все происходившее, какъ и другіе, и улыбалась такой милой дѣтской улыбкой. Кое-кто изъ избранной скаковой публики уже обратилъ на нее вниманіе, и Бургардта коробило, когда на ихъ ложу наводились спортсмэнскіе бинокли. Очевидно, всѣхъ интересовала новая "звѣздочка", появившаяся на горизонтѣ петербургскаго полусвѣта. Шуру уже знали, она "опредѣлилась" въ этомъ исключительномъ мірѣ, и называли полуименемъ. Сегодня она была не въ своей тарелкѣ и ревновала миссъ Мортонъ, на которую всѣ обращали вниманіе. Ольга Спиридоновна, выросшая среди театральныхъ интригъ, только жмурила глаза, сдерживая невольную улыбку. Она нарочно выказывала особенные знаки своего вниманія нѣмой англичанкѣ, чтобы позлить выскочку, какъ про себя называла Шуру.

— Вотъ тебѣ и красавинскія коляски...— думала Ольга Спиридоновна.— Покаталась, и будетъ. Много васъ поденокъ...

Эти сердитыя мысли мѣшались съ самыми мирными

соображеніями, вродѣ того, что пригласить Красавинъ всѣхъ обѣдать или не пригласить, а если пригласить, то повезетъ всѣхъ къ себѣ на дачу въ Павловскъ или устроить, когда кончатся скачки, обѣдъ въ членской бесѣдкѣ. У Ольги Спиридоновны началъ не въ шутку разыгрываться аппетитъ.

А скачки уже начались. "Стартъ вырвала" совершенно безнадежная лошадка. "Гейша" и вынеслась впередъ корпусовъ на двадцать. Знающую публику такая рѣзвость не по чину только смѣшила.

— Смотрите, смотрите, что дѣлаетъ "Гейша!" кричали голоса. — Ай-да "Гейша"!..

— У лѣска зарѣжется...

— Бываетъ, что и лидеръ выигрываетъ. Вонъ какъ "Ушкуйникъ" и "Баловень" караулятъ другъ друга...

Противники, дѣйствительно, повели скачку осторожно. Жокей Чарльзъ нѣсколько разъ оглядывался на "Баловня", которая шла въ полкорпусѣ отъ "Ушкуйника", спокойно и ровно отбивая копытами по мокрому грунту. Лидеръ "Ушкуйника", благодаря потерянному старту, едва успѣлъ вынестись впередъ. "Ушкуйникъ" началъ сердиться, забирая поводья. Съ высоты трибунъ видно было, какъ лошади вытянулись въ одну линію, а подходя къ лѣску "Гейша" какъ-то сразу отпала.

— "Гейша" кончена! — крикнулъ въ толпѣ неизвѣстный голосъ.

На поворотѣ "у лѣска" отпали еще двѣ лошади, а "Баловень" прибавила хода и висѣла совсѣмъ на хвостѣ "Ушкуйника". При выходѣ на прямую обѣ лошади шли уже голова въ голову.

— "Ушкуйникъ" идетъ впередъ!..

— Нѣтъ, "Баловень"... Браво, "Баловень"!

— Браво, "Ушкуйникъ"!

Публику ввелъ въ заблужденіе лидеръ "Ушкуйника", который отпалъ уже на прямой. Особенно хорошо шла "Баловень" — ровно, широкимъ махомъ, постепенно набирая скорость. Когда лошади вышли на прямую, публикѣ видны были только однѣ лошадиныя головы и трудно было рѣшить, которая лошадь идетъ впереди. Но вотъ надъ "Баловень" взмахнулся хлыстъ, и публика пришла въ неописуемое волненіе.

— "Ушкуйникъ" идетъ въ рукахъ!.. Браво, "Ушкуйникъ"!

— "Баловень" зарѣзалась!..

Дѣйствительно, "Ушкуйникъ" пронесся мимо трибунъ

свободно и легко, причемъ Чарльзъ старался его сдерживать. Бѣдная "Баловень" осталась всего на полкорпуса назади. Поднялся страшный гвалтъ, и публика бросилась изъ трибунъ. Миссъ Мортонъ апплодировала, улыбающаяся, красивая и, какъ показалась Бургардту, безумно счастливая, точно она торжествовала побѣду собственной лошади.

Проходившіе мимо офицеры — кавалеристы пожимали плечами.

— Выигралъ тяжелый грунтъ...— говорилъ съ видомъ спеціалиста молоденькій бѣлокурый офицерикъ съ едва пробивавшимися усиками.— "Ушкуйникъ" просто мужикъ...

Всѣ жалѣли красавицу "Баловень", и даже самъ Красавинъ точно былъ недоволенъ, что выиграла его лошадь.

Бургардтъ сидѣлъ блѣдный и, повидимому, незамѣчавшій ничего, кромѣ миссъ Мортонъ. У него въ ушахъ стояла одна фраза: "Гейша" кончена"... Бачульская наблюдала его все время и, тронувъ его руку, шепнула:

— Что съ вами, Егорушка?

Онъ посмотрѣлъ на нее непонимающими глазами, снялъ шляпу, провелъ рукой по волосамъ и съ какой-то больной улыбкой отвѣтилъ:

— Со мной? Ничего... "Гейша" кончена. Вы слышали?

— Да, что-то кричали...

Онъ опять посмотрѣлъ на нее и прибавилъ:

— И "Баловень" тоже кончена...

— Что же изъ этого, Егорушка?

— Я вамъ потомъ скажу...

Прибѣжалъ Васяткинъ и потащилъ Красавина въ членскую бесѣдку, гдѣ его ждали. На ходу онъ успѣлъ раскрыть золотой портсигаръ, съ налѣпленными на немъ монограммами, и, протягивая Бургардту, проговорилъ:

— Особенныя сигарки... случайно получилъ отъ одного моряка, который третьяго дня сошелъ съ ума...

Ольга Спиридоновна дернула его за рукавъ и шепнула:

— А обѣдать будемъ? Смертельно ѣсть хочу...

— Все будетъ, все будетъ, дорогая...

— И шампанское?..

— И шампанское, и устрицы...

Ольга Спиридоновна аппетитно зѣвнула.

Сахановъ тоже думалъ объ обѣдѣ, но съ другой точки зрѣнія, — пригласить его Красавинъ, или не пригласить? Въ ложу онъ попалъ, благодаря Бачульской, а дальнѣйшее было неизвѣстно. Лошади Саханова нисколько не интересовали, скаковую публику онъ давно зналъ — однимъ словомъ, ничего интереснаго. А между тѣмъ отъ какого нибудь дурацкаго обѣда зависѣло все, т. е. обѣщанное Красавинымъ мѣсто въ правленіи какого-то финансоваго учрежденія. "Вамъ восьми тысячъ въ годъ достаточно?" спросилъ Красавинъ. Эта роковая цифра разъѣдала мозгъ Саханова, какъ отрава. Достаточно ли ему восьми тысячъ? Если бы у него была такая ассюрированная сумма — нѣтъ, это что-то невозможное! Сахановъ зналъ десятки людей, которые получали вдвое и втрое больше, засѣдая въ какихъ-то правленіяхъ и комитетахъ, и глубоко презиралъ самого себя, что самое слово: "восемь тысячъ" можетъ его волновать. О, онъ тогда показалъ бы всѣмъ, что такое онъ, Сахановъ... Съ другой стороны, тутъ же рядомъ, вотъ въ этой самой ложѣ сидѣлъ меценатъ Красавинъ и сонными глазами наблюдалъ за своей лошадью. Вотъ человѣкъ, который сумѣлъ же поймать слѣпую фортуну прямо за хвостъ.

— Дуракъ ты, Павелъ Васильичъ Сахановъ, — мысленно укорялъ онъ самого себя.— Да, совсѣмъ дуракъ... Тряпка ты, простофиля, и больше ничего. Ну, посмотри на себя и подумай, зачѣмъ ты сидишь вотъ здѣсь и съ безпокойной ласковостью взгляда ждешь великой и богатой милости отъ Антипа Ильича Красавина...

Послѣдніе заѣзды прошли совсѣмъ вяло. Дамы начали скучать. Красавинъ не появлялся.

— Они тамъ, навѣрное, шампанское пьютъ, — шепнула Ольга Спиридоновна Бачульской, — А мы тутъ сиди, какъ чортовы куклы... Что это сдѣлалось сегодня съ Бургардтомъ? Мнѣ кажется, что онъ голоденъ бѣдняжка... Серьезно. Онъ смотритъ такими голодными глазами...

— За то Павелъ Васильичъ выбивается изъ силъ, чтобы понравиться вамъ...

— Влюбленъ, милашка, въ меня и, кажется, мечтаетъ о томъ, что уже давно прошло... Ахъ, какъ я ѣсть хочу, голубушка!.. Какъ два ломовыхъ извозчика... Въ жизнь свою не поѣду больше на эти дурацкія скачки...

Нагнувшись къ самому уху Бачульской, Ольга Спиридоновна прибавила:

— А, знаете, голубушка, какъ насъ называютъ здѣсь? Вонъ черезъ ложу отъ насъ офицеры... Тамъ сидитъ мой знакомый, Перцевъ... Онъ порядочный шалопай, но добрый малый. Давеча указываетъ головой въ нашу сторону и говоритъ настолько громко, чтобы я все слышала: "Красавинъ привелъ сюда не только свою конюшню, но и курятникъ захватилъ"... какъ это вамъ понравится? Я этому Петькѣ уши надеру...

XX

Сахановъ волновался не даромъ. Ему сегодня рѣшительно не везло. Въ послѣдній заѣздъ прибѣжалъ Васяткинъ и вызвалъ его въ корридоръ. По лицу друга Сахановъ догадался, что дѣло не ладно.

— Что случилось, Алексѣй Иванычъ?— предупредилъ неловкое начало Сахановъ.

— Видишь ли... да... Не хочешь ли сигарку?

— Убирайся ты къ чорту со своими сигарками.

— Ты не сердись... Я, право, тутъ ни при чемъ.

— Понимаю, понимаю... Красавинъ пригласилъ всѣхъ обѣдать, кромѣ меня?

— Гм... Прямо онъ этого не говорилъ, а только не нащвалъ твоей фамиліи. Можетъ быть, это отъ разсѣянности... Мнѣ кажется, все-таки...

— ... что будетъ лучше, если я не пойду съ вами?— добавилъ Сахановъ и захохоталъ.— О, милый другъ, какъ я понимаю всѣ эти тайны мадридскаго двора... Да мнѣ, собственно говоря, и чортъ съ нимъ, съ Красавинымъ. Я давно бы уѣхалъ, если бы не пріѣхалъ съ своей дамой... Я долженъ ее проводить обратно.

Васяткинъ по безтактности поторопился успокоить друга относительно послѣдняго.

— Ничего, ее проводитъ Бургардтъ... да. Я провожаю Шуру, Ольга Спиридоновна увезетъ нѣмушку...

— Отлично, — согласился Сахановъ.— Я даже не вернусь, а ты скажи Маринѣ Игнатьевнѣ, что меня вызвали въ Петербургъ по телефону.

Трудно себѣ представить то бѣшенство, которое охватило Саханова, когда онъ разсталcя съ своимъ другомъ Васяткинымъ. Онъ слышалъ, какъ кровь стучала у него въ головѣ, а передъ глазами все сливалось въ какую-то мутную полосу. Онъ остановился въ буфетѣ и залпомъ выпилъ двѣ большихъ рюмки водки, повторяя про себя одну фразу:

— Да, такъ вы вотъ какъ... Очень хорошо!

Все положеніе дѣлъ теперь было ясно, какъ день, и Сахановъ скрежеталъ зубами отъ ярости, возстановляя въ умѣ всю картину нанесеннаго ему оскорбленія. А кто писалъ въ газетахъ о разныхъ проектахъ Красавина? Кто ему помогалъ рекламировать его предпріятія, закидывать грязью конкуррентовъ, вообще — пользоваться прессой, какъ общественной силой? А биржа? Отчеты о движеніи разныхъ

85

бумагъ? Походы противъ банковъ? Корреспонденціи о промышленномъ оживленіи провинціи?.. Перебирая все это въ умѣ, Сахановъ пришелъ къ твердому убѣжденію, что лично Красавинъ не могъ рѣшительно ничего имѣть противъ него, а что настоящую "выставку" ему устроили его же собственные друзья, т. е. Бургардтъ и Васяткинъ. О, это было ясно, какъ день... Они хотѣли заполучить мецената только въ свои руки и вытолкали его въ шею.

— Человѣкъ, рюмку водки...

А кто вывелъ въ свѣтъ того же Бургардта? Кто открылъ его публикѣ? Онъ — Сахановъ, дуракъ Сахановъ, идіотъ Сахановъ, который доставалъ изъ огня каштаны для своихъ милыхъ друзей, чтобы они его выгнали потомъ на улицу, какъ водовозную клячу.

— О, они будутъ меня помнить, негодяи!— ругался Сахановъ, шагая по платформѣ въ ожиданіи поѣзда въ Петербургъ.— Нѣтъ, я не останусь въ долгу...

Когда Васяткинъ забѣжалъ въ ложу сообщить дамамъ приглашеніе на обѣдъ и сообщилъ на пути, что Сахановъ вызванъ по телефону въ Петербургъ, Бургардтъ и Бачульская только переглянулись между собой.

— Сахановъ конченъ, — замѣтилъ Бургардтъ.

Обѣдъ былъ устроенъ въ членской бесѣдкѣ. Въ немъ приняли участіе какіе-то довольно сомнительные скаковые джентльмэны и нѣсколько офицеровъ. Шура немного стѣснялась незнакомаго общества и напрасно старалась рѣшить вопросъ, у котораго изъ офицеровъ больше милліоновъ. Ольга Спиридоновна была въ своей сферѣ — и ее всѣ знали; и она всѣхъ знала или слыхала фамиліи. Разговоръ принялъ почти семейный характеръ, причемъ съ особеннымъ удареніемъ упоминались фамиліи извѣстныхъ кутилъ, а женщины назывались фамильярно по именамъ. Однимъ словомъ, сошлись свои люди. Былъ, между прочимъ, и молоденькій офицерикъ Перцевъ, которому Ольга Спиридоновна не безъ кокетства погрозила пальцемъ и замѣтила:

— Почему, Перцевъ, вы такъ любите куриный бульонъ?

Перцевъ не нашелся, что ему отвѣтить, и даже покраснѣлъ.

Отвѣтъ онъ подыскалъ только на другой день, именно, онъ долженъ былъ отвѣтить такъ:

— Потому, уважаемая Ольга Спиридоновна, что изъ старой курицы, какъ говорятъ французы, наваръ гуще...

Бургардтъ почти не принималъ участія въ общемъ разговорѣ, потому что, вообще, не любилъ обѣдовъ въ полузнакомомъ обществѣ. Онъ даже не обращалъ вниманія на миссъ Мортонъ, которая сидѣла рядомъ съ Красавинымъ и съ невинной дѣтской улыбкой пожимала подъ столомъ мускулистую крѣпкую руку мецената. Общій разговоръ, конечно, шелъ о лошадяхъ и герояхъ и героиняхъ сегодняшняго скакового дня, причемъ джентльмэны оказались вполнѣ достойными меценатскаго обѣда и высказывали массу самыхъ профессіональныхъ подробностей.

— Боже мой, когда кончится этотъ дурацкій обѣдъ? — съ тоской думалъ Бургардтъ, потихоньку глядя на часы,

Ему такъ хотѣлось уѣхать домой, запереться у себя въ кабинетѣ, растянуться на диванѣ и обдумать страшную мысль, которая пришла ему давеча въ голову, когда неизвѣстный голосъ изъ публики крикнулъ: "Гейша" кончена!" Почему въ самомъ тонѣ этого голоса слышались торжествующія ноты? Чему радовался неизвѣстный джентльмэнъ? Казалось, естественнѣе было бы пожалѣть выбившуюся изъ силъ несчастную лошадь, которая даже не была въ числѣ фаворитовъ. И какое это ужасное слово: кончена! Оно напоминало крикъ римской черни, когда одинъ гладіаторъ "кончалъ" другого гладіатора и публика ликовала, какъ кровожадный звѣрь. Бургардту припомнились разсужденія Саханова на его вечерѣ о конченомъ человѣкѣ, что относилось, очевидно, къ старику Локотникову. Но вѣдь и всякій другой могъ быть такимъ конченымъ человѣкомъ...

— Да вѣдь это ты конченый человѣкъ!— крикнулъ какой-то внутренній голосъ.— Да, ты, Бургардтъ...

Эта мысль точно придавила его, и ничего другого онъ больше не понималъ. "Конченъ! конченъ! конченъ!" стучало у него въ мозгу. Ему начало казаться, что и всѣ другіе смотрятъ на него какъ-то подозрительно и только изъ вѣжливости не говорятъ прямо въ глаза то, о чемъ думаютъ.

— Что съ вами, Егоръ Захарычъ? — спрашивала встревоженная Бачульская.— Вы нездоровы?

— Потомъ я все разскажу...

Подъ конецъ обѣдъ очень оживился, конечно, благодаря главнымъ образомъ шампанскому. Скромные джентльмэны оказались спеціалистами въ разныхъ видахъ спорта: одинъ — велосипедистъ, побившій какой-то рекордъ, другой — конькобѣжецъ, третій — лыжникъ и въ тоже время гармонистъ, балалаечникъ и членъ яхтъ-клуба. Однимъ словомъ, вся атмосфера постепенно точно насытилась именами и ѳиміамомъ славы. Всѣ жалѣли только объ одномъ, что нѣтъ какого-то атлета Ѳеди, который могъ "выжать" одной рукой весь столъ съ обѣдающими. Конечно, это было маленькое преувеличеніе, но именно поэтому всѣ охотно такъ и согласились съ нимъ. Особенно оживилась Шура, которая, наконецъ, могла понимать, о чемъ говорятъ. Всѣхъ знаменитостей спорта собралъ, конечно, Васяткинъ, который и торжествовалъ.

— Я вамъ покажу весь Петербургъ, — говорилъ онъ Шурѣ.— Да... Я, вѣдь, тоже спортсмэнъ, т. е. членъ всѣхъ обществъ, гдѣ цѣлью служитъ спортъ. Вы, конечно, умѣете ѣздить на велосипедѣ?

— Нѣтъ...

Шура, краснѣя, призналась, что ей очень хотѣлось бы научиться ѣздить на велосипедѣ, но у нея нѣтъ машины.

— О, это совершенно пустяки, — обрадовался Васяткинъ.— Мы купимъ велосипедъ въ разсрочку, или лучше — я его подарю вамъ, Шура.

Ольга Спиридоновна была сыта, и дѣйствительность для нея заволакивалась какимъ-то туманомъ. Ей ужасно хотѣлось прикурнуть, чтобы освѣжиться къ вечеру, когда она уговорилась быть на музыкѣ въ Павловскѣ. Красавинъ уже нѣсколько разъ выразительно смотрѣлъ на нее, что въ переводѣ значило: пора ѣхать пить кофе.

— Отъ чего же и не напиться кофе?— думала Ольга Спиридоровна, глядя улыбавшимися глазами на миссъ Мортонъ.

Она припоминала даже расположеніе комнатъ въ дачѣ Красавина. Да, тамъ была такая хорошенькая угловая комнатка въ восточномъ стилѣ, — вотъ гдѣ можно былъ лихо всхрапнуть. Да, и она когда-то пила кофе на дачѣ Красавина, о чемъ вспоминала съ улыбкой. Нѣкоторыя вещи не повторяются, какъ нельзя повторить на-заказъ счастливый сонъ... Теперь очередь другимъ, а она только благородная свидѣтельница счастливыхъ событій. А Бургардтъ въ ка5ихъ дуракахъ останется...

А Бургардтъ думалъ свое. "Конченъ, конченъ, конченъ". Это одно слово давило его, какъ смертный приговоръ. Онъ чувствовалъ, какъ все кругомъ него точно сужается, какъ вѣроятно чувствуетъ себя обложенный кругомъ звѣрь. Ему хотѣлось крикнуть, какъ ему тяжело и больно...

XXI

Бургардтъ опомнился только на желѣзной дорогѣ, когда поѣздъ подходилъ къ Павловску, и съ удивленіемъ посмотрѣлъ на сидѣвшую противъ него Бачульскую.

— Куда мы ѣдемъ, Марина Игнатьевна?

— Сейчасъ Павловскъ...

— А гдѣ другіе?

— Васяткинъ съ Шурой на музыкѣ, а Ольга Спиридоновна и миссъ Мортонъ уѣхали съ Красавинымъ къ нему на дачу. Они поѣхали въ коляскѣ прямо паркомъ и тоже будутъ на музыкѣ.

— Ахъ, да, припомнилъ... Они поѣхали пить кофе, а Красавинъ хочетъ похвастаться своей дачей. Понимаю...

Спускались лѣтнія сумерки и, благодаря тучамъ, обложившимъ все небо, дѣлалось темно. Въ воздухѣ чувствовалась пріятная свѣжесть, и Бургардтъ съ удовольствіемъ смотрѣлъ на мелькавшую зеленую сѣтку деревьевъ. Грохотъ поѣзда и свистокъ паровоза въ этомъ зеленомъ живомъ корридорѣ отдавались особенно рѣзко. На платформѣ была настоящая давка, какъ всегда въ праздники, когда на музыку приливала шальная волна спеціально скаковой публики. Стоявшій надъ этой толпой гулъ совершенно заглушалъ оркестръ, который сегодня по случаю ненастной погоды игралъ не на открытой эстрадѣ въ саду, а въ залѣ. Послѣднее очень огорчало Бургардта.

— А мы отправимся въ паркъ, — предложила Бачульская, пользуясь настроеніемъ своего кавалера.— Я ужасно люблю Павловскій паркъ... Наша публика, по моему мнѣнію, не умѣетъ его цѣнить. А къ одиннадцати часамъ мы вернемся на музыку...

— Чтоже, отлично... какъ-то устало согласился Бургардтъ, отдаваясь въ распоряженіе своей дамы.— Да, очень хорошо.

Они едва протолкались сквозь толпу въ садъ, прошли мостикъ, соединяющій территорію собственно вокзала съ паркомъ, и какъ-то особенно торопливо зашагали по аллеѣ, гдѣ такъ красиво росли столѣтніе дубы.

— Какъ хорошо... вслухъ думала Бачульская, крѣпко опираясь на руку Бургардта.— Егорушка, вы любите хмурое ночное небо? А я очень люблю... Въ немъ чувствуется что-то такое серьезное, какая-то скрытая грусть, точно вся природа задумывается и недовольна сама собой.

— А куда дѣвался Сахановъ?— совсѣмъ некстати спрашивалъ Бургардтъ, не слушавшій своей спутницы.

— Бѣдняжка сбѣжалъ... Красавинъ не пригласилъ его обѣдать.

— Да? Какъ жаль, что я этого не зналъ, а то и я тоже уѣхалъ бы... Это — свинство. Такъ нельзя поступать съ порядочными людьми...

Бургардтъ вдругъ разсердился, а потомъ вспомнилъ свой разговоръ съ Шипидинымъ и сказалъ:

— Этотъ Красавинъ просто психопатъ... Давеча Шипидинъ разсказывалъ мнѣ удивительную сцену. Представьте себѣ, нашъ меценатъ чуть руки у него не цѣловалъ и въ чемъ-то каялся со слезами на глазахъ. Милый Григорій Максимычъ едва отъ него вырвался. Красавинъ вызывалъ его — знаете, зачѣмъ? — чтобы поговорить о смерти и загробной жизни. Жаль, что мнѣ некогда было подробно разспросить обо всемъ... И тутъ-же скачки, кофе съ дамами...

Спохватившись, Бургардтъ прибавилъ уже другимъ тономъ:

— Гмъ... А знаете, вѣдь это некрасивая вещь, что Ольга Спиридоновна повезла миссъ Мортонъ къ Красавину. Какъ вы думаете?

— Ничего особеннаго, Егорушка... У Красавина вѣдь всѣ бываютъ, и миссъ Мортонъ поѣхала не одна.

— Да, конечно... А все-таки не хорошо. Не отправиться-ли и намъ туда, а? Вотъ сдѣлали-бы пріятный сюрпризъ...

— Они скоро будутъ всѣ на музыкѣ, Егорушка.

— Я пошутилъ...

Онъ взялъ ея маленькую руку и крѣпко пожалъ. Они шли черезъ лугъ къ Славянкѣ, гдѣ около дворца былъ такой крутой спускъ, но не перешли мостика, а повернули въ нижнюю аллею на-лѣво, которая вытянулась луговымъ берегомъ. Тучи, казалось, спускались все ниже. Отъ освѣженной давешнимъ дождемъ травы поднимался тяжелый ароматъ, песокъ на дорожкахъ былъ пропитанъ влагой и не слышно было шаговъ. Она вела его все дальше, прижимаясь къ нему своимъ тѣломъ, счастливая каждымъ дыханіемъ. О, сейчасъ онъ принадлежитъ только ей одной...

— Что вы сегодня такой странный, Егорушка?— спрашивала она, когда они начали подниматься въ гору, — Вы давеча за обѣдомъ чего-то не досказали и обѣщали разсказать потомъ...

— Я? Ахъ, да.. Право, не знаю, сумѣю-ли я вамъ объяснить то, что сейчасъ чувствую. Я смотрѣлъ на Ольгу Спиридоновну, и мнѣ показалось, что мнѣ никогда не сдѣлать ея портрета, т. е.

такого портрета, о которомъ я думалъ. Согласитесь: вѣдь это ужасно... Меня это мучитъ и убиваетъ. Понимаете: конченый человѣкъ, какъ говоритъ Сахановъ.

Она принялась его успокаивать, какъ успокаиваютъ капризничающаго ребенка. Всѣ истинные художники переживаютъ муки творчества, и только одна бездарность всегда довольна сама собой. Затѣмъ, если допустить, что работа, дѣйствительно, не удастся, то и это ничего не доказываетъ. Во первыхъ, у каждаго художника могутъ быть неудачи, а во-вторыхъ — самъ онъ въ этомъ случаѣ слишкомъ пристрастный судья.

— Нѣтъ, нѣтъ, все это не то, Марина Игнатьевна, — упавшимъ голосомъ возражалъ онъ, какъ возражаютъ только изъ вѣжливости.— Я просто не умѣю вамъ объяснить, что сейчасъ переживаю... Конечно, одна неудача еще ничего не доказываетъ... да... Но, сидя на скачкахъ, я мысленно провѣрилъ всѣ свои послѣднія работы и убѣдился, что паденіе шло вполнѣ послѣдовательно.

Она все-таки ничего не понимала. Они уже вышли на широкую аллею, которая вела къ дому главнаго парковаго лѣсничаго. Было уже совсѣмъ темно. Впереди высились сосны и ели, и отъ нихъ тянуло смолистымъ ароматомъ.

— Не правда-ли, какъ хорошо?— шептала Бачульская. Онъ взялъ ея руку и хотѣлъ поцѣловать, но она выдернула ее и прошептала:

— Ахъ, не нужно... Зачѣмъ? Вѣдь все равно, вы не любите меня... Я для васъ не женщина, а другъ. Я послѣднимъ горжусь... Знаете, что я вамъ скажу, Егорушка... Сядемте вотъ на эту скамейку и поговоримте, какъ друзья.

Онъ повиновался. Въ лѣсу было такъ хорошо. Облака тянулись такъ низко, точно задѣвали за верхушки лѣса. А тамъ внизу, гдѣ неслышно катилась мутная Славянка, тихо поднимался бѣлый туманъ.

— Говорите...— замѣтилъ Бургардтъ, раскуривая папиросу.

— Да, да...— торопливо подхватила она.— Я такъ рада за васъ, Егорушка. И знаете: чему? Наконецъ, вы нашли женщину, которая вамъ нравится... Вы знаете, о комъ я говорю. Да, это имѣетъ громадное значеніе. Вы воскреснете душой, Егорушка... Даже если бы это была неудачная любовь — и то хорошо. Вѣдь важно не то, чтобы васъ любили, а чтобы вы любили...

— Ну, съ этимъ я не совсѣмъ согласенъ...

— Нѣтъ, это такъ... Взаимное чувство — это миѳъ. Об

91

этомъ только въ книгахъ пишутъ, да мы на сценѣ разыгрываемъ. И чѣмъ меньше человѣка любятъ — тѣмъ больше онъ любить. Это вѣрно... Счастливой любви поэтому и не можетъ быть, и которая нибудь сторона должна непремѣнно страдать. Я не желаю вамъ зла, но была бы рада, если бы вы пережили еще разъ муки неудовлетворенной любви и встряхнулись. Въ вашей профессіи это необходимо...

— Какая вы бываете умненькая, — проговорилъ Бургардтъ и хотѣлъ обнять ее.

— Нѣтъ, нѣтъ... Ради Бога, не дѣлайте этого! — испугалась она.

— Виноватъ...

Наступило неловкое молчаніе. Они шли мимо домика лѣсничаго, гдѣ по лѣвой сторонѣ дороги росли такія высокія сосны. Потомъ началась темная аллея изъ елей. Бачульская выбрала скамеечку и сказала:

— Отдохнемте здѣсь... Я устала.

Онъ чертилъ палкой на пескѣ какія-то кабалистическія фигуры и продолжалъ молчать. Она точно чувствовала его невеселыя мысли и не мѣшала ему думать. Кругомъ было такъ хорошо, точно въ дѣтской сказкѣ. Деревья принимали такія причудливыя очертанія, и фантазія готова была населить это зеленое царство своими созданіями. Работѣ воображенія помогала стоявшая кругомъ мертвая тишина. Да, вотъ именно въ такомъ лѣсу живутъ русалки, подстерегаютъ неосторожнаго путника, котораго заманиваютъ своимъ смѣхомъ въ глухую лѣсную чащу и защекачиваютъ на-смерть... А лѣсъ все молчитъ, какъ заколдованный какой-то неразгаданной тайной.

Когда Бачульская взяла Бургардта за руку, онъ вздрогнулъ, какъ неосторожно разбуженный человѣкъ.

— Егорушка, я хотѣла вамъ предложить одну вещь... Мнѣ немножко неловко, но я думаю, что это принесетъ вамъ пользу... Видите-ли, я понимаю, что вы стѣсняетесь открыто ухаживать за этой англичанкой... да? И ваше общественное положеніе, и вашъ возрастъ до извѣстной степени дѣлаютъ неудобнымъ то, что позволяется молодымъ людямъ... Взять ее натурщицей, я понимаю, вы сами не согласитесь, чтобы сохранить иллюзія... да? Вы вѣдь сейчасъ именно объ этомъ думали.. Одна Ольга Спиридоновна чего стоитъ. Я ее очень люблю, но у нея языкъ, какъ набатный колоколъ...

Бургардтъ вскочилъ и заговорилъ, быстро роняя слова:

— Марина Игнатьевна, ради Бога, не доканчивайте... Я понимаю, что вы хотите сказать, цѣню вашу доброту, но никогда не соглашусь навязать вамъ роль сближающаго элемента.

— Но вѣдь вамъ ничто не мѣшаетъ случайно встрѣчать ее у меня въ Озеркахъ? Я ничиго дурного вамъ не предлагаю, а только...

— Довольно, довольно...

Онъ только сейчасъ понялъ, какъ она его любила и что для него готова была пожертвовать собственнымъ женскимъ самолюбіемъ. Есть женщины, которымъ душевныя муки доставляютъ наслажденіе, какъ мужчинамъ доставляютъ его опасности.

— Милая, вы не понимаете, что говорите, — серьезно проговорилъ Бургардтъ, цѣлуя похолодѣвшую маленькую руку.— Это невозможно и обидно для васъ и для меня.

Бачульская молчала. Бургардту казалось, что она сердится, и онъ старался ее занимать, когда они возвращались на музыку. Когда они подходили къ вокзалу, начали падать первыя капли дождя, рѣдкія и крупныя. Взглянувъ на лицо своей спутницы, Бургардтъ удивился — она улыбалось такой счастливой и хорошей улыбкой.

— Милая... — прошепталъ Бургардтъ невольно, пожимая маленькую, теперь теплую руку, точно она оттаяла.

— Мы еще застанемъ кусочекъ музыки, — проговорила Бачульская, глядя на часы.— По воскресеньямъ, кажется, оркестръ играетъ до двѣнадцати часовъ.

— Послушайте, а какже вы отсюда домой попадете? — спохватился Бургардтъ.

— Я переночую въ городѣ у знакомой "комической старухи".

— Ага... А до города провожаю васъ я.

— Благодарю...

Когда они вошли въ залу, лицо Бачульской приняло обычное безстрастное выраженіе, точно ее оставила охватившая ее на короткое время теплота. У нея сохранилось какое-то жуткое чувство по отношенію ко всякой толпѣ, какъ къ чему-то злому, подавляющему и несправедливому, — это чувство сложилось на театральныхъ подмосткахъ и было выстрадано личнымъ опытомъ. Бургардтъ же, наоборотъ, испытывалъ именно среди толпы бодрое настроеніе, точно она его подталкивала къ работѣ.

XXII

Они были прижаты неудержимымъ потокомъ публики къ колоннѣ и Бургардтъ напрасно отыскивалъ среди столиковъ въ ресторанномъ отдѣленіи залы Красавина съ его дамами.

— А мы поджидали васъ, — окликнулъ его сзади голосъ Васяткина.

Онъ шелъ подъ руку съ Шурой, у которой сегодня было такое злое лицо, что совсѣмъ ужъ не шло къ ней. Съ ней всѣ обращались, какъ съ дѣвочкой подросткомъ и къ ея настроенію относились съ покровительственной снисходительностью. Бачульская сразу поняла въ чемъ дѣло: бѣдная Шура знала, что не попала на красавинскій кофе, и ревновала нѣмую англичанку.

— Мы сердимся...— шепнулъ Васяткинъ на ухо Бургардту и прибавилъ уже громко: — Красавинъ съ дамами въ отдѣльномъ кабинетѣ... да. А моя дама не хотѣла туда идти безъ васъ. У женщинъ свои фантазіи и мы должны имъ покоряться.

— Чтоже, идемте...— предлагалъ Бургардтъ.— Шура, нехорошо капризничать. Будьте паинькой...

Оркестръ игралъ какую-то бравурную пьесу, но праздничная толпа была безжалостна и заглушала шумомъ шаговъ и говоромъ всѣ звуки. Васяткинъ осторожно пробирался съ своей дамой между столиками, направился къ буфету, изъ котораго былъ ходъ въ отдѣльные кабинеты. Онъ былъ счастливъ, что ведетъ подъ руку такую красавицу и что мужчины провожаютъ его завистливыми взглядами. Ему хотѣлось остановиться и показать всѣмъ, какая Шура красавица. Но въ одномъ мѣстѣ онъ поморщился, замѣтивъ одиноко сидѣвшаго за столикомъ Гаврюшу, который сдѣлалъ видъ, что не узнаетъ ихъ, и точно спряталъ свое лицо въ кружкѣ съ пивомъ. Шура боязливо прижалась къ своему кавалеру и прошептала:

— Этотъ человѣкъ убьетъ меня... Онъ самъ говорилъ...

Васяткинъ вынужденно засмѣялся и вызывающе выпрямился.

— Онъ, бѣдняжка, глупъ, — отвѣтилъ онъ.— А на глупыхъ людей не слѣдуетъ обращать вниманія...

— А я все-таки боюсь...— признавалась Шура.— Не все-ли равно, кто убьетъ: глупый или умный.

Замѣтивъ Бургардта въ толпѣ, Гаврюша отвернулся лицомъ къ окну. О, какъ онъ ненавидѣлъ ихъ всѣхъ, этихъ счастливцевъ, которые выхватываютъ въ жизни все лучшее... Онъ давно слѣдилъ за Васяткинымъ и отлично зналъ, что всѣ идутъ сейчасъ въ кабинетъ къ Красавину. А онъ, жалкая ничтожность, долженъ былъ сидѣть въ полномъ одиночествѣ и душить съ горя пиво.

— Нѣтъ, погодите...— думалъ онъ, задыхаясь отъ бѣшенства:— я вамъ покажу Гаврюшу!..

Бѣдный Гаврюша былъ пьянъ. Онъ съ нѣкотораго времени усвоилъ себѣ привычку по вечерамъ напиваться гдѣ нибудь въ портерной, гдѣ собирались ученики академіи художествъ или, когда были въ карманѣ деньги, въ знаменитомъ "Золотомъ Якорѣ", гдѣ въ свое время кутилъ и Бургардтъ. Въ состояніи опьяненія Гаврюша дѣлался придирчивымъ, и частенько устроивалъ скандалы. Въ послѣднее время эта озлобленность въ немъ все возростала, особенно когда онъ начиналъ думать о своей неудачной любви. И сейчасъ онъ, сидѣлъ за своимъ столикомъ, какъ въ туманѣ. Ему такъ и хотѣлось броситься на Васяткина и разорвать его въ клочья, а когда проходилъ Бургардтъ съ Бачульской, Гаврюша готовъ былъ спрятаться, точно они могли видѣть его душевное настроеніе.

Ресторанная прислуга знала Васяткина, какъ красавинскаго прихвостня, и почтительно распахнула дверь кабинета, гдѣ сидѣлъ самъ. Красавинъ былъ радъ, когда появились гости, — онъ уже усталъ занимать своихъ дамъ. Васяткину было достаточно взглянуть на мецената, чтобы опредѣлить его настроеніе — меценатъ находился въ хорошемъ состояніи духа, хотя и смотрѣлъ усталыми глазами. Миссъ Мортонъ кусала губы и смотрѣла въ тарелку. Ольга Спиридоновна имѣла недовольный видъ и встрѣтила вошедшихъ довольно непривѣтливо.

— Гулять столько времени въ паркѣ съ мужчиной?!— негодовала она, когда Бачульская разсказала ей о своей прогулкѣ.— Послушайте, мадонна для некурящихъ, вы забываете, что за обувь деньги плачены...

Обернувшись къ Бургардту и показывая глазами на Бачульскую, она шепнула:

— Ne reveillez-pas le chat qui dort...

Бургардтъ въ свою очередь отвѣтилъ тоже шопотомъ:

— Зачѣмъ вы отбиваете хлѣбъ у Саханова? Остроуміе — это его область, и не хорошо вытаскивать куски говядины изъ чужихъ щей...

Ольга Спиридоновна засмѣялась и, прищуривъ глаза, отвѣтила:

— Le roi est mort — и престолъ остается свободнымъ... Мнѣ жаль его, милашку.

Шура все время наблюдала миссъ Мортонъ ревнивыми глазами и сразу поняла все, о чемъ никто даже не догадывался, а всѣхъ меньше Бургардтъ. Тутъ было даже не соперничество, а переживаніе самой себя. О, какъ отлично сейчасъ понимала эта глупенькая Шура настроеніе нѣмой англичанки, потому что сама переживала его... Она встрѣтилась глазами съ Красавинымъ и улыбнулась уже не обычной своей дѣтской улыбкой. Онъ отвернулся и поморщился, какъ человѣкъ, которому подаютъ разогрѣтое кушанье, оставшееся отъ вчерашняго дня. Шуру злило и то, что Бургардтъ рѣшительно ничего не понималъ и что она ему не могла объяснить всего, въ чемъ была увѣрена.

Начался обычный ужинъ, какой устраивается по отдѣльнымъ кабинетамъ. Красавина, конечно, отлично знали и здѣсь, какъ въ "Кружалѣ", и русская прислуга выбивалась изо всѣхъ силъ, чтобы угодить ему. За всѣхъ хлопоталъ Васяткинъ, который зналъ погребъ и кухню павловскаго вокзала, кажется, лучше самого хозяина. Онъ даже извинялся за нѣкоторыя не совсѣмъ удачныя блюда, какъ метръ д'отель, и пришелъ въ ужасъ, когда Шура вмѣсто всякихъ тонкихъ блюдъ потребовала просто раковъ-борделезъ.

— Здѣсь ихъ отлично готовятъ...— наивно объясняла она.— Гораздо лучше, чѣмъ въ "Золотомъ Якорѣ".

— Какая она милая!..— восхищалась Ольга Сергѣевна, сама любившая дома поѣсть чего-нибудь попроще, какъ тешка или углицкая колбаса.— Очень мило... И я тоже не прочь поѣсть раковъ соусъ борделезъ.

Собственно никто не хотѣлъ ѣсть и никто не зналъ, зачѣмъ всѣ собрались въ отдѣльномъ кабинетѣ. Красавинъ по обыкновенію молчалъ, Бургардтъ имѣлъ разсѣянный видъ и выбивался изъ силъ одинъ Васяткинъ, но изъ этого ровно ничего не выходило. У всѣхъ невольно явилась мысль о Саханoвѣ, который всегда являлся душой общества и сумѣлъ-бы расшевелить всѣхъ. Разговоръ тянулся вяло. Говорили о скачкахъ, вспоминали чудную сѣрую кобылу "Баловень", которая проиграла только благодаря искусству красавинскаго жокея Чарльза и т. д. Бургардтъ нѣсколько разъ пытался наблюдать миссъ Мортонъ, но она точно вся съѣживалась, когда замѣчала его взглядъ. Вообще, она сегодня была какая-то странная, и наблюдавшая ее въ свою очередь Ольга

Спиридоновна строго подбирала губы и поднимала брови, какъ тетерька.

— А вы когда думаете кончить свою Марину? — спрашивалъ Красавинъ, обращаясь къ Бургардту.

— Право, не знаю, Антипъ Ильичъ... Мнѣ въ послѣднее время какъ-то не работается.

— Да? Но, вѣдь это всѣмъ художникамъ такъ кажется, Егоръ Захаровичъ. Мнѣ нравится барельефъ, и я съ удовольствіемъ поставилъ бы его у себя въ столовой, знаете, у той стѣны, гдѣ сейчасъ торчатъ эти дурацкіе рыцари...

Бургардту показалось, что Красавинъ говоритъ съ нимъ нѣсколько иначе, чѣмъ говорилъ раньше. Неужели онъ уже успѣлъ что нибудь замѣтить? Конечно, онъ въ искусствѣ только диллетантъ, но у него есть извѣстное чутье и плохую вещь онъ не купитъ даже по рекомендаціи. Потомъ Красавинъ по чему-то сразу перевелъ разговоръ на Шипидина, который произвелъ на него импонирующее впечатлѣніе.

— Я такъ радъ, что познакомился съ нимъ, — повторилъ Красавинъ нѣсколько разъ.— Это рѣдкій экземпляръ... Сегодня цѣлый день думаю о немъ и все жалѣю, что не предложилъ ему давеча одну вещь... Именно, у меня въ окрестностяхъ Петербурга есть нѣсколько участковъ земли, и, если бы онъ пожелалъ взять любой изъ нихъ, я охотно уступилъ бы, на какихъ угодно условіяхъ. Какъ вы думаете, согласился-бы онъ на такую комбинацію?

— Право, не знаю, а впрочемъ — отчего и не согласиться. Если хотите, я могу написать...

— Пожалуйста...

Разговаривая съ Красавинымъ, Бургардтъ все время слѣдилъ за Бачульской, которая усиленно старалась что-то объяснить миссъ Мортонъ и на бумагѣ, и знаками. Закончилось это объясненіе тѣмъ, что миссъ Мортонъ торопливо спрятала въ карманъ какую-то записку Бачульской, и Бургардтъ понялъ, что это былъ адресъ ея дачи въ Озеркахъ.

— Этакая упрямая женщина...— сердился Бургардтъ, отвѣчая что-то Красавину совсѣмъ невпопадъ.

Васяткинъ занималъ Ольгу Спиридоновну и Шуру, которыя съ большимъ аппетитомъ ѣли своихъ раковъ.

— Шампанскаго я не хочу, — объясняла Ольга Спиридоновна, вытирая губы салфеткой.— А вы мнѣ, Алексѣй Иванычъ, закажите этого... вотъ все забываю названіе... ну, съ соломинкой?

— Шерри-коблеръ?

97

— Вотъ-вотъ... Смерть люблю.

Бѣдная Шура готова была расплакаться, потому что Красавинъ сегодня не обращалъ на нее никакого вниманія, а тутъ еще приставала Ольга Спиридоновна.

— Шерочка, что вы сегодня такая кисленькая, точно осенняя муха?

— Нѣтъ, я ничего...

— Это все Алексѣй Иванычъ васъ изводитъ. О, я отлично знаю этого шематона...

— А что такое значитъ: шематонъ? — спрашивала Шура.

— А я и сама не знаю, шерочка, что оно значитъ. Просто, оно мнѣ нравится... Шематонъ — и все тутъ.

Улучивъ минутку, Шура спросила Васяткина:

— Вы меня проводите?

— О, съ величайшимъ удовольствіемъ...

— Я боюсь этого... который давеча сидѣлъ за столомъ... Онъ обѣщалъ убить меня.

Васяткинъ выпрямился, какъ давеча, и вызывающе засмѣялся. Желалъ бы онъ знать, кто посмѣетъ въ его присутствіи пошевелить ее пальцемъ...

Ѣли устрицъ, пили шампанское, кофе, ликеры. Въ сосѣднемъ кабинетѣ кутили гусары, и Ольга Спиридоновна, прислушиваясь къ веселому гулу, со вздохомъ говорила:

— Люблю гусаръ... Такъ и хочется пойти къ нимъ.

— Чтоже, это можно устроить, — обидѣлся Васяткинъ.— Я давеча видѣлъ въ корридорѣ Перцева, и онъ спрашивалъ меня про васъ. Я могу его вызвать...

— Ну, батенька, устарѣла я немного кутить съ гусарами. Было и мое время, да прошло. А такъ, къ слову сказалось.

Чокаясь съ Бургардтомъ бокаломъ шампанскаго, Ольга Спиридоновна проговорила:

— За здоровье Саханова... Безъ него у насъ точно уксусная фабрика. Скажите ему, что я его очень люблю... издали.

— Отчего-же вы сами этого не скажете ему?

— А все забывала, да и какъ-то, признаться, лѣнь было. Право, онъ милый человѣкъ, и безъ него скучно.

Всѣ были рады, что ужинъ кончился, и отправились на платформу за цѣлыхъ полчаса до послѣдняго поѣзда. Главный валъ праздничной публики уже отлилъ. Въ буфетѣ оставались одни запоздавшіе гуляки, а въ числѣ ихъ Шура увидѣла Гаврюшу, который поднялся изъ-за своего столика и колеблющейся походкой шелъ къ нимъ на-встрѣчу. Красавинъ шелъ впереди съ миссъ Мортонъ, а за ними Ольга

Спиридоновна и Бачульская. Бургардтъ шелъ позади и невольно оглянулся, когда за нимъ раздался звукъ пощечины.

Къ нему бросилась смертельно блѣдная Шура, съ крикомъ:

— Онъ убилъ... убилъ...

Васяткинъ нагнулся, чтобы поднять сбитую съ головы шляпу, и, спрятавшись за спину Шуры, крикнулъ стоявшему въ дверяхъ Гаврюшѣ:

— Вы, милостивый государь, негодяй!! Я... я... я съ вами еще разсчитаюсь!!

XXIII

Бургардтъ въ первый моментъ былъ совершенно ошеломленъ этой дикой сценой, а потомъ бросился къ Гаврюшѣ, но его остановилъ Васяткинъ.

— Егоръ Захарычъ, ради Бога, оставьте это дѣло!.. Я ужъ устрою все самъ... да. Предоставьте мнѣ...

— Но вѣдь это... это...— повторялъ Бургардтъ, начиная горячиться все больше и больше.

Но его во время подхватили дамы и увлекли впередъ, увѣряя, что былъ уже второй звонокъ. Васяткинъ торопливо шагалъ за ними, оглядываясь назадъ, точно онъ боялся погони. Въ сущности, онъ былъ счастливъ, что такъ дешево отдѣлался, именно: Красавинъ ничего не видѣлъ и не слышалъ — это главное. И другіе тоже ничего не видѣли, за исключеніемъ Шуры, которая хотя и видѣла, но едва-ли могла со страха сообразить все, что случилось и, вѣроятно, — какъ думалъ Васяткинъ, — закрыла глаза, какъ курица, когда Гаврюша бросился на него съ поднятыми кулаками. Единственными свидѣтелями оставались два оффиціанта, но вѣдь ихъ никто не будетъ разспрашивать о случившемся. Въ головѣ Васяткина сейчасъ-же мелькнулъ и планъ, какъ нужно было дѣйствовать.

— Вамъ не больно?— спрашивалъ онъ Шуру.— Вѣдь этотъ сумасшедшій, дѣйствительно, могъ убить васъ, и если бы я во время не отвелъ его руку...

— Я рѣшительно ничего не помню, Алексѣй Иванычъ... Во всякомъ случаѣ, спасибо вамъ.

Она крѣпко пожала его руку, и Васяткинъ самъ повѣрилъ въ собственное геройство и въ то, что Гаврюша хотѣлъ убить бѣдную Шуру. Когда всѣ уже сидѣли въ вагонѣ, Васяткинъ разсказалъ всѣ обстоятельства дѣла именно въ этомъ освѣщеніи.

— Хорошо, что я во время подставилъ руку, и ударъ попалъ въ мою шляпу... да.

— А я отлично слышалъ звукъ пощечины....— наивно удивлялся Бургардтъ.— Ну, совершенно явственно...

— Это вамъ показалось, Егоръ Захарычъ, — увѣрялъ Васяткинъ, не сморгнувъ глазомъ.— Такая особенная акустика въ этомъ залѣ устроена, что стоитъ плюнуть на полъ, а слышится звукъ пощечины...

Ольга Спиридоновна и Бачульская отлично понимали тактику Васяткина и кусали губы, чтобы не расхохотаться.

— А мнѣ онъ, этотъ Гаврюша очень понравился, — неожиданно для всѣхъ заявила Ольга Спиридоновна.— И потомъ, мнѣ его жаль, бѣдняжку...

— Ольга Спиридоновна, что вы говорите?!— взмолился Бургардтъ, никакъ не могшій успокоиться.— Да я его на порогъ своей мастерской больше не пущу... Никогда! Что это такое? Какой-то дикарь, бѣшеное животное.

— Ничего вы не понимаете, — спокойно перебила его Ольга Спиридоновна.— Да, ничего... Если бы меня кто-нибудь такъ любилъ — вы видѣли, какое у него было давеча лицо?

— Какъ у всякаго пьянаго человѣка...

— Нѣтъ ужъ извините-съ... Тутъ дѣло совсѣмъ не въ пьянствѣ. Ахъ, какъ я понимаю простыхъ русскихъ бабъ, которыя говорятъ, что если мужъ не бьетъ — значитъ, не любитъ.

— Довольно, Ольга Спиридоновна, — уговаривалъ ее Бургардтъ.— Такъ можно договориться до того, что и вы желали бы быть такой бабой, которую колотятъ...

— И даже очень, Егоръ Захарычъ... Вѣдь любя колотятъ. Понимаете? Да я не знаю, что дала-бы, если бы нашелся такой человѣкъ, который, дѣйствительно, по настоящему могъ любить. Пожалуйста, господа, не смѣйтесь... Я говорю совершенно серьезно. Если хотите, такъ другихъ бабъ, французскихъ и аглицкихъ, колотятъ еще почище... Я сама читала въ газетѣ, какъ одинъ англійскій лордъ лупилъ свою жену каминными щипцами... А у французовъ еще того проще. У меня много знакомыхъ француженокъ, достаточно наслышалась. Такъ ихъ за косы таскаютъ.

— Тоже любя?— подчеркнулъ Бургардтъ.

— Нѣтъ, они не умѣютъ любить...— наивно отвѣтила Олма Спиридоновна, что заставило всѣхъ разсмѣяться.— Куда имъ!..

Инцидентъ былъ исчерпанъ, и всѣмъ сдѣлалось весело безъ всякой побудительной причины, особенно, когда Васяткинъ началъ увѣрять, что онъ одной рукой поднимаетъ восемь пудовъ и могъ убить Гаврюшу однимъ ударомъ.

— Охъ, не пугайте, Алексѣй Иванычъ, дѣло къ ночи! — повторяла Ольга Спиридоновна, задыхаясь отъ смѣха.— Хорошо, что вы не женаты, если не ошибаюсь...

Не могла развеселиться одна Шура, хотя и улыбалась вмѣстѣ съ другими. Она никакъ не могла оправиться и даже вздрагивала, припоминая ужасное лицо Гаврюши. Миссъ Мортонъ имѣла по прежнему разсѣянный видъ и отнеслась ко всему случившемуся довольно равнодушно. Бургардтъ могъ немного объясняться съ ней отчасти знаками, а отчасти по-нѣмецкому устному способу "чтенія по губамъ говорящаго". Миссъ Мортонъ умѣла уже "слышать глазами", какъ выражаются учебники, хотя ее и сбивали мудреныя согласныя русской азбуки и слишкомъ длинныя русскія слова.

На петербургскомъ вокзалѣ всѣ раздѣлились. Ольга Спиридоновна уѣхала съ миссъ Мортонъ, Васяткинъ съ Шурой, а Бургардтъ съ Бачульской. Дождь пересталъ, и небо прояснилось. Надъ Петербургомъ стояла тяжелая бѣлесоватая мгла.

— Какой хитрый этотъ Васяткинъ, — смѣялась Бачульская, когда они ѣхали на извозчикѣ.— Вѣдь Гаврюша его ударилъ прямо по лицу и совсѣмъ не думалъ бить Шуру...

— Въ чемъ же тутъ хитрость?..

— Васяткинъ больше всего испугался того, что объ этомъ можетъ узнать Красавинъ... Знаете, неудобно, хотя никто и не застрахованъ отъ подобныхъ случайностей.

— Да... Этотъ несчастный Гаврюша, дѣйствительно, сошелъ съ ума.

— Оставьте его въ покоѣ, какъ говорила Ольга Спиридоновна. Дѣло уладится само собой... Не безпокойтесь, Васяткинъ не останется въ долгу, особенно, когда Гаврюша выставитъ какую-нибудь работу. Они его съ Сахановымъ живьемъ съѣдятъ...

— Ну, это уже свинство...

Бургардтъ былъ скученъ, и Бачульская понимала, какія мысли его безпокоятъ. Онъ проводилъ ее до Офицерской и отправился торопливо домой. Ему такъ хотѣлось остаться одному, чтобы собраться съ мыслями и провѣрить угнетавшую его мысль. Было уже часа два, когда онъ подъѣзжалъ къ своей квартирѣ и очень удивился, что въ дѣтской еще огонь. Первой его мыслью было, что больна Анита, и онъ быстро вбѣжалъ на-верхъ.

— Нѣтъ, ничего, барышня здоровы, — успокоила его горничная.

— Отчего-же огонь въ дѣтской?

— А старая барышня больны... Нога у нихъ разболѣлась.

Анита еще не спала и встрѣтила отца въ гостиной. У дѣвочки былъ такой встревоженный видъ.

— Что такое съ миссъ Гудъ?

— Мнѣ кажется, папа, что она запустила свою болѣзнь. Вѣдь ты знаешь, что врачей она не признаетъ и все время лѣчилась своей гомеопатіей. Потомъ она стѣснялась сказать, что у нея язва на ногѣ, а теперь нога распухла до колѣна.

Миссъ Гудъ разсердилась, когда Бургардтъ хотѣлъ войти въ дѣтскую.

— Пожалуйста, не входите!— упрашивала она.— Это Анита все преувеличиваетъ...

— У васъ лихорадка...

— Нѣтъ, просто голова побаливаетъ... Анита сейчасъ ляжетъ спать, и я тушу огонь. Покойной ночи...

Бургардтъ зналъ упрямый характеръ своей гувернантки и безъ возраженій отправился къ себѣ въ кабинетъ.

— Вѣдь этакая упрямая женщина, ворчалъ онъ, укладываясь спать на своемъ диванѣ.

Болѣзнь миссъ Гудъ серьезно встревожила его. Она жила у него лѣтъ восемь и никогда не бывала больна. Съ своими болѣзнями старушка обходилась съ такой же строгостью, какъ съ своими воспитанниками. Бургардтъ только теперь сообразилъ, съ какимъ эгоизмомъ относился къ ней. Кто она такая, эта миссъ Гудъ? Какъ она прожила свою одинокую жизнь? Онъ зналъ только то, что она пріѣхала въ Петербургъ совсѣмъ молоденькой дѣвушкой и переходила изъ дома въ домъ, воспитывая дѣтей, главнымъ образомъ дѣвочекъ. Періодически миссъ Гудъ получала изъ своей доброй старой Англіи какія-то письма, всегда аккуратно отвѣчала на нихъ и нѣсколько дней находилась въ грустномъ настроеніи. О своихъ родныхъ въ Англіи она говорила уклончиво, точно не желала посвящать Бургардта въ свои семейныя дѣла. Теперь онъ догадался, что она дѣлала это изъ простой щепетильности, не желая навязывать свои личныя дѣла. А въ то же время сама входила во всѣ подробности жизни Бургардта, радовалась его удачамъ и сочувствовала его непріятностямъ. Аниту она любила, какъ родную дочь — это была послѣдняя привязанность милой англичанки.

— А если миссъ Гудъ умретъ?— думалъ Бургардтъ, и эта мысль гнала отъ него сонъ.

Нѣтъ, это невозможно. Завтра же онъ пригласитъ врача, можно составить консиліумъ, и дѣло поправится. Придетъ-же фантазія лѣчиться этой гомеопатіей...

Эти мысли о болѣзни миссъ Гудъ по аналогіи вызвали тяжелыя семейныя воспоминанія. Бургардтъ припоминалъ, какъ болѣзнь его жены тоже началась маленькимъ недомоганьемъ, на которое онъ не обратилъ даже вниманія. Она была такая молодая, свѣжая и цвѣтущая. Когда приглашенный врачъ, выслушавъ больную, опредѣлилъ начинавшееся воспаленіе легкихъ, Бургардтъ не особенно встревожился. Вѣдь такое воспаленіе опасно для стариковъ, а тутъ такая молодая и здоровая женщина.

— Мнѣ не нравится сердце, — объяснялъ докторъ.— Знаете, будто какая-то тревога въ его ударахъ. Опредѣленнаго сказать сейчасъ ничего нельзя...

Черезъ двѣ недѣли жены Бургардта не стало, и онъ въ теченіи цѣлаго года не могъ привыкнуть къ этой мысли. Почему? Зачѣмъ? Почему живутъ милліоны болѣзненныхъ женщинъ, живутъ при самой невозможной обстановкѣ, а тутъ умираетъ человѣкъ въ полномъ расцвѣтѣ силъ. Нѣсколько лѣтъ Бургардъ горевалъ самымъ искреннимъ образомъ, пока время не взяло свое. Вѣдь это ужасное слово: время... Развѣ онъ могъ подумать, что будетъ увлекаться когда-нибудь другими женщинами? Правда, что увлеченій въ истинномъ значеніи этого слова и не было, но это не мѣшало ему вести довольно разсѣянную жизнь и размѣниваться на мелкую монету. Взять хотя сегодняшній день, — что это такое? Бургардтъ припомнилъ миссъ Мортонъ, и ему сдѣлалось немного стыдно. Правда, она произвела на него очень сильное впечатлѣніе, но это было совсѣмъ не то, о чемъ онъ мечталъ, когда оставался одинъ.

— Это признакъ дрянной и мелкой натуры, — казнилъ себя Бургардтъ, лежа съ раскрытыми главами.— Развѣ Данте забылъ свою Беатриче или Петрарка свою Лауру? Такъ любятъ настоящіе большіе люди, а наша любовь — только похотливость маленькаго дрянного звѣрька.

Ему припомнились бабьи глупости, которыя давеча говорила Ольга Спиридоновна.

— А вѣдь она права...— мелькнуло въ головѣ Бургардта, когда онъ припомнилъ всю сцену.— Гаврюша, дѣйствительно, любить, потому что не растратилъ еще своей души по мелочамъ.

Ему такъ живо представился Васяткинъ, который сначала кричалъ изъ-за спины Шуры: "негодяй!", а потомъ началъ отпираться отъ полученной пощечины.

— Можетъ быть, Гаврюша былъ и правъ...

Съ этой мыслью Бургардтъ и заснулъ.

XXIV

Утромъ на другой день Бургардта разбудилъ человѣкъ Андрей и заявилъ съ особенной суровостью:

— Барышня ждетъ въ гостиной...

— Какая барышня?

— Анна Егоровна...

Анита ждала отца въ гостиной съ заплаканными глазами.

— Миссъ Гудъ бредитъ, папа... Мнѣ страшно.

Старушка лежала, дѣйствительно, въ бреду. Бургардтъ даже испугался, когда увидѣлъ ея багровое лицо и мутные глаза. Она уже больше не стѣснялась, что въ ея комнату входитъ мужчина, когда она въ постели.

— Я умираю...— тихо проговорила она, пожимая руку Бургардта своей горячей сухой рукой.— Ради Бога, ничего не говорите Анитѣ и не посылайте за докторомъ.

— Миссъ Гудъ, Богъ съ вами, что вы говорите...

— У меня къ вамъ единственная просьба...— продолжала старушка, съ трудомъ открывая отяжелѣвшія вѣки:— да, одна... Увезите меня куда нибудь въ больницу... Это тяжело, когда въ домѣ покойникъ, и Анита будетъ напрасно волноваться... Я не хочу быть никому въ тягость...

Съ трудомъ переведя духъ, она прибавила:

— Знаете, кошки никогда не умираютъ дома...

Бургардту стоило большого труда уговорить ее относительно доктора. Миссъ Гудъ не вѣрила въ аллопатію и согласилась только подъ условіемъ, именно — пригласить какого-то старичка нѣмца Гаузера. Вѣдь всѣ остальные доктора немножко шарлатаны, а у Гаузера она когда-то лѣчилась и онъ проявлялъ несомнѣнные признаки порядочности.

— Онъ такой джентльмэнъ, — резюмировала она свои мысли.— А въ медицинѣ это главное...

104

Разыскать въ Петербургѣ стараго медицинскаго джентльмэна было не легко, начиная съ того, что Гаузеровъ оказалось нѣсколько, и кончая тѣмъ, что настоящій Гаузеръ уже давно бросилъ практику и жилъ на покоѣ у Пяти Угловъ. Старикъ занималъ свою квартиру больше сорока лѣтъ и устроилъ въ ней маленькую Германію. Когда Бургардтъ вошелъ въ эту тѣсную докторскую квартиру, на него пахнуло именно этой Германіей. Вездѣ стояли бюсты Вильгельма, Бисмарка и Мольтке, пахло настоящимъ кнастеромъ, и во всей квартирѣ, кажется, не было русской пылинки. Вышелъ Гаузеръ въ нѣмецкой ермолкѣ, съ нѣмецкой трубкой въ зубахъ и въ нѣмецкомъ халатѣ. Это былъ чистенькій сухой старичокъ съ бритымъ лицомъ и живыми сѣрыми глазами. Когда Бургардтъ объяснилъ ему цѣлъ своего визита, Гаузеръ пожевалъ губами, строго осмотрѣлъ его съ головы до ногъ и проговорилъ довольно сухо:

— Меня удивляетъ, что вы, милостивый государь, обратились именно ко мнѣ... Именно, я хочу сказать, что на Васильевскомъ островѣ есть достаточно врачей, а мое есть правило — не отбивать практику у моихъ уважаемыхъ коллегъ.

Бургардту пришлось объяснять, почему оврь обратился именно къ нему, и лицо Гаузера приняло уже грозное выраженіе.

— Гомеопатія?— проговорилъ онъ, поднимая брови.

— Да...

— Значитъ, она лѣчилась у врача гомеопата?

Бургардтъ чуть не поклялся, что миссъ Гудъ лѣчилась сама, по какому-то таинственному руководству, и старикъ успокоился. Дорогой онъ объяснилъ, что давно бросилъ практику, хотя и продолжаетъ заниматься медициной теоретически.

— А что вы думаете о бактеріяхъ?— неожиданно спросилъ онъ, когда уже подъѣзжали къ квартирѣ Бургардта.

— Какъ вамъ сказать...— соображалъ Бургардтъ, боясь отвѣтить невпопадъ.— Я думаю, что, какъ всякая новинка, ученіе о бактеріяхъ зашло дальше, чѣмъ слѣдуетъ.

— Вотъ именно, — согласился старикъ, успокоившись.

Если бы Бургардтъ отвѣтилъ иначе, упрямый нѣмецъ, вѣроятно, уѣхалъ бы домой. Вообще, это былъ оригинальный человѣкъ, и онъ понравился Бургардту своей цѣльностью. Очевидно, онъ давно пережилъ самого себя и ревниво оберегалъ тѣ взгляды и понятія, въ которыхъ выросъ.

Осмотръ больной продолжался недолго. Бургардтъ съ

волненіемъ ждалъ появленія доктора въ гостиной. Когда тотъ вошелъ, онъ по его лицу замѣтилъ, что дѣло слишкомъ серьезно.

— Придется отнять ногу, — спокойно проговорилъ старикъ, протирая очки.— Это было безуміе запустить такъ рану.... Вотъ вамъ плоды этой дурацкой гемеопатіи.

— Неужели нѣтъ другого исхода?

— Никакого... Пригласите консультантовъ. Начинается общее зараженіе крови...

— Вы ей сказали все?

— Да... Это женщина съ твердымъ характеромъ. Она отказалась наотрѣзъ отъ операціи.. Поговорите съ ней сами, а я васъ подожду.

Переговоры Бургардта не привели ни къ чему. Миссъ Гудъ была спокойна и на всѣ его доводы твердила одно:

— Я не желаю быть калѣкой... да. У меня органическое отвращеніе ко всякому уродству. Анита не будетъ меня уважать, когда у меня одна нога будетъ деревянная... Вѣдь дѣти безжалостны къ уродамъ, а я не хочу быть смѣшной въ ея глазахъ.

Какъ Бургардтъ ни уговаривалъ ее, какъ ни убѣждалъ и ни молилъ, миссъ Гудъ оставалась непреклонной. Его охватила страстная жалость къ этой героической старой дѣвушкѣ, и онъ упрашивалъ ее со слезами согласиться на операцію.

— Я цѣню ваше участіе, — отвѣчала миссъ Гудъ.— Но позвольте мнѣ остаться при моемъ мнѣніи. Это мое право... да... Я всю жизнь провела при своемъ мнѣніи.

Анита очевидно подслушивала у дверей и ворвалась въ комнату съ горькими слезами. Она цѣловала руки миссъ Гудъ, умоляла, опустившись на колѣни, и это откровенное дѣтское горе довело Бургардта до настоящихъ слезъ.

— Ахъ, какъ я васъ всѣхъ люблю...— шептала миссъ Гудъ, утѣшенная сдѣланнымъ усиліемъ.— Но всему есть свой предѣлъ... Господу угодно призвать меня въ лучшій міръ, и я покоряюсь Его волѣ. Анита, ты дашь мнѣ слово читать одну главу изъ Библіи каждое воскресенье, какъ мы дѣлали до сихъ поръ, и когда сдѣлаешься большой, то поймешь, что миссъ Гудъ не могла поступить иначе...

Старый джентльмэнъ Гаузеръ страшно разсердился, когда Бургардтъ вышелъ въ гостиную съ заплаканными глазами, и только развелъ руками.

— Это — сумасшедшая женщина!— выкрикивалъ старикъ, бѣгая по комнатѣ маленькими старческими шажками.— Я

106

сейчасъ пойду къ ней и поговорю... Да, я поговорю. Это безуміе... это... это...

— Нѣтъ, ради Бога не ходите, — уговаривалъ его Бургардтъ.— Ей необходимо успокоиться... Она взволнована.

Докторъ обиженно замолчалъ, простился довольно сухо, не взялъ денегъ за визитъ и, одѣваясь въ передней, проговорилъ:

— Эта женщина меня возмущаетъ... да... Это... это... я не знаю, какъ это назвать!

Миссъ Гудъ очень страдала, но оставалась спокойной. Полосы тяжелаго забытья смѣнялись свѣтлыми минутами сознанія, и въ одну изъ такихъ минутъ она послала Аниту за отцомъ. Это было вечеромъ. Бургардтъ и Анита обѣдали одни, и имъ казалось страннымъ, что стулъ, на которомъ миссъ Гудъ сидѣла восемь лѣтъ, остается пустымъ. За день Бургардтъ страшно измучился, и ему было тяжело идти въ дѣтскую. Анита вошла вмѣстѣ съ отцомъ, но миссъ Гудъ замѣтила ей съ обычной строгостью:

— Анита, ты выйдешь... Дѣтямъ не слѣдуетъ слышать все, что говорятъ между собой большіе.

Анита выбѣжала со слезами, и Бургардта поразила эта жестокость больной.

— Это такъ нужно...— отвѣтила ему она на его нѣмой вопросъ.— Я ее очень люблю, и въ свое время она узнаетъ все...

Съ трудомъ переведя духъ, миссъ Гудъ продолжала:

— Да, я ухожу изъ здѣшняго міра... И мнѣ хотѣлось вамъ сказать, Егоръ Захаровичъ... Вы знаете, что я никогда не вмѣшивалась въ ваши личныя дѣла, но сейчасъ мой долгъ велитъ мнѣ сказать... Много думала... Я понимаю, что художники не могутъ жить, какъ живутъ обыкновенные люди... Имъ нужны впечатлѣнія... Я не осуждаю и не желаю осуждать... Но я всегда боялась, что въ вашъ домъ можетъ войти не достаточно корректная женщина... Какъ мужчина — вы еще молоды, и можетъ случиться все... да... Но я боюсь за Аниту... Она вступаетъ въ свой критическій возрастъ, когда нужна твердая рука... Пожалѣйте и поберегите ее... Возьмите себя въ руки... Я знаю, что вы по душѣ хорошій и очень добрый человѣкъ, но у васъ, къ несчастію, мягкій русскій характеръ... Послѣднее меня убиваетъ...

— Миссъ Гудъ, повѣрьте, что для Аниты будетъ сдѣлано все, что я въ силахъ сдѣлать... Кажется, вы меня не можете упрекнуть въ чемъ-нибудь...

— Къ несчастію, у нея такой-же добрый характеръ, какъ и у васъ.. Я отлично сознаю, что говорю.

Миссъ Гудъ нѣсколько времени лежала съ закрытыми глазами, охваченная истомой. Потомъ она поднялась, оперлась локтемъ на подушку и заговорила:

— Я позаботилась объ Анитѣ... Къ вамъ пріѣдетъ изъ Лондона моя племянница, тоже миссъ Гудъ... Жаль, что она немного молода... Но это пройдетъ. Она займетъ мое мѣсто. Она такая-же дѣвушка, какъ и я, т. е. по англійски это называется spinster, а по русски — третій полъ. Насъ много такихъ дѣвушекъ въ Англіи... Молодые люди уѣзжаютъ въ колоніи, а мы остаемся. Половина дѣвушекъ остается безъ мужей и расходятся по всему свѣту искать работы... У меня былъ женихъ, я ждала его десять лѣтъ, а онъ умеръ въ Индіи отъ желтой лихорадки... Другія англійскія дѣвушки тоже ждутъ долгіе-долгіе годы своихъ жениховъ... Ваши русскія дѣвушки этого не знаютъ... О, имъ хорошо, и Анитѣ будетъ хорошо. Вы художникъ, а не подозрѣваете, что ваша Анита — красавица... я знаю, что вы считаете ее дурнушкой, но вы ошибаетесь...

Миссъ Гудъ хотѣла сказать еще что-то, но слабо махнула рукой. Ее оставляли послѣднія силы.

Когда Бургардтъ вышелъ въ гостиную, его удивило, что тамъ сидѣлъ докторъ Гаузеръ и читалъ свою нѣмецкую газету. Онъ даже захватилъ съ собой ермолку и трубку.

— Что наша упрямая женщина? — спросилъ онъ съ особенной, виноватой кротостью въ голосѣ.— О, я много думалъ о ней...

Когда Бургардтъ объяснилъ все, докторъ Гаузеръ поднялъ палецъ вверхъ и проговорилъ:

— Я теперь понимаю упрямую женщину... да. Она имѣетъ свое полное право... да.

Въ виду рѣшительнаго отказа миссъ Гудъ сдѣлать операцію или созвать консиліумъ, старый медицинскій джентльмэнъ рѣшилъ, что онъ съ своей стороны не имѣетъ права оставлять больную и поэтому пріѣхалъ съ тѣмъ, чтобы провести всю ночь около нея.

— Она сейчасъ бодрится, а потомъ будетъ слабость, — объяснилъ онъ Бургардту.— Да, большая слабость... Я это хорошо знаю, потому что много лѣчилъ въ свое время.

Бургардтъ и Гаузеръ просидѣли въ гостиной цѣлую ночь. Положеніе больной быстро ухудшалось. Полосы забытья увеличивались. Являлся тяжелый изнуряющій бредъ. Докторъ и Гаузеръ дежурили у постели больной поочередно, а когда она забывалась — сидѣли въ гостиной и разговаривали вполголоса.

— Что такое жизнь? — спрашивалъ старикъ.— Что такое

смерть? Съ точки зрѣнія философской, какъ говоритъ Шопенгауэръ, это явленія безразличныя... да. Что такое наше горе или радость? То же самое... Мы совершенно напрасно боимся смерти, потому что это только наша точка зрѣнія, что смерть почему-то ужасна.

Въ гостиной стоялъ полусвѣтъ, нѣмецкая трубка Гаузера хрипѣла, слышно было, какъ въ столовой тикали часы. Бургардту нравилось, какъ говорилъ старый нѣмецъ, и ему казалось, что онъ такой славный и что онъ давно его знаетъ, и что у нихъ есть общія мысли.

XXV

Миссъ Гудъ умерла, какъ и жила, съ большимъ достоинствомъ. Старикъ Гаузеръ провелъ у ея постели безвыходно двои сутки, стараясь облегчить послѣднія минуты больной. Бургардтъ чередовался съ нимъ въ дежурствѣ и тоже почти не спалъ. Все происходившее производило на него глубокое впечатлѣніе, какимъ-то страннымъ образомъ совпадая съ собственнымъ угнетеннымъ настроеніемъ. Миссъ Гудъ уходила изъ этого міра неразрѣшимой загадкой, какъ непризнанная женщина новаго вѣка, которому нужны паръ, электричество, разныя чудеса техники и послѣднія слова науки, а человѣкъ не нуженъ. Нужна, вообще, машина, а человѣкъ подешевѣлъ, какъ сравнительно неудачный по силѣ конкуррентъ. И подешевѣла главнымъ образомъ женщина. Вѣдь на Востокѣ нѣтъ разростающагося въ гигантской прогрессіи института третьяго пола, какъ нѣтъ и жертвъ общественнаго темперамента. Восточная женщина еще сохранила свою большую цѣну и ее нужно заработать, а культурная англійская женщина является результатомъ. перепроизводства. Вѣдь это ужасное явленіе, когда дѣвушка должна уходить отъ родного очага въ далекую неизвѣстную страну и вести свою трудовую жизнь среди чужихъ людей, чужой обстановки и чужихъ интересовъ. Вѣдь это тоже смерть, смерть цѣлаго народа... На эту тему Бургардтъ и Гаузеръ проговорили двѣ ночи.

— Исторія повторяется, — думалъ вслухъ старикъ.— Мы присутствуемъ при роковомъ поворотѣ и не замѣчаемъ его. Развѣ греки или римляне замѣчали свое паденіе? У насъ останутся машины, рѣдкія изобрѣтенія и послѣднія слова науки, а человѣкъ уйдетъ, выродится. Получатся dégénères supérieurs...

— Что же дѣлать, докторъ?

Старикъ Гаузеръ краснорѣчиво разводилъ руками и закрывалъ глаза.

— Тутъ ничего нельзя подѣлать, потому что весь общественный организмъ зараженъ и болѣзнь приняла скрытую форму. Мы ищемъ только отдѣльныхъ виновниковъ, а это есть большая ошибка и непослѣдовательность. Я уже давно все это замѣтилъ, говорилъ объ этомъ и писалъ, но надо мной только много смѣялись. "Старый Гаузеръ хочетъ быть оригинальнымъ"... "Старый Гаузеръ сошелъ съ ума". Хе-хе-хе! А развѣ я виноватъ, что понимаю больше другихъ? Вотъ и сейчасъ я опять правъ, и мнѣ жаль миссъ Гудъ, которая была большая женщина.

Оказалось, что докторъ тоже былъ "третьимъ поломъ" и провелъ жизнь холостякомъ. А между тѣмъ его завѣтной мечтой было имѣть семью и маленькихъ Гаузеровъ. Но что дѣлать — когда былъ молодъ, приходилось много работать, чтобы "обставить себя", а когда вся обстановка получилась — докторъ Гаузеръ состарился.

— Конечно, я могъ жениться и въ этомъ возрастѣ, — точно оправдывался старикъ: — но я уже потерялъ аппетитъ къ семейной жизни, а затѣмъ принципіально долженъ былъ воздержаться, потому что дѣти отъ отцовъ такого возраста бываютъ склонны къ самоубійству... Да, у каждаго жизнь складывается по своему, и старый Гаузеръ остался одинокимъ.

Анита вытащила старый альбомъ миссъ Гудъ, гдѣ хранилась ея фотографія, когда она была молодой. Докторъ долго и съ особеннымъ вниманіемъ разсматривалъ ее, а когда Анита ушла, проговорилъ со вздохомъ:

— Представьте себѣ... да... если память мнѣ не измѣняетъ... Нѣтъ, именно это та самая дѣвушка, которую я лѣчилъ и... и... гмъ... если я не ошибаюсь, я былъ ей увлеченъ... да, да... Вотъ встрѣча!

Потомъ на старика напало сомнѣніе, дѣйствительно ли это была та самая дѣвушка, въ которую онъ былъ влюбленъ. Вѣдь это было такъ давно... Когда мертвая миссъ Гудъ была положена на столъ, докторъ Гаузеръ вошелъ въ комнату посмотрѣть на нее и отшатнулся. Да, это была она. Въ этомъ не могло быть никакого сомнѣнія. Послѣ смерти нѣкоторое время, особенно у женщинъ, лицо точно молодѣетъ.

— Боже мой, это она...— шепталъ старикъ въ ужасѣ, хватаясь за голову.— И я ее не узналъ... Пора старому Гаузеру умирать.

Бѣдная Анита еще въ первый разъ видѣла покойника и точно вся застыла. Мать она плохо помнила. Ей все казалось, что это неправда, что вотъ — вотъ миссъ Гудъ поднимется и сдѣлаетъ всѣмъ строгій выговоръ. Отецъ былъ особенно вниматаленъ къ ней и, видимо, слѣдилъ за ея настроеніемъ. При постороннихъ Анита старалась не плакать, а убѣгала въ дѣтскую, гдѣ всякая мелочь напоминала ей миссъ Гудъ. Дѣвочка плакала не столько о самой миссъ Гудъ, сколько о томъ, что постоянно ее огорчала своимъ поведеніемъ. Теперь ей казалось, что даже неодушевленные предметы являются для нея нѣмымъ упрекомъ — любимое кресло, на которомъ всегда сидѣла миссъ Гудъ, ея рабочій столикъ, полочка съ любимыми англійскими авторами, ея чайная чашка, вывезенная еще изъ Англіи. Да, эти вещи еще жили, напоминая всѣ привычки своей хозяйки.

Сейчасъ послѣ смерти миссъ Гудъ хозяйство поступило въ полное распоряженіе человѣка Андрея, который, какъ оказалось, рѣшительно все зналъ и все умѣлъ предусмотрѣть. Онъ же заказывалъ и трауръ Анитѣ, и гробъ для покойницы, и всѣ подробности похоронъ. Человѣкъ Андрей рѣшилъ, между прочимъ, капитальный вопросъ о томъ, по какому обряду хоронить "старую барышню". Конечно, по православному, потому какъ миссъ Гудъ очень одобряла русскіе похороны, а на послѣдней недѣлѣ поста ходила въ русскую церковь. Однимъ словомъ, все нужно было устроить честь-честью, потому что покойница хотя и была строгонька, а ужъ, сдѣлайте милость, человѣкъ правильный! Дай Богъ всякому такъ-то прожить.

— Ахъ, дѣлай, какъ знаешь!— говорилъ Бургардтъ, когда человѣкъ Андрей приставалъ къ нему съ разными пустяками.— Не все ли равно, какъ и что устроимъ...

— Нѣтъ, ужъ вы извините, баринъ. Все, чтобы въ полномъ аккуратѣ... Не такой былъ человѣкъ, чтобы безпорядокъ.

— Хорошо, хорошо. Если, что нужно — спрашивай Аниту. Она теперь осталась хозяйкой въ домѣ...

— Ужъ это извѣстно...

Покойница была поставлена въ гостиной, и Бургардтъ очень удивился, когда увидѣлъ около гроба Гаврюшу, читавшаго псалтырь. Послѣ исторіи въ Павловскѣ Бургардтъ его не видалъ и даже забылъ обо всемъ. Гаврюша читалъ ровно и спокойно, крестился широкимъ настоящимъ крестомъ и походилъ на молодого послушника. Бургардту показалось, что даже въ самой фигурѣ Гаврюши есть какое-то скрытое духовное смиреніе.

Всѣ эти дни Гаврюша гдѣ-то прятался, и Бургардтъ совершенно забылъ о немъ. Сейчасъ выплыла наружу нея павловская глупая исторія, но Бургардтъ посмотрѣлъ на своего ученика совершенно другими глазами. Конечно, онъ былъ виноватъ, это вѣрно, но съ другой стороны его и обвинять было нельзя. У молодости есть свои права. Сейчасъ читающій псалтырь Гаврюша для Бургардта являлся живой совѣстью. Да, это онъ, Бургардтъ, виноватъ, что поставилъ молодого человѣка въ глупое положеніе. И голыя мраморныя женщины имѣютъ свою жизнь, а Гаврюша былъ живой человѣкъ. Бургардту съ особенной отчетливостью рисовалась его собственная жизнь, полная такихъ вопіющихъ противорѣчій и несообразностей. Бѣдный юноша, какъ созрѣвшее зерно, попалъ между вертящимися жерновами. Мысль о своей конченности, заглохшая на время, опять поднялась въ душѣ Бургардта, хотя онъ и смотрѣлъ сейчасъ на нее уже съ другой точки зрѣнія. Да, это было другое и не менѣе тяжелое. Смерть миссъ Гудъ являлась какой-то роковой поправкой, дававшей новое теченіе мыслямъ Бургардта. Онъ припомнилъ свои споры съ Шипидинымъ и мысленно согласился съ нимъ. Искусство было такъ далеко отъ дѣйствительности, выбирая только кричащіе моменты, рельефныя положенія и вызывающія позы. Вѣдь вся жизнь — трагедія. Даже вотъ этотъ Гаврюша, который сейчасъ читаетъ псалтырь — тоже трагедія. И все трагедія, трагедія мелочей, недосказанныхъ подробностей, подавленныхъ страданій и непроявившихся чувствъ. Гдѣ отвѣтъ? Куда идти? Для чего жить и работать?

Вслушиваясь въ чтеніе Гаврюши, Бургардтъ невольно началъ вникать въ смыслъ великой книги. Отдѣльныя фразы и выраженія такъ рельефно отвѣчали его собственному настроенію. Боже мой, вѣдь это болитъ его собственная душа, болитъ и мучается такими хорошими покаянными словами... А тутъ еще безмолствующая миссъ Гудъ, которая точно слушала эти слова скорби и душевнаго умиленія.

Въ одинъ изъ перерывовъ Гаврюша подошелъ къ Бургардту и проговорилъ:

— Вы на меня сердитесь, Егоръ Захаровичъ?

— Лично вы меня не обидѣли, Гарвюша, да сейчасъ и не мѣсто и не время говорить о нѣкоторыхъ вещахъ, — отвѣтилъ Бургардтъ, удивляясь собственной сухости.

112

Очевидно, Гаврюша ожидалъ какой нибудь вспышки и былъ доволенъ, что отдѣлался такъ дешево, хотя ему было бы легче, если бы Бургардтъ вспылилъ и "отчиталъ" его. Потомъ вся настоящая обстановка располагала къ покаянному настроенію.

Въ жизни трагедіи и комедіи идутъ рука объ руку, какъ мракъ и свѣтъ. Пріѣхалъ старикъ Гаузеръ, хотя ему, какъ врачу, рѣшительно нечего было дѣлать у покойника. Онъ и явился такимъ смущеннымъ, почти виноватымъ и даже совралъ, что заѣхалъ по пути, ссылаясь на какую-то консультацію. Бургардтъ былъ радъ его видѣть и расцѣловалъ милаго добраго джентльмэна, что вышло ужъ совсѣмъ не корректно.

— Да, да, я понимаю...— бормоталъ смущенно Гаузеръ, поправляя очки.— Я не виноватъ, что другіе не понимаютъ.

Старикъ держалъ себя своимъ человѣкомъ въ домѣ, принималъ живое участіе во всѣхъ хлопотахъ, старался развлечь Аниту и даже бѣгалъ въ переднюю отворять дверь, когда человѣка Андрея не было дома. Разъ, именно въ одну изъ такихъ критическихъ минутъ, Гаузеръ выбѣжалъ на рѣзкій звонокъ въ переднюю, разсердившись по дорогѣ на негодяя, который такъ громко звонитъ, когда въ домѣ покойница, и, отворивъ дверь, встрѣтился лицомъ къ лицу съ Сахановымъ. Они смѣряли другъ друга вызывающими взглядами, и Гаузеру показалось, что дерзкій гость принимаетъ его за новаго лакея. На послѣднемъ основаніи онъ, когда Сахановъ хотѣлъ снять верхнее пальто, спросилъ его довольно рѣзко:

— Вамъ что угодно, милостивый государь?

— Мнѣ? — пробормоталъ растерявшійся немного Сахановъ.— А вы кто такой будете?

— Я — докторъ Гаузеръ... А вы?

— Я — другъ дома, а по профессіи — критикъ, публицистъ и чуть-чуть ученый. Моя фамилія: Сахановъ...

— О, это совсѣмъ другое дѣло, — заговорилъ старикъ, протягивая руку:— хотя и друзья дома не должны такъ громко звонить, когда въ домѣ покойникъ...

— Я не буду больше, domine...

Слово "покойникъ" заставило Саханова отступить. Онъ страшно боялся покойниковъ и всякихъ похоронъ и еслибы зналъ, то, конечно, не пришелъ бы. Но сейчасъ отступать было поздно, особенно, когда докторъ объяснилъ, что умерла миссъ Гудъ и что Бургардтъ сейчасъ вернется. Если бы отворилъ дверь человѣкъ Андрей, а тутъ чортъ подсунулъ нѣмца, да еще дернуло отрекомендоваться другомъ дома.

— Удивляюсь, какъ его Васяткинъ прозѣвалъ, — ворчалъ Сахановъ, раздѣваясь.— Вы не знаете Васяткина? Тоже другъ дома и спеціалистъ по похоронной части... Очень милый мужчина вообще и въ частности.

Когда Бургардтъ, ѣздившій въ редакцію одной газеты напечатать извѣщеніе о смерти миссъ Гудъ, вернулся домой, онъ нашелъ у себя въ кабинетѣ Гаузера и Саханова, бесѣдовавшихъ самымъ мирнымъ образомъ, причемъ Сахановъ называлъ доктора domine и старикашкой, а докторъ хлопалъ его по колѣнкѣ и говорилъ:

— А вы мнѣ нравитесь, чортъ возьми, хотя рвать звонки и не полагается воспитанному человѣку...

— Я еще могу исправиться, domine...

Развеселившійся докторъ подмигнулъ и спросилъ:

— А признайтесь, г. публицистъ и критикъ, вы меня приняли за оффиціанта?

— О, это тайна, которая умретъ вмѣсто со мной, domine...

XXVI

Васяткинъ явился только въ самый день похоронъ, по газетному извѣщенію, и крайне былъ возмущенъ, что узналъ такую новость послѣднимъ.

— Ну, что стоило вамъ, Егоръ Захаровичъ, извѣстить меня?— накинулся онъ на Бургардта.

— Я думалъ, что вы на дачѣ, — оправдывался Бургардтъ.

— И не думалъ... Знаете, это можетъ показаться смѣшнымъ, но я считаю своимъ долгомъ хоронить всѣхъ своихъ знакомыхъ.

— Очень пріятно быть твоимъ знакомымъ, — шутилъ Сахановъ.— Того гляди, ты и насъ похоронишь...

Васяткинъ имѣлъ привычку періодически объѣзжать всѣхъ своихъ знакомыхъ и не былъ почти цѣлую недѣлю у Бургардта только потому, что не желалъ встрѣчаться съ Гаврюшей. А сейчасъ, какъ на грѣхъ, именно такой встрѣчи и нельзя было избѣгнуть. Впрочемъ, Гаврюша первый подошелъ къ нему съ извиненіями и былъ очень сконфуженъ. Васяткинъ взялъ его за бортъ пиджака и заявилъ съ своей обычной развязностью:

— Развѣ вы могли меня оскорбить чѣмъ нибудь? Вѣдь это не оскорбленіе, если меня на улицѣ укуситъ собака или лягнетъ лошадь... Наконецъ, долженъ сказать, что въ крайнемъ случаѣ я одной рукой поднимаю восемь пудовъ, и ваше счастье, что въ тотъ моментъ я былъ съ дамой...

Васяткинъ былъ страшный трусъ и совершенно безсильный физически человѣкъ, почему, вѣроятно, и любилъ хвастаться миѳическими восемью пудами.

Всего больше досталось отъ Васяткина человѣку Андрею, потому что все оказалось не такъ, какъ слѣдовало быть. И гробъ не такой, и цвѣтовъ мало, и покровъ скверный, и положена покойница не по настоящему — однимъ словомъ, вездѣ и все неладно. Взбѣшенный человѣкъ Андрей заявилъ своему барину, что онъ до сихъ поръ служилъ вѣрой и правдой, а теперь долженъ бросить службу.

— Помилуйте, баринъ, этакую мораль напустили г. Васяткинъ, точно я все на-смѣхъ дѣлалъ... Они вотъ пожаловали къ самому выносу и свой характеръ показываютъ.

— Хорошо, хорошо, мы поговоримъ потомъ, — успокоивалъ его Бургардтъ.— Теперь не до того...

Еще хуже пришлось человѣку Андрею, когда по газетному извѣщенію явились дамы въ полномъ составѣ. Онѣ сдѣлали такую ревизію каждой мелочи, что человѣкъ Андрей бросилъ шапку оземь и убѣжалъ въ портерную.

Бургардтъ былъ тронутъ вниманіемъ дамъ и особенно ему понравилось, когда заявился Бахтеревъ. У него и видъ былъ совсѣмъ похоронный, какъ у благороднаго отца изъ какой нибудь мелодрамы. Ольга Спиридоновна притащила съ собой миссъ Мортонъ, которая плакала отъ чистаго сердца. Женщины окружили покойницу, какъ рабочія пчелы. Анита тоже сдѣлалась предметомъ общаго вниманія. Ее нарядили въ плерезы, сдѣлали траурную шляпку и, вообще, устроили все прилично случаю. Въ траурѣ Анита казалась уже совсѣмъ большой.

Докторъ Гаузеръ былъ необыкновенно любезенъ съ дамами и сдѣлался общимъ любимцемъ. Въ концѣ концовъ, оказалось, что всѣ дамы больны, и, кромѣ того, докторъ нашелъ у нихъ еще цѣлый рядъ новыхъ болѣзней.

— О, я люблю женщинъ, — признавался старикъ Бургардту.— Знаете, это въ моемъ возрастѣ, можетъ быть, даже смѣшно и нелѣпо, но что подѣлаешь съ натурой... По моему въ сорокъ лѣтъ мужчина только еще начинаетъ жить, а женщина живетъ въ сорокъ лѣтъ только по привычкѣ.

Особенное вниманіе докторъ оказалъ Шурѣ и нашелъ, что и она, исключая нѣкоторой наклонности къ полнотѣ, настоящая нѣмецкая Гретхенъ.

— Вы обратили вниманіе, какъ она сидитъ? — объяснялъ онъ Бургардту.— О, это много значитъ...

Похороны прошли, какъ всѣ похороны. Было что-то неестественное въ выраженіи лицъ, въ манерѣ говорить, въ каждомъ движеніи. Лучше всѣхъ былъ, конечно, Бахтеревъ, изображавшій удрученное душевное настроеніе съ неподражаемой простотой. Оказалось, что всѣ очень любили миссъ Гудъ, и каждый старался припомнить какой-нибудь случай изъ своей жизни, связанный съ ея именемъ. Бургардту казалось, что всѣхъ искреннѣе и проще была миссъ Мортонъ. Она и плакала настоящими слезами. Когда миссъ Гудъ была жива, она умѣла оставаться какъ-то совсѣмъ незамѣтной, а теперь всѣ точно выплачивали какой-то долгъ. Очень жаль, что многіе покойники лишены возможности видѣть собственные похороны, чтобы убѣдиться въ невысказанныхъ почему-нибудь добрыхъ чувствахъ окружающихъ людей.

Анита поступила въ полное распоряженіе Гаузера, и старикъ не отходилъ отъ нея съ самой трогательной заботливостью. Онъ слѣдилъ за ней, какъ за своей паціенткой, и старался отвлечь вниманіе отъ настоящаго. Бургардту все больше и больше нравился этотъ оригинальный старикъ. Въ немъ было что-то такое непосредственное и простое, что дѣлало его своимъ. И тутъ-же рядомъ продолжались самыя обыденныя мысли, все то, что наполняетъ нашъ день. Когда шли за гробомъ на Выборгскую сторону, гдѣ католическое кладбище, Сахановъ держалъ Бургардта за руку и говорилъ:

— А вѣдь я къ вамъ заѣхалъ, Егоръ Захарычъ, по очень важному дѣлу... да. Я люблю работать лѣтомъ и написалъ на этой недѣлѣ цѣлую статью по искусству. Угадайте о чемъ?

— Ну, это трудно угадать...

— Вы правы... Статья называется такъ: "Меценатъ въ искусствѣ".

— Это о Красавинѣ?

— Нѣтъ, вообще... Я штудирую этого мецената съ древнѣйшихъ временъ, поскольку сохранились историческія данныя. Вы не подумайте, что тутъ какія нибудь личности. Нѣтъ, я пишу фактами и доказываю... да, доказываю, что меценатство — это своего рода проказа въ искусствѣ.

— Не слишкомъ-ли сильно сказано?

— Нѣтъ, въ самую мѣру... Все факты, батенька, а это краснорѣчивѣе всякихъ жалкихъ словъ. Меценатство вноситъ развратъ въ искусство, и я вполнѣ согласенъ съ тѣми мыслями, которыя были высказаны вашимъ другомъ Шипидинымъ.

116

Помните, тогда на вечерѣ у васъ, когда Красавинъ бѣжалъ?.. Да, только вы, пожалуйста, не подумайте, что я хочу написать что-нибудь непріятное именно Красавину. Боже, сохрани... Литература должна оставаться чистой отъ всякихъ личныхъ счетовъ — это мой принципъ. Мнѣ, вообще, хотѣлось бы прочитать эту статью именно вамъ... Вы можете оцѣнить ее безпристрастно и сказать свое вѣское слово.

— Хорошо. Съ удовольствіемъ послушаю... Только не сегодня и не завтра, а какъ нибудь потомъ.

Съ похоронъ Бургардтъ возвращался домой съ Анитой. Дѣвочка была серьезна, и ему сдѣлалось ее жаль. Обнявъ ее, Бургардтъ ласково проговорилъ:

— О чемъ ты думаешь?

Анита отвѣтила не вдругъ.

— Это несправедливо, папа... т. е. несправедлива вся жизнь. Почему миссъ Гудъ должна лежать въ землѣ, а другіе будутъ жить? Вѣдь это ужасно... Я много думала всѣ эти дни и ужасно жалѣла, что нѣтъ Григорія Максимыча.

— Развѣ другіе тебѣ не нравятся?

— Какъ тебѣ сказать... Мнѣ казалось все время, что они притворяются. Вѣдь имъ рѣшительно все равно, есть миссъ Гудъ или ея нѣтъ... Даже эти проводы до кладбища и участіе къ покойницѣ — это дѣлалось только для тебя. Я это понимаю...

— Какъ тебѣ сказать... да... Съ одной стороны, ты, можетъ быть, и права, но вѣдь трудно судить другихъ только по своему личному впечатлѣнію. Всегда можно ошибиться... Я думаю, что многіе пришли по искреннему желанію отдать послѣдній долгъ покойницѣ, какъ Бахтеревъ или Шура.

Вернувшись домой, Бургардтъ съ болѣзненной яркостью почувствовалъ ту пустоту, которую оставляетъ послѣ себя дорогой покойникъ. Да, миссъ Гудъ не было... И она умерла именно въ тотъ моментъ, когда особенно была нужна для формировавшейся Аниты. Старушка точно унесла съ собой изъ дома послѣднее тепло...

Бургардту было и обидно, и больно думать на эту тему. Изъ друзей никто не догадался проводить его домой. Это было немного жестоко, но вѣдь всякому до себя. Анита съ самымъ серьезнынъ видомъ принялась водворять нарушенный вездѣ порядокъ, точно исполняла послѣднія инструкціи миссъ Гудъ. И тутъ же сейчасъ начались домашнія дрязги и спеціально хозяйственныя недоразумѣнія. Горничная поссорилась съ кухаркой, человѣкъ Андрей явился пьянымъ и т. д. Не стало того махового колеса, которое приводило въ правильное движеніе весь хозяйственный механизмъ. Гаврюша заперся въ мастерской и съ какимъ-то ожесточеніемъ работалъ надъ свой копіей. Бургардту казалось, что онъ не испытывалъ настоящаго раскаянія, и къ нему лично относился не хорошо.

Кончилось тѣмъ, что Бургардтъ тоже заперся въ своемъ кабинетѣ и лежалъ на своемъ диванѣ съ открытыми глазами.

— Если бы былъ здѣсь Григорій Максимычъ...— повторялъ онъ мысленно слова Аниты.

Да, онъ не растерялся бы и зналъ бы, что нужно дѣлать. Бургардтъ отлично видѣлъ сейчасъ спокойное и сосредоточенное лицо своего друга дѣтства, точно оно являлось для него живымъ упрекомъ.

По ассоціаціи идей у Бургардта опять всплыла преслѣдовавшая его мысль о конченности, но сейчасъ она показалась ему такой ничтожной и жалкой. Неужели онъ могъ такъ думать? Предъ нимъ вставало что-то такое огромное и роковое, которое заслоняло всѣ остальныя мысли. Вѣдь нашла же миссъ Гудъ силы уйти изъ этого міра съ такимъ самообладаніемъ и достоинствомъ...

XVII

Послѣ смерти миссъ Гудъ въ квартирѣ Бургардта воцарилась самая мучительная пустота. Всѣ въ домѣ, въ каждой мелочи домашняго обихода, чувствовали, что чего-то не достаетъ, какъ въ часахъ, гдѣ сломалась пружина, приводившая въ движеніе весь часовой механизмъ. Человѣку Андрею въ свое время доставалось отъ старой миссъ Гудъ не мало, и онъ отъ души ее ненавидѣлъ, но сейчасъ, при каждомъ удобномъ случаѣ, говорилъ:

— Ужъ что тутъ говорить: какая жисть безъ нашей старой барышни. Другой такой-то и не нажить... Какъ за каменной стѣной всѣ жили. Она только для видимости строгость на себя напущала, потому какъ въ дому долженъ быть порядокъ, а сама была добрая... Черезъ число даже добрая.

Бургардтъ въ первое время послѣ похоронъ думалъ куда нибудь уѣхать, чтобы немного разсѣяться и развлечь скучавшую Аниту. Но этотъ планъ оказался пока неосуществимымъ, потому что приходилось ждать миссъ Гудъ номеръ второй. Положимъ, Анита уже большая дѣвочка, но путешествовать вдвоемъ было какъ-то неудобно. Не вездѣ можно найти номеръ въ двѣ комнаты, а оставить въ номерѣ дѣвочку одну было неловко. Вообще, выступилъ цѣлый рядъ совершенно новыхъ заботъ, о существованіи которыхъ при миссъ Гудъ онъ и не подозрѣвалъ. На первый планъ выступилъ, напримѣръ, вопросъ спеціально о женскомъ обществѣ для Аниты, и Бургардту пришлось забраковать всѣхъ своихъ знакомыхъ дамъ. При миссъ Гудъ Анита могла съ ними встрѣчаться время отъ времени, а безъ нея получалась совершенно другая картина. Вѣдь всякое общество накладываетъ на своихъ членовъ извѣстную печать, и Бургардтъ меньше всего желалъ, чтобы его дочь походила на Ольгу Спиридоновну, на Шуру или на миссъ Мортонъ. Послѣднее женское имя особенно его огорчало. Вѣдь онъ почти любилъ эту дѣвушку-загадку, вѣрилъ въ нее, самъ возрождался въ ея нетронутой молодости, и, все таки, его коробило при одной мысли, что Анита будетъ проводить свое время въ обществѣ миссъ Мортонъ. Единственнымъ исключеніемъ являлась Марина Игнатьевна, на которую можно было вполнѣ положиться, но именно въ этомъ пунктѣ Анита проявила самое отчаянное сопротивленіе. Оказалось — чего Бургардтъ совершенно не замѣчалъ раньше,— что Анита ненавидитъ Марину Игнатьевну и не хотѣла ничего слышать. Сначала Бургардтъ серьезно этимъ возмущался и пробовалъ переубѣдить Аниту, но это ни къ чему не повело, или, вѣрнѣе, привело какъ разъ къ обратнымъ результатамъ. Анита окончательно не желала видѣть Марины Игнатьевны и даже запиралась у себя въ комнатѣ, когда та пріѣзжала. Марина Игнатьевна женскимъ чутьемъ поняла, въ чемъ дѣло, и объяснила, въ чемъ дѣло.

— Это, мой другъ, наша женская ревность,— говорила она съ какой-то больной улыбкой.— Бѣдняжка сильно меня подозрѣваетъ и совершенно напрасно. Да... Она стережетъ свое гнѣздо, какъ настоящая, хотя и маленькая женщина.

Изъ знакомыхъ рѣдко кто заглядывалъ теперь къ Бургардту. Точно всѣ сговорились, и Бургардту начинало казаться, что это не спроста. Вѣдь всѣ крысы уходятъ съ корабля, который далъ течь... Оставался неизмѣннымъ одинъ старикъ Гаузеръ, который бывалъ чуть не каждый день и иногда оставался ночевать. Онъ какъ-то особенно близко сошелся съ Анитой и проводилъ съ ней цѣлые часы.

— Онъ, кажется, все на свѣтѣ знаетъ,— удивлялась Анита.— И такой, папа, интересный...

119

Когда Аниты не было дома, Гаузеръ уходилъ въ столовую, вынималъ карты и по цѣлымъ часамъ раскладывалъ какой-то необыкновенный старинный пасьянсъ: "Веселый монахъ". Старикъ вмѣшивался во всѣ дѣла Аниты, даже по хозяйству и ходилъ въ кухню присмотрѣть, такъ ли готовятъ обѣдъ, какъ было заказано. Ему же принадлежала честь примиренія горничной и кухарки, которыя чуть не бросили мѣсто, чтобы насолить одна другой. Но всего интереснѣе Гаузеръ относился къ человѣку Андрею, котораго возненавидѣлъ съ перваго момента своего появленія въ квартирѣ Бургардта. Человѣкъ Андрей платилъ ему той же монетой и ворчалъ про себя:

— Вотъ чортушко навязался... Уморилъ старую барышню, а потомъ и насъ всѣхъ переморитъ.

— Ты что это тамъ ворчишь?—строго замѣчалъ ему докторъ, сдвигая брови.— Ты не забывай, мой милый, что если бы не другой докторъ Гаузеръ, который устроилъ противъ меня самую гнусную интригу, то я давно былъ бы дѣйствительнымъ статскимъ совѣтникомъ, а теперь просто статскій совѣтникъ Гаузеръ... Понимаешь? Но мой врагъ, дѣйствительный статскій совѣтникъ Гаузеръ, который не хотѣлъ, чтобы были два дѣйствительныхъ статскихъ совѣтника Гаузера, — получилъ уже давно смерть, а я еще живъ и полагаю, что живой статскій совѣтникъ Гаузоръ все таки лучше мертваго дѣйствительнаго статскаго совѣтника Гаузера. Понимаешь?

— Очень превосходно понимаю, ваше превосходительство...

— И я тебя насквозь вижу и все понимаю,— неожиданно прибавлялъ Гаузеръ и даже грозилъ пальцемъ лѣнивому и лукавому рабу.— Ты меня никогда не можешь обманывать...

Человѣкъ Андрей отводилъ душу въ кухнѣ, гдѣ читалъ что-то вродѣ лекціи о генералахъ, кухаркѣ и горничной.

— Тоже, генералъ выискался, подумаешь!.. "Я", "я" — а самъ просто нѣмецкая кочерыжка. Такими генералами заборъ подпирай... Вотъ былъ настоящій генералъ Шипидинъ. Вся повадка генеральская. И разорился по генеральски, потому что больше всего уважалъ клубнику.

Бургардтъ отъ души полюбилъ стараго доктора, съ которымъ отводилъ душу въ безконечныхъ спорахъ. Какъ истинный нѣмецъ, Гаузеръ любилъ искусство, хотя признавалъ его существованіе только въ предѣлахъ Германіи. Исключеніе дѣлалось только для нѣкоторыхъ старыхъ итальянскихъ мастеровъ и антиковъ. Къ русскому искусству, какъ и къ русской наукѣ, старикъ относился презрительно и только пожималъ плечами.

— Русское искусство?!..—возмущался онъ.— Великое искусство — продуктъ долгой и послѣдовательной культуры, а гдѣ ваша русская культура? Все, что сдѣлано въ Россіи за послѣдніе два вѣка, сдѣлано исключительно нѣмцами. Даже вашъ знаменитый царь Петръ сдѣланъ Петромъ нѣмцами... Это смѣшно говорить: искусство да еще русское... Развѣ можетъ быть національное искусство въ совершенно дикой странѣ? Такъ называемые русскіе художники только донашиваютъ уже отжившія формы и школы европейскаго искусства, какъ донашивали прежде фижмы, парики и шпицрутены.

Докторъ Гаузеръ былъ твердъ въ своихъ положеніяхъ, и для него все было ясно. Докторская голова походила на аптеку, гдѣ въ самомъ строгомъ порядкѣ по коробкамъ, ящикамъ, ящичкамъ, банкамъ и стклянкамъ были размѣщены всевозможныя средства. На каждый вопросъ отвѣтъ уже былъ заготовленъ впередъ, стоило только протянуть руку. Развѣ это не ясно: das Schöne — прекрасное, das Hässliche — безобразное, das Komische — комическое, das Erhabene — возвышенное. Вся суть въ pas Schöne, которое является тождествомъ идеи и образа, переходя три стадіи — das Schöne въ натурѣ, das Schöne въ фантазіи и das Schöne въ образѣ (das Bild). Развѣ можно тутъ о чемъ нибудь спорить или сомнѣваться? Всѣ эти термины въ нѣмецкой головѣ доктора Гаузера напоминали тѣхъ высохшихъ бабочекъ и жуковъ, которые сохраняются приколотыми на булавкахъ въ витринахъ какого нибудь музея цѣлыми столѣтіями, пока ихъ не съѣстъ какая нибудь благодѣтельница моль. Лукаво подмигивая, докторъ говорилъ Бургардту:

— О, старые умные нѣмцы все понимали, и докторъ Гаузеръ тоже все понимаетъ... Развѣ нынче есть искусство? Я читаю иногда русскія газеты для курьеза и что вижу: въ живописи — импрессіонисты, въ поэзіи — декаденты, въ наукѣ — марксисты, а въ философіи... да, даже въ философіи!— Шопенгауэръ, Гартманъ, Ницше. Скоро старый Гаузеръ не будетъ ничего понимать.

— Видите ли, дорогой докторъ, всѣ эти новыя теченія въ искусствѣ, литературѣ и наукѣ доказываютъ только то, что и мы живемъ одной жизнью съ Западомъ вг даже болѣемъ его послѣдними, самыми модными болѣзнями...

— Да, да. Это ваша русская басня о Тришкиномъ кафтанѣ.

Докторъ любилъ сидѣть въ мастерской и наблюдать, какъ работаетъ Бургардтъ, который время отъ времени пробовалъ что нибудь закончить изъ начатыхъ работъ Особенно его мучилъ бюстъ Ольги Спиридоновны, являвшійся какимъ-то живымъ упрекомъ его художественной конченности. Ему иногда казалось, что онъ какъ будто нападалъ на счастливую разгадку и лихорадочно принимался за работу, но возбужденіе быстро падало, и Бургардтъ погружался въ свои унылыя мысли. Гаузеръ высиживалъ въ мастерской цѣлые часы и по старческой болтливости задавалъ цѣлый рядъ вопросовъ, касавшихся главнымъ образомъ художественной техники. Но среди этихъ вопросовъ попадались такіе, которые невольно смущали Бургардта, точно докторъ задавалъ ему осторожный докторскій экзаменъ, запутывая основную мысль разными пустяками.

— Неужели онъ догадывается?— въ ужасѣ думалъ Бургардтъ, чувствуя, какъ начинаетъ весь холодѣть.— Старикъ наблюдательный и не можетъ не видѣть...

Разъ, въ минуту такого возбужденнаго состоянія, Бургардтъ неожиданно для самого себя въ упоръ спросилъ:

— Послушайте, докторъ, говоря между нами, вы, вѣдь, не считаете меня художникомъ?

— Я?!..— обиженно удивился старикъ и, пожевавъ губами, отвѣтилъ уже съ улыбкой.— Какъ я смотрю на васъ? О, это меня самого начинаетъ весьма интересовать... да. Вотъ вы считаете себя русскимъ художникомъ, а между тѣмъ... хе-хе!..

— Вы хотите сказать, что я нѣмецъ? Вы ошибаетесь, милый докторъ... У меня отъ всего нѣмецкаго осталась одна фамилія.

— И все-таки... О, я весьма васъ понимаю, я все понимаю. Вы имѣете свое самолюбіе, и я тоже имѣю свое самолюбіе, и каждый имѣетъ свое самолюбіе. Вы ѣли русскій хлѣбъ и поэтому считаете себя русскимъ. О, я весьма понимаю... Но нѣмецкая кровь сказывается. Повѣрьте мнѣ, какъ старому врачу и вашему другу. Только одни нѣмцы могутъ быть истинными художниками, и вы никого не обманете.

Это оригинальное объясненіе успокоило Бургардта, хотя онъ и не совсѣмъ довѣрялъ хитрому "старикашкѣ", какъ называла доктора Анита. Въ свою очередь Бургардтъ время отъ времени наводилъ разговоръ на тему о глухонѣмыхъ. Гаузеръ, какъ оказалось, былъ въ курсѣ дѣла и сообщилъ много интереснаго и новаго, чего Бургардтъ не зналъ.

— У нихъ умственное развитіе пріостанавливается на извѣстной стадіи, — объяснялъ докторъ.— И получается въ сущности необъяснимая странность, на которую наука еще не обратила достаточнаго вниманія. Именно, слѣпые гораздо развитѣе глухонѣмыхъ, хотя должно было быть какъ разъ наоборотъ. Въ самомъ дѣлѣ, наша внутренняя жизнь складывается изъ внѣшнихъ впечатлѣній, а главнымъ проводникомъ этихъ впечатлѣній служитъ нашъ глазъ. И Христосъ сказалъ: свѣтильникъ тѣлу есть око. Да... А между тѣмъ, слѣпые стоятъ выше по умственному и нравственному развитію. Невольно припоминаются забытыя слова Аристотеля, что въ отношеніи всѣхъ чувствъ человѣкъ остается позади многихъ животныхъ, но осязаніе у него острѣе, чѣмъ у другихъ, поэтому онъ и умнѣйшее изъ животныхъ.

— Но, вѣдь, глухіе могутъ читать, а слѣпые лишены этого?

— Вотъ здѣсь-то и штука... Da ist der Hund begraben. Наука довольствуется только фактомъ, что у глухонѣмыхъ существуетъ преобладаніе животныхъ инстинктовъ.

XVIII

Докторъ Гаузеръ пріѣхалъ къ завтраку, но завтракъ еще не былъ готовъ. Анита проспала, а прислуга безъ барышни ничего рѣшительнаго не предпринимала. Бургардтъ работалъ у себя въ мастерской и былъ не въ духѣ, что докторъ замѣтилъ сразу. Докторъ посидѣлъ въ мастерской, а потомъ незамѣтно ушелъ въ столовую, гдѣ и принялся за свой любимый пасьянсъ. Сегодня выдался какой-то день неудачъ, и даже "Веселый монахъ" не желалъ выходить. Докторъ Гаузеръ только хотѣлъ разсердиться, какъ въ столовую вошелъ человѣкъ Андрей и заявилъ, что его спрашиваетъ какая-то барышня.

— Меня?!..— разсердился старикъ.— Кто меня можетъ спрашивать здѣсь?

— Не могу знать, ваше превосходительство...

Доктору Гаузеру показалось, что человѣкъ Андрей хочетъ надъ нимъ подшутить и, поднявъ брови, строго проговорилъ:

— Пригласи ее въ гостиную...

— Слушаю-съ, ваше превосходительство.

Когда докторъ вышелъ въ гостиную, сдѣлавъ строгое и недовольное лицо, онъ невольно попятился. Въ дверяхъ стояла она, да, та самая миссъ Гудъ, въ которую онъ былъ влюбленъ тридцать лѣтъ тому назадъ. Это явленіе до того его ошеломило, что старикъ, не сказавъ ни одного слова съ призракомъ, бросился къ Анитѣ.

— Тамъ... она... — бормоталъ онъ растерянно, чувствуя,

какъ у него идутъ мурашки по спинѣ.— Боже мой, что это такое? Идите скорѣе, Анита... Она тамъ.

Анита сразу узнала въ гостьѣ племянницу миссъ Гудъ, которую ожидала съ особеннымъ нетерпѣніемъ. Англичанка тоже была рада, главнымъ образомъ, тому, что могла, наконецъ, говорить на своемъ родномъ языкѣ. Это была темноволосая дѣвушка съ типичнымъ строгимъ лицомъ, красивая, но уже вступившая въ свой критическій возрастъ. Одѣта она была въ сѣрый дорожный костюмъ, причемъ изъ подъ короткой юбки выставлялись некрасивыя и плоскія англійскія ноги. Круглая соломенная шляпа довершала костюмъ. Анита побѣжала къ отцу и, задыхаясь отъ смѣха, разсказала, какъ перепугался старикашка-докторъ. Дѣвочка никакъ не могла понять, въ чемъ дѣло, и Бургардту пришлось объяснять.

— Онъ зналъ миссъ Гудъ еще молодой, и, вѣроятно, покойная миссъ Гудъ страшно походила на свою племянницу.

— Ахъ, какъ я рада, папа! Вылитая миссъ Гудъ...

Человѣкъ Андрей посмотрѣлъ на гостью съ своей точки зрѣнія, именно, по части дорожныхъ вещей. Немного привезла съ собой новая барышня, какъ онъ окрестилъ гостью, — всего-то одинъ дорожный сундучишко, подушечка въ плэдѣ — и все тутъ.

— Церемонія небольшая, — соображалъ старикъ, водворяя вещи новой барышни въ комнатѣ Аниты.— Только, видно, и всего, что на себѣ... Голенькая пріѣхала, какъ облупленное яичко.

Горничная вполнѣ раздѣляла это мнѣніе и впередъ возненавидѣла новую барышню, которая, хоть и голая пріѣхала, а небось, сейчасъ же примется заводить свои порядки.

Бургардту очень понравилась новая миссъ Гудъ, типичная spinster, какой въ свое время была и покойная миссъ Гудъ. Онъ сказалъ съ ней нѣсколько англійскихъ фразъ, а дальнѣйшій разговоръ шелъ уже при помощи Аниты. Миссъ Гудъ изъ писемъ своей тетки знала, что Бургардтъ знаменитый русскій художникъ и отнеслась къ нему съ тѣмъ особеннымъ почтеніемъ, которое русской публикѣ неизвѣстно. Она смотрѣла на него такими покорными глазами, какъ на какое-то высшее существо. Затѣмъ, она знала, что это чрезвычайно добрый человѣкъ и настоящій джентльмэнъ, хотя и съ присущими всѣмъ русскимъ джентльмэнамъ недостатками. Къ доктору Гаузеру она отнеслась довольно равнодушно, такъ какъ онъ не былъ ей извѣстенъ по письмамъ.

Завтракъ прошелъ очень оживленно. Даже вышелъ дичившійся въ послѣднее время Гаврюша. Новая миссъ Гудъ только покосилась на его пиджакъ со слѣдами скульптурной глины. Растерявшійся въ первый моментъ докторъ теперь точно старался выкупить свое малодушіе и былъ особенно милъ. Онъ когда-то немного говорилъ по англійски и теперь пресмѣшно коверкалъ англійскія слова. Бургардту было немного странно видѣть за столомъ на мѣстѣ бывшей миссъ Гудъ новую миссъ Гудъ, и онъ невольно подумалъ французской фразой: le roi est mort — vive le roi!.. Анита такъ и впилась въ свою новую руководительницу и даже обнюхивала ее, какъ дѣлаютъ комнатныя собачонки, когда входитъ незнакомый имъ человѣкъ. Ей очень понравилась новая гувернантка, къ которой она отнеслась, какъ къ подругѣ, а не какъ къ начальству.

— Знаете, все это мнѣ даетъ на нервы, — нѣсколько разъ повторялъ Гаузеръ, обращаясь къ Бургардту.— Удивительно странный случай... Ну, какъ живая!..

— Да, удивительно, — соглашался Бургардтъ.— Совсѣмъ живая!..

Анита слышала этотъ разговоръ и старалась не расхохотаться. Она поняла, что старикашка Гаузеръ былъ влюбленъ въ миссъ Гудъ только теперь и смотрѣла на отца улыбающимися счастливыми глазами.

А Бургардтъ былъ такъ далекъ отъ всего происходившаго. Работая давеча въ своей мастерской, онъ сдѣлалъ взволновавшее его открытіе, именно, что Гаврюша его ненавидитъ и ненавидитъ спеціально профессіональной ненавистью. Раньше онъ смотрѣлъ на него только какъ на ученика, а теперь ему приходилось съ нимъ считаться. Бургардтъ боялся сказать самому себѣ послѣднее слово, именно, что Гаврюша оказался пустышкой въ художественномъ смыслѣ. Изъ талантливаго мальчика рѣшительно ничего не вышло, кромѣ плохого копіиста. Въ послѣднемъ онъ винитъ одного себя, какъ неспособнаго учителя, не могшаго и не умѣвшаго вдохнуть душу живу. Не смотря на всю старательность, у Гаврюши ничего не выходило, кромѣ разроставшагося болѣзненнаго самолюбія и какой-то жажды отыскивать въ другихъ одни недостатки. Въ послѣднемъ отношеніи онъ сдѣлалъ .большіе успѣхи и слушалъ Саханова, какъ оракула. У Гаврюши были уже свои собственныя мысли, и Бургардтъ чувствовалъ, что онъ и къ нему начинаетъ относиться критически, что ему въ его теперешнемъ настроеніи было особенно больно.

Сидя за завтракомъ, Бургардтъ припоминалъ нѣкоторые вопросы, которые ему дѣлалъ Гаврюша сегодня въ мастерской, и ему казалось, что всѣ эти вопросы имѣли одинъ наводящій смыслъ — Гаврюша догадывался раньше другихъ о его конченности. Да, именно, такъ... Потомъ Бургардтъ припоминалъ являвшееся у него жуткое ощущеніе, какое испытывается нервными людьми, когда ихъ упорно наблюдаютъ. О! раньше Гаврюша слѣдилъ за его работой, но то было совсѣмъ другое.

— Я, кажется, дѣлаюсь подозрительнымъ, — думалъ Бургардтъ, наблюдая, какъ Гаврюша ѣстъ свой бифштексъ.

Онъ старался не думать о Гаврюшѣ, но всѣ его мысли сводились именно къ нему. Да, за что можетъ этотъ мальчикъ ненавидѣть его? Вѣдь онъ ничего дурного не сдѣлалъ ему, а напротивъ — старался, какъ умѣлъ, вывести его на настоящую трудовую дорогу.

Докторъ Гаузеръ, напротивъ, былъ въ самомъ лучшемъ настроеніи и даже прочелъ какіе-то нѣмецкіе стихи, вѣроятно очень сантиментальные. Миссъ Гудъ осталась въ самомъ трогательномъ невѣдѣніи относительно ихъ содержанія, какъ Анита ни старалась перенести эти стихи по англійски. Дѣвочка едва дождалась конца завтрака, чтобы завладѣть окончательно новой гувернанткой и сейчасъ же утащила ее въ свою комнату. Докторъ и Бургардтъ остались въ столовой вдвоемъ.

— Славная дѣвушка...— говорилъ докторъ, раскуривая свою трубку.

— Сейчасъ трудно сказать что нибудь опредѣленное, докторъ, — почему-то возражалъ ему Бургардтъ.

— Нѣтъ, славная... Она не можетъ не быть славной. О, я все поникаю... Если бы была такая сила, которая дала возможность снять съ плечъ лѣтъ тридцать... да... О, тогда Гаузеръ былъ бы совсѣмъ молодой и поступилъ бы совсѣмъ по молодому!..

— Что же, вы хотите меня лишить гувернантки? Это не благородно, чтобы не сказать больше...

— Нѣтъ, не то... Мнѣ давеча было весьма жаль самого себя, потому что я могъ бы устроить весьма иначе.

— Это ничего не значитъ, докторъ. Гете, кажется, женился семидесяти лѣтъ.

— Да, то былъ Гете... Онъ совмѣщалъ въ себѣ весь міръ. Да, великій Гете...

Миссъ Гудъ точно унесла съ собой хорошее настроеніе доктора, и онъ сдѣлался опять грустнымъ. Бургардту отъ души было жаль хорошаго старика.

— А какъ я давеча испугался..— разсказывалъ докторъ.— Выхожу, а она стоитъ въ дверяхъ. Да, та она, которую я зналъ тридцать лѣтъ тому назадъ...

— Извините нескромный вопросъ: у васъ тогда было что нибудь серьезное?

— О, нѣтъ... Миссъ Гудъ была не такая дѣвушка. Но мы смотрѣли другъ на друга, много смотрѣли, и я чувствовалъ себя совсѣмъ бѣднымъ молодымъ человѣкомъ, который не имѣетъ права такъ долго смотрѣть на красивую молодую дѣвушку...

XIX

Бургардту страстно хотѣлось уѣхать изъ Петербурга съ Анитой куда нибудь подальше, но когда пріѣхала новая миссъ Гудъ — это желаніе какъ-то отпало. Началось съ того, что миссъ Гудъ должна была отдохнуть послѣ дороги, потомъ Анита непремѣнно захотѣла показать ей острова, Петергофъ, Стрѣльну, Павловскъ. Миссъ Гудъ пришла въ восторгъ главнымъ образомъ отъ Невы, такой холодной, быстрой и глубокой.

— Это просто какая-то сказочная рѣка, — удивлялась она.— Я не ожидала ничего подобнаго... И вообще, Петербургъ — удивительный городъ. Я не могу понять, зачѣмъ лѣтомъ уѣзжать изъ него на дачи.

Только разъ впечатлѣніе отъ Петербурга было для миссъ Гудъ омрачено. Она съ Анитой ѣздила на Елагинъ, чтобы посмотрѣть со стрѣлки на закатъ солнца, и здѣсь встрѣтила Шуру и миссъ Мортонъ, которыя ѣхали въ одной колясќѣ. Анита имѣла неосторожность раскланяться съ ними и потомъ должна была объяснить миссъ Гудъ, что это за дамы. Она еще не успѣла докончить свою характеристику, какъ уже поняла непоправимую ошибку. Лицо миссъ Гудъ точно окаменѣло, и она не отвѣтила Анитѣ ни однимъ звукомъ.

— Вѣдь папа — художникъ, и у него бываютъ всѣ, — старалась выпутаться Анита.— Шура была его натурщицей "для всего"... Есть натурщицы только для головы или для рукъ, потомъ натурщицы въ костюмахъ. Миссъ Гудъ очень ее любила и миссъ Мортонъ тоже...

Миссъ Гудъ продолжала сохранять свое замороженное состояніе, въ какомъ вернулась и домой. Она раньше не

127

рѣшалась войти въ мастерскую, а тутъ сама попросила Аниту показать ей работы отца. Бургардта и Гаврюши не было дома, и миссъ Гудъ долго и внимательно разсматривала барельефы и статуи, точно дѣлала имъ экзаменъ. Она узнала Шуру въ Маринѣ и особенно долго разсматривала ее.

— А гдѣ же другая?— спросила она, не находя миссъ Мортонъ.

— Она не натурщица, а просто знакомая...

Мастерская произвела на миссъ Гудъ довольно грустное впечатлѣніе, и у нея явилась даже мысль вернуться въ свою добрую старую Англію. Что она могла ожидать здѣсь, въ этомъ царствѣ голыхъ мраморныхъ женщинъ? Но старая миссъ Гудъ переносила все это, значитъ, нужно оставаться на своемъ посту. Это былъ критическій моментъ въ жизни миссъ Гудъ, и она даже краснѣла при одной мысли, что Бургардтъ могъ смотрѣть на нее сквозь платье. Вѣдь для этихъ художниковъ существуетъ только одно тѣло... Съ другой стороны, ей въ первый разъ сдѣлалось жаль Аниту, и она поняла, почему покойная тетка оставалась на своемъ посту до самой смерти.

Въ нѣсколько дней миссъ Гудъ совершенно освоилась въ новой обстановкѣ и внесла новую струю въ жизнь дома. Она по англійски не обращала никакого вниманія на прислугу и только требовала строгаго исполненія обязанностей. Въ ея англійскихъ глазахъ это были не люди, а живыя машины. Развѣ можно сердиться на машину или разговаривать съ ней? Человѣкъ Андрей сразу понялъ англійскую политику новой барышни и пожаловался барину.

— Что же это такое, баринъ? Этакъ и житья не будетъ. Все молчитъ новая барышня и за людей насъ не считаетъ..

— Она просто не умѣетъ говорить по русски, — объяснялъ Бургардтъ.

Послѣднему человѣкъ Андрей никакъ не могъ повѣрить, тѣмъ болѣе, что старая барышня тоже была англичанка, а между тѣмъ говорила и даже очень обидно иногда говорила. Анита тоже не понимала въ этомъ отношеніи новой гувернантки. Она была на сторонѣ прислуги, хотя и ссорилась съ ней въ качествѣ отвѣтственной хозяйки.

— Эти англичане, папа, страшные эгоисты, — жаловалась она.— Для нихъ прислуга что-то вродѣ низшихъ животныхъ...

— А развѣ хорошо ругаться съ прислугой, какъ дѣлаютъ наши русскія барыни? Даже есть такія, которыя дерутся...

— Ольга Спиридоновна бьетъ свою горничную по щекамъ, а все-таки она добрая, и ее любятъ.

— Дѣло вкуса... Лучше всего не ссориться съ прислугой, какъ миссъ Гудъ, и относиться къ ней гуманно.

Проявленная новой гувернанткой сухость не нравилась Бургардту, но онъ разсчитывалъ на то, что время сдѣлаетъ свое дѣло, и англійская жестокость постепенно стушуется.

Послѣ смерти миссъ Гудъ прошло уже около двухъ недѣль, и Бургардтъ совершенно забылъ о статьѣ Саханова, пока онъ въ одно прекрасное утро не заявился самъ съ рукописью въ рукахъ.

— Я думалъ, что вы куда нибудь уѣхали, — говорилъ Сахановъ съ дѣловымъ видомъ:— и совершенно случайно узнаю, что вы дома...

— Очень радъ васъ видѣть, и сегодня мы можемъ заняться вашей статьей.

Въ сущности Бургардтъ совсѣмъ не желалъ слушать статьи Саханова, чтобы не сдѣлаться этимъ косвеннымъ путемъ ея участникомъ, а затѣмъ онъ отлично понималъ, что Сахановъ именно и добивается послѣдняго, чтобы потомъ имѣть право сказать, что читалъ ее Бургардту и получилъ его одобреніе. Бываютъ такія непріятныя положенія, когда ваши друзья насилуютъ вашу волю самымъ безцеремоннымъ образомъ, и когда вы, при всемъ желаніи, не можете высказать имъ откровенно свои настоящія мысли и чувства. Бургардтъ только покосился, когда Сахановъ развернулъ довольно объемистую тетрадь, испещренную помарками и вставками, чѣмъ онъ гордился, какъ относившійся строго къ своей работѣ авторъ.

— Статья въ сущности общаго характера, — предупреждалъ Сахановъ, усаживаясь поудобнѣе въ кресло.— Я знаю, что вы врагъ всякихъ предисловій и поэтому могу выпустить нѣкоторыя общія соображенія объ искусствѣ... Тѣмъ болѣе, что мы по нѣкоторымъ пунктамъ съ вами расходимся.

— Нѣтъ, ужъ читайте все, — упрямо заявлялъ Бургардтъ, начинавшій впередъ испытывать смутное озлобленіе.

— Основная тема во всякомъ случаѣ является новостью въ нашей художественной литературѣ...

— Развѣ такая есть?

— Въ собственномъ смыслѣ слова, конечно, нѣтъ, но есть статьи по отдѣльнымъ вопросамъ и художественная отсебятина. Не скрою, что я немножко горжусь своей темой, потому что другіе все-таки до нея не додумались. Какъ хотите, а въ искусствѣ меценатъ всегда являлся своего рода маховымъ колесомъ, и я самъ удивился, когда пришлось подводить итоги, какую страшную силу онъ представляетъ изъ себя.

Общая часть, не смотря на массу цитатъ изъ всевозможныхъ авторовъ, начиная съ древнѣйшихъ временъ, и на массу подстрочныхъ примѣчаній, ничего новаго и оригинальнаго изъ себя не представляла, а носила эклэктическій характеръ. Это былъ только подсчетъ существующимъ формуламъ и легкая характеристика новыхъ теченій въ искусствѣ. Надлежащее мѣсто было отведено и приподнятому цвѣтистому стилю, когда Сахановъ опредѣлялъ искусство шумливыми фразами, какъ "глубочайшее откровеніе жизни и единственный языкъ народовъ, поколѣній, всего человѣчества". Были пущены въ ходъ довольно избитыя остроты по адресу декадентовъ, символистовъ, плейнеристовъ и, вообще, всѣхъ новшествъ, которыя не признавали единой и непогрѣшимой, академической школы, поскольку она движется впередъ. Гораздо интереснѣе было дальнѣйшее, когда на сцену появился меценатъ, сначала въ лицѣ древнихъ азіятскихъ деспотовъ, египетскихъ фараоновъ, всесильныхъ языческихъ жрецовъ, античной уличной толпы и народныхъ героевъ. Искусство являлось только одной изъ формъ рабства, какъ это ни странно сказать, и многіе художники были настоящими рабами, почему имена ихъ и не сохранены исторіей для благодарнаго потомства. Это рабство продолжалось и дальше, замаскировавшись въ тогу меценатства. Художникъ творилъ свободнымъ только по имени, а по существу дѣла онъ служилъ только прихоти какого нибудь знатнаго и богатаго человѣка, причемъ еще вопросъ, что лучше — физическій ли рабъ, служившій государству, своей религіи и своему народу, или свободный рабъ, служившій отдѣльнымъ лицамъ.

— Мнѣ кажется, что у васъ здѣсь противорѣчіе уже въ самомъ словѣ: свободный рабъ, — замѣтилъ Бургардтъ.

— Я хочу только выяснить разницу между физическимъ рабствомъ и рабствомъ культурнымъ. Мы всѣ рабы чего нибудь...

— Это уже слишкомъ широкое обобщеніе, въ которомъ расплывается совершенно основное понятіе, и получается что-то вродѣ гомеопатіи. Я не могу согласиться съ этой основной формулой, что искусство только одна изъ формъ рабства, а даже наоборотъ — вѣрю въ его освободительную миссію.

— Ахъ, вы не хотите меня понять, Егоръ Захарычъ! Правда, что мысль совершенно новая и можетъ быть немножко смѣлая... Наконецъ, можетъ быть я не съумѣлъ формулировать ее достаточно убѣдительно, но въ своемъ основаніи она глубоко вѣрна, въ чемъ вы убѣдитесь дальше.

Дальнѣйшее заключалось въ перечисленіи историческихъ фактовъ, какъ меценатами явились ограбившіе весь міръ римскіе магнаты, обезумѣвшіе отъ власти римскіе цезари, византійскіе императоры, римскіе папы, христіаннѣйшіе средневѣковые короли, а въ послѣднее время выступалъ на сцену капиталистическій феодализмъ. Въ послѣднемъ кроется основная причина упадка новѣйшаго искусства, по сравненію съ античнымъ, т. е. временемъ античныхъ республикъ, когда художникъ творилъ для государства, воплощая въ своихъ произведеніяхъ свою миθологію и религіозныя представленія. Мертвый камень дѣйствительно оживалъ, превращался въ чудные образы античнаго творчества, въ которомъ горячее и живое участіе принималъ весь народъ. Античная статуя являлась предметомъ религіознаго культа и на нее молились, какъ на святыню.

Бургардтъ слушалъ внимательно, но не хотѣлъ спорить съ авторомъ, ожидая настоящаго, — все предшествовавшее, очевидно, было только вступленіемъ. Дѣйствительно, все "настоящее" было припрятано авторомъ подъ конецъ, гдѣ онъ разбиралъ исторію спеціально русскаго шального меценатства, до нашихъ дней включительно. Здѣсь Сахановъ былъ въ курсѣ дѣла и, не называя именъ, наговорилъ цѣлую массу самихъ горькихъ истинъ, причемъ оказалось, что наше меценатство принесло страшный вредъ русскому искусству, внесло въ него разлагающіе элементы и систематически развращаетъ художниковъ, которые вынуждены поддѣлываться подъ вкусы своихъ заказчиковъ и вѣроятныхъ покупателей. Можетъ, въ послѣднемъ кроется простая причина и того грустнаго явленія, что русская публика относится совершенно равнодушно къ своему родному искусству, какъ къ прихоти ничтожной кучки богатыхъ людей. Главнымъ страдающимъ лицомъ во всей этой грустной исторіи является художникъ, незамѣтно для самого себя размѣнивающій свое дарованіе на гроши и копѣйки.

— А третьяковская галлерея въ Москвѣ?— спросилъ Бургардтъ.

— Это — исключеніе... Притомъ, на всю Россію одна галлерея — это слишкомъ немного. Я смотрю на русскихъ художниковъ, какъ на мучениковъ въ своемъ дѣлѣ, потому что имъ приходится разрабатывать не тѣ сюжеты и темы, которые близки всему складу ихъ характера, а сюжеты и темы, заданные какимъ нибудь шалымъ меценатомъ.

— Ну, послѣднее уже слишкомъ огульно сказано, Павелъ Васильичъ, и я опять не могу согласиться съ вами. Потомъ, въ

131

концѣ концовъ, говоря между нами, ваша статья написана прямо противъ Красавина и... противъ меня, между прочимъ.

— Противъ васъ?!..

Сахановъ вскочилъ и забѣгалъ по кабинету.

— Да, и противъ меня, — твердо повторилъ Бургардтъ.— И, какъ видите, я нисколько не сержусь на васъ... Въ вашихъ словахъ есть много горькой правды, въ чемъ я и расписываюсь.

— Позвольте, конечно, вы можете многое принять на свой счетъ, какъ художникъ, но именно васъ я и не имѣлъ въ виду. Скажу больше: продолженіемъ этой статьи будетъ статья о роли женщины въ искусствѣ... да. Вѣдь намъ подайте именно голую женщину, чтобы меценатъ заржалъ отъ удовольствія, а вы, кажется, въ этомъ не грѣшны. Да... Глубоко растлѣвающее вліяніе меценатовъ именно и выразилось въ этомъ стремленіи художниковъ рисовать и лѣпить именно голую женщину. Всѣ эти якобы богини, якобы вакханки, якобы римскія оргіи — все это дань ожирѣвшему меценатскому вкусу. Вотъ на тебѣ такую вакханку, чтобы у тебя духъ заперло... Въ нашемъ искусствѣ для порядочной женщины даже и мѣста не осталось. а такъ, иногда напишутъ какую нибудь дѣвушку съ кувшиномъ, покинутую, утопленницу...

XX

Какъ Бургардтъ ни старался сдержать себя, но статья Саханова возмутила его до глубины души. Когда онъ уходилъ, обѣщая принести продолженіе, онъ невольно подумалъ:

— Родятся-же подобные негодяи!..

Даже Анита замѣтила, что отецъ не въ духѣ, и спросила:

— Ты поссорился съ Сахановымъ, папочка?

— Нѣтъ, этого не было, но это не мѣшаетъ ему быть большимъ... ну, все равно кѣмъ.

Взволновавшись, Бургардтъ никогда не работалъ. Сегодняшній день былъ испорченъ, и онъ рѣшился съѣздить въ Озерки, навѣстить Бачульскую, которую уже давно не видалъ.

— Папа, ты не обижайся на меня...— говорила Анита, провожая его въ переднюю.— Не обидишься?

— Нѣтъ. Въ чемъ дѣло?

— Если ты встрѣтишь Шуру или миссъ Мортонъ, то, пожалуйста, не приглашай ихъ къ намъ... т. е. пока...

— Это почему?

Анита смущенно передала эпизодъ своей встрѣчи на островахъ, и то впечатлѣніе, которое произвела эта встрѣча на миссъ Гудъ.

— Папочка, она, вѣдь, совсѣмъ не знаетъ, какъ живутъ художники, а потомъ привыкнетъ и пойметъ, что дурного въ этомъ ничего нѣтъ.

Бургардтъ только пожалъ плечами, а разсердился только на лѣстницѣ.

— Ей-то какое дѣло?— ворчалъ онъ.— Вотъ еще опека явились...

Впрочемъ, это настроеніе разсѣялось еще дорогой, пока Бургардтъ ѣхалъ по финляндской желѣзной дорогѣ. На него природа дѣйствовала успокаивающимъ образомъ, и въ окна вагона онъ все время любовался дачными постройками. Онъ любилъ эти маленькія, на живую нитку сколоченныя дачки, въ которыхъ ютилась лѣтомъ приличная петербургская бѣднота. Почему-то принято относиться къ нимъ съ пренебреженіемъ, а между тѣмъ, именно въ нихъ такъ много своеобразной лѣтней поэзіи, гораздо больше, чѣмъ въ вычурныхъ дачныхъ палаццо гдѣ нибудь въ Павловскѣ, Стрѣльнѣ или Петергофѣ. Бивуачный характеръ всей дачной обстановки имѣетъ свою прелесть. Кромѣ всего этого, именно съ этимъ дачнымъ уголкомъ у Бургардта были связаны такія хорошія и свѣтлыя юношескія воспоминанія, когда онъ жилъ въ этой мѣстности еще академистомъ. Конечно, съ того времени много воды утекло, и онъ не узналъ-бы многихъ дорогихъ по воспоминаніямъ уголковъ.

"А, вѣдь, Сахановъ правъ, — думалъ Бургардтъ, переживая снова непріятное чувство.— Конечно, статья написана пристрастно и съ намѣреніемъ оскорбить именно Красавина — а все-таки, много правды".

Потомъ оказалось, что и миссъ Гудъ по своему тоже права, потому что имѣла въ виду исключительно интересы Аниты. Что могла позволить покойная миссъ Гудъ, какъ болѣе опытный человѣкъ, того жс самаго не могла допустить молодая барышня. Какъ всѣ нервные и безхарактерные люди, Бургардтъ соображалъ всѣ обстоятельства потомъ, когда остывало первое впечатлѣніе.

Бачульская была дома, но Бургардтъ попалъ въ самый неудобный моментъ, — она только что собралась идти въ театръ, хотя было всего шесть часовъ.

— Что вы такъ рано идете?— удивился Бургардтъ.

— Ахъ, вы не знаете нашей проклятой службы, Егорушка... Чего стоитъ актрисѣ одѣться, потомъ гримировка, прическа.

Бургардтъ былъ еще въ первый разъ въ Озеркахъ у Бачульской, и она не знала, куда его усадить и чѣмъ угостить. Онъ осматривалъ ея квартиру, точно отыскивая что-то глазами и слегка морщился.

— Мы сегодня въ дурномъ расположеніи духа?— ласково спрашивала его суетившаяся хозяйка.— Хотите, я сама сварю вамъ кофе?

— Нѣтъ, я чего нибудь съѣмъ въ вашемъ театральномъ буфетѣ. Идемте, а то опоздаете.

Они пошли пѣшкомъ, и дорогой Бургардтъ разсказывалъ о своей новой гувернанткѣ и объ Анитѣ.

— Дѣвочка ужъ большая и, кажется, я скоро попаду подъ ея опеку, — говорилъ онъ съ улыбкой.

— А вамъ нравится эта новая миссъ Гудъ? — пытливо спрашивала Бачульская, заглядывая въ лицо своему кавалеру.— Она молодая?

— Вы желаете меня ревновать?

— О, я васъ ревную ко всѣмъ женщинамъ...

Она засмѣялась и покраснѣла.

Театръ былъ еще пустъ, и гдѣ-то гулко отдавались шаги невидимыхъ людей. На улицѣ стоялъ іюльскій жаръ, и Бургардтъ съ удовольствіемъ почувствовалъ прохладу большого помѣщенія.

— Черезъ полчаса вы можете зайти ко мнѣ въ уборную, — предлагала Бачульская.

Уходя за кулисы, она обернулась и, какъ показалась Бургардту, улыбнулась съ несвойственнымъ ей вызывающимъ лукавствомъ.

"Вотъ что значитъ лѣто, — невольно подумалъ Бургардтъ, шагая къ буфету.— Что-то такое есть"...

Буфетъ былъ большой, совсѣмъ даже не по театру, и Бургардтъ напрасно старался придумать цифру его посѣтителей. Слава Озерковъ, какъ дачной мѣстности, уже отошла, и театръ былъ великъ для мѣстной дачной публики. По привычкѣ Бургардтъ прошелъ прямо къ буфетной стойкѣ и здѣсь лицомъ къ лицу встрѣтился съ Бахтеревымъ.

— Батенька, какими судьбами? — дѣланнымъ тономъ проговорилъ послѣдній, торопливо прожовывая бутербродъ и вытирая руки салфеткой.— Вотъ пріятная неожиданность...

Оглянувшись на всякій случай кругомъ, Бахтеревъ взялъ Бургардта за лацканъ верхняго пальто и проговорилъ заученнымъ драматическимъ шепотомъ:

— А я здѣсь того... да... Мнѣ дома полагается всего одна рюмка, а для моей машины, согласитесь, это немного мало.

Въ доказательство онъ выпятилъ колесомъ грудь, повелъ богатырскими плечами и прибавилъ упавшимъ голосомъ:

— Cherchez la femme...

Бургардтъ кое-что слыхалъ о его семейномъ положеніи и постарался замять непріятный разговоръ. Бахтеревъ здѣсь, въ театральномъ буфетѣ являлся другимъ человѣкомъ. У него явилась какая-то чисто актерская развязность и склонность къ душевному изліянію, чего Бургардтъ не выносилъ.

— Вы участвуете въ спектаклѣ? — спрашивалъ Бургардтъ, чтобы сказать что нибудь.

— Къ несчастію... У насъ труппа съ бору да съ сосенки набрана, антрепренеръ... ну, однимъ словомъ, лѣтній антрепренеръ. Пригласилъ на гастроли, а выходитъ чортъ знаетъ что такое..

Они выпили по второй рюмкѣ и разошлись. Бургардту было немного стыдно, что онъ даже не посмотрѣлъ на афишу, какая сегодня шла пьеса. Онъ заказалъ человѣку по карточкѣ бифштексъ и попросилъ подать его на террасу, выходившую въ садъ. Сейчасъ за садомъ виднѣлось красиво блестѣвшее озеро, а впереди настоящая горка съ вычурной бесѣдкой на верху. На террасѣ было прохладно. Публика еще и не думала собираться. По саду бродили одни музыканты, игравшіе въ антрактахъ не въ театрѣ, а на открытой садовой эстрадѣ. Оффиціантъ, накрывая столъ чистой скатертью, подалъ афишу сегодняшняго спектакля, и Бургардтъ чуть не ахнулъ, когда прочелъ, что сегодня идетъ "Медея", и Медею играетъ Марина Игнатьевна.

"И, вѣдь, ничего не сказала...— подумалъ Бургардтъ.— Язонъ-Бахтеревъ... Очень недурно!.. Ну, Марина Игнатьевна едва ли справится съ своей ролью. Не хватитъ темперамента...

Вечеръ былъ тихій. Накаленный воздухъ такъ и переливался. Блестѣвшее между деревьями озеро рѣзало глаза. Гдѣ-то сонно перекликались невидимыя птицы. Пахло рекой и болотной травой. Послѣ городской пыли все-таки хорошо, хотя до настоящей природы и далеко. Бургардтъ опять думалъ о статьѣ Саханова, но уже не волновался. Конечно, немного обидно, что Сахановъ правъ изъ желанія насолить Красавину и по пути бьетъ всѣхъ художниковъ въ самое больное мѣсто выдвигая "шкурный вопросъ". Бургардтъ имѣлъ громадный успѣхъ и, слѣдовательно, виноватъ "шкурно" больше другихъ, что сейчасъ же и поймутъ, конечно, всѣ эти другіе.

"Э, все равно...— думалъ Бургардтъ.— Вѣдь Сахановъ только сказалъ громко то, о чемъ другіе думали".

Онъ не успѣлъ доѣсть своего бифштекса, когда Бачульская прислала за нимъ капельдинера. На сценѣ было темно, и на него налетѣлъ какой-то маленькій разсерженный человѣчекъ, комкавшій въ рукахъ какую-то писаную тетрадку.

— Вы, вы...— наскочилъ онъ на него.— Ахъ, виноватъ... Гдѣ Петровъ? Господи, онъ меня зарѣжетъ... Гдѣ Петровъ?

— Играетъ на билліардѣ...— отвѣтилъ хриплый голосъ изъ темноты, и маленькій разсерженный человѣчекъ громко обругался.

Уборная Бачульской походила на всѣ уборныя лѣтнихъ театровъ, т. е. имѣла видъ чердачной комнаты съ досчатыми деревянными стѣнами, съ расщелившимся поломъ и вѣчнымъ сквознякомъ. Пахло керосиномъ, какой-то противной гарью и пудрой.

— Видѣли афишу?— спрашивала она Бургардта, отдавая свою голову въ распоряженіе камеристки, которая должна была доканчивать античную, прическу.— Я знаю, что вы подумали: "Какая она Медея"? И я тоже думаю... А хочется сыграть эту роль до смерти и боюсь до смерти.

— Чего же бояться?

— И сама знаю, что нечего, а вотъ подите... Бахтеревъ тоже боится, а, кажется, мужчина солидный. Боюсь, чтобы онъ не напился для храбрости... А тутъ еще случай: у насъ заболѣла Креуза и ее будетъ играть маленькая выходная актриса... такъ, водевильная штучка Комова. Вотъ трусить-то бѣдняжка... А я ее боюсь. Какъ разъ перепутаетъ какую нибудь реплику, будетъ "паузить" — это наше театральное слово. Это когда дѣлаютъ ненужныя паузы.

Бургардтъ сидѣлъ и довольно безцеремонно разсматривалъ свою собесѣдницу, одѣтую въ бѣлую тунику. Античный костюмъ очень шелъ къ ней, и особенно выдѣлялась красивая шея и голыя до плеча руки. Портилъ впечатлѣніе только гримъ — глаза были подведены, губы подкрашены, даже шея и руки были намазаны чѣмъ-то бѣлымъ, придававшимъ кожѣ мертвый тонъ.

— Что, хороша?— спрашивала Бачульская, разсматривая себя въ зеркало и еще разъ подводя глаза карандашемъ.— Настоящая чортова кукла...

Она засмѣялась и опять посмотрѣла на Бургардта лукавыми глазами. Очевидно, закулисный воздухъ опьянялъ

136

ее, какъ и Бахтерева, и Бургардту она казалась другой женщиной.

— Ну, теперь вы все видѣли и можете идти въ свою ложу, — заявила она, поднимаясь.— Ваша ложа номеръ третій... съ правой стороны... Когда я буду выходить, вы, пожалуйста, не смотрите на меня, а потомъ можете смотрѣть сколько угодно.

— Хорошо, хорошо... Не трусьте.

— Публики мало — единственное мое спасеніе.

Бургардтъ только сейчасъ вспомнилъ, что Сахановъ живетъ въ Озеркахъ, и ему непріятно было бы встрѣтиться съ нимъ въ театрѣ.

— Не безпокойтесь, именно сегодня онъ не придетъ.

Она объяснила объ его отношеніяхъ къ Комовой, и что бѣдная дѣвушка съ слезами умоляла его не приходить.

Когда капельдинеръ открылъ дверь ложи, Бургардтъ даже попятился назадъ, — у барьера сидѣла миссъ Мортонъ и привѣтливо улыбалась. Она, очевидно, его ждала, и Бургардтъ только сейчасъ понялъ, почему Марина Игнатьевна тоже улыбалась, когда разговаривала съ нимъ. Это былъ коварный сюрпризъ. Миссъ Мортонъ указала мѣсто рядомъ съ собой и показала свою запасную книжечку, въ которой было написано:

— Я васъ ждала...

Онъ молча поцѣловалъ у ней, руку и не вдругъ собрался, что отвѣтить. Миссъ Мортонъ была хороша, какъ весна. Бургардтъ чувствовалъ, какъ у него замерло сердце, и какъ выпали изъ головы всѣ слова, которыя хотѣлъ ей сказать. Она, видимо, понимала его настроеніе и продолжала улыбаться, ласковая, сіяющая, строгал. Бургардтъ, дѣлая ороографическія ошибки, написалъ въ ея книжкѣ:

— Я такъ радъ... я счастливъ...

Она не дала ему докончить и спрятала княжку въ карманъ, а потомъ уже знаками объяснила, что онъ лучше ничего не напишетъ, и что она рада его счастью, какъ своему. Онъ вторично поцѣловалъ ея руку, охваченный сладкимъ безуміемъ, отъ котораго кружилась голова. Какъ она попала въ Озерки и какъ попала именно на этотъ спектакль и въ эту именно ложу — онъ не спрашивалъ, точно все такъ и должно было быть. Развѣ спрашиваютъ упавшаго съ неба ангела, какъ онъ упалъ и развѣ стали бы спрашивать статую, если бы она вдругъ заговорила?

XXI

Публики въ театрѣ было мало, да и та имѣла какой-то унылый видъ, что дѣйствовало на актеровъ угнетающимъ образомъ. Каждый опытный театральный человѣкъ понималъ, что спектакль успѣха не будетъ имѣть. Артистъ живетъ своей публикой, которая служитъ для него живымъ резонаторомъ. Спектакль начался вяло, потому что не для кого было играть. Одинъ Бургардтъ не хотѣлъ ничего замѣчать и даже пропустилъ моментъ появленія на сценѣ Медеи

— Язонъ пьянъ, — записала въ своей книжкѣ миссъ Мортонъ.

Она, очевидно, подготовилась къ пьесѣ и хорошо знала ея содержаніе. Бургардтъ слѣдилъ все время за выраженіемъ ея лица, стараясь угадать, что она испытываетъ. Вѣдь это было ужасно — все видѣть и ничего не слышать. Сцена для нея являлась чѣмъ-то въ родѣ акваріума, гдѣ идетъ жизнь безъ малѣйшаго звука. Бургардтъ припомнилъ объясненіе доктора Гаузера о преобладаніи въ психологіи глухонѣмыхъ животныхъ инстинктовъ, и ему казалось, что въ лицѣ миссъ Мортонъ онъ находилъ что-то такое новое, особенное, чего раньше не замѣчалъ. На немъ, какъ на живомъ экранѣ, пробѣгали причудливыя тѣни, отражая смѣну внутреннихъ движеній, какъ на поверхности текучей воды отражается невидимый внутренній токъ. Когда миссъ Мортонъ понимала отдѣльныя сцены пьесы, ея лицо освѣщалась какой-то дѣтской радостью, и она смотрѣла на Бургардта счастливыми улыбавшимися глазами.

— Милая, милая, милая...— шепталъ Бургардтъ, отвѣчая ей счастливой улыбкой.— О, милая...

Въ антрактѣ миссъ Мортонъ непремѣнно захотѣла пойти за кулисы къ Маринѣ Игнатьевнѣ. По дорогѣ они встрѣтили Креузу, которая виновато стояла передъ сердившимся режиссеромъ. Бѣдная дѣвушка смотрѣла на него умоляющими глазами и, кажется, готова была расплакаться каждую минуту. Эта сцена на сценѣ покоробила Бургардта, и ему хотѣлось наговорить режиссеру дерзостей. Марина Игнатьевна приняла гостей довольно сухо, и Бургардту не понравилось, когда она сказала совсѣмъ громко:

— Егорушка, вы счастливы? Ахъ, идите въ садъ, тамъ играетъ музыка, а мнѣ нужно еще просмотрѣть роль. Мы сегодня ужинаемъ вмѣстѣ? Я васъ приглашаю...

— Мы опоздаемъ къ послѣднему поѣзду, — неосторожно отвѣтилъ Бургардтъ и сейчасъ же спохватился, когда лицо Медеи точно потемнѣло отъ этого "мы".

Медея еще больше потемнѣла, когда миссъ Мортонъ въ припадкѣ непонятной нѣжности обняла ее и поцѣловала.

— Она тоже счастлива, бѣдняжка, — уже тихо проговорила Бачульская, поправляя прическу.— Идите, идите... Счастье не повторяется.

— Что съ вами сегодня, Марина Игнатьевна?— спросилъ Бургардтъ.

— Ахъ, оставьте меня... Вѣдь я сегодня — Медея.

Въ саду игралъ довольно плохенькій оркестръ и уныло бродила публика. Все это были дачники, которые пришли въ театръ только потому, что гдѣ нибудь нужно было убить вечеръ. Какія-то скучныя физіономіи пили за отдѣльными столиками пиво, какія-то скучающія дачныя дѣвицы уныло маршировали по центральной площадкѣ, — вообще все было скучно и уныло, и только одна миссъ Мортонъ улыбалась своей дѣтской улыбкой, крѣпко опираясь на руку Бургардта. Они поднялись на горку и долго сидѣли на самомъ верху деревянной башни, любуясь открывавшимся отсюда видомъ на лѣсистыя горы, усѣянныя дачами, на линію финляндской желѣзной дороги, на широкую равнину, которая уходила къ невидимому взморью. Миссъ Мортонъ объяснила, что ее сегодня приглашала Бачульская, чтобы она посмотрѣла на нее въ роли Медеи. Спускалось солнце, затихали въ садахъ птицы, по окрашенной розовыми бликами поверхности озера медленно чертили лодки.

— Вамъ хорошо?— спрашивалъ Бургардтъ свою задумавшуюся даму.

Она посмотрѣла на него какими-то непроснувшимися главами и отвѣтила однимъ словомъ:

— Очень...

— О чемъ вы сейчасъ думали?

Она смутилась, потомъ подняла на него глаза и засмѣялась.

Занавѣсъ уже былъ поднятъ, когда они вернулись въ театръ. Шла сцена между Креузой и Медеей. Бургардта поразила перемѣна въ тонѣ послѣдней, — это была совсѣмъ другая женщина, оскорбленная, страдающая, большая своимъ женскимъ горемъ. Чувствовался тотъ подъемъ настроенія, который такъ заразительно дѣйствуетъ на публику. Бургардту казалось, что и публика совершенно измѣнилась за одинъ антрактъ, и даже въ молчаливомъ вниманіи къ

139

происходившему на сценѣ слышалась какая-то наростающая сила. Медея завладѣвала этой публикой, она дѣлалась ея властительницей, душой и сердцемъ. Только артисты понимаютъ такіе великіе моменты въ своей жизни, которыми она только и красна. Даже миссъ Мортонъ точно заразилась общимъ настроеніемъ и записала въ своей книжкѣ:

— Какъ она страдаетъ...

Когда занавѣсъ палъ, наступила короткая пауза, которая разрѣшилась настоящимъ залпомъ апплодисментовъ. Никто не торопился къ выходу, вызывая Бачульскую безъ конца, точно каждое ея появленіе усиливало произведенное впечатлѣніе. Дальнѣйшіе акты шли уже полнымъ тріумфомъ артистки. Другіе актеры точно приподнялись и даже Креуза не портила своей роли. Когда послѣ третьяго акта Бургардтъ зашелъ съ миссъ Мортонъ въ уборную, Марина Игнатьевна встрѣтила ихъ такая измученная, утомленная, и только лихорадочно горѣли одни глаза.

— Я не буду говорить вамъ комплиментовъ, — говорилъ Бургардтъ, цѣлуя ея руки.— Это одинъ изъ рѣдкихъ спектаклей, какіе мнѣ случалась видѣть...

— Признайтесь, вы совершенно не ожидали ничего подобнаго?

— Вѣроятно, и вы сами тоже...

Бачульская грустно улыбнулась и отвѣтила:

— Это мой послѣдній успѣхъ, а первыхъ я не знала. Я еще несчастнѣе, вѣдь, этой Медеи, у которой были хоть дѣти, а мой Язонъ не желалъ даже сдѣлать меня несчастной...

У нея на глазахъ блестѣли слезы, и Бургардтъ понялъ, что она играла только для него одного, переживая непережитое и увлекаясь призракомъ собственнаго воображенія.

Изъ присутствующихъ никто не замѣтилъ сидѣвшую скромно въ уголкѣ Креузу. Когда Бургардтъ и миссъ Мортонъ вышли, Бачульская быстро поднялась, сдѣлала нѣсколько шаговъ къ двери и, прислонившись къ стѣнѣ, зарыдала. Комова осторожно подошла къ ней, обняла и прошептала:

— Марина Игнатьевна, перестаньте... Ахъ, какъ я васъ сейчасъ люблю!..

Бачульская опомнилась и, улыбаясь сквозь слезы, отвѣтила;

— Это такъ... нервы... Ахъ, крошка, если бы вы знали, что я переживаю!..

— Да, я знаю, что вы такая милая и всегда жалѣла, что вы меня почему то ненавидѣли...

— Развѣ я могу ненавидѣть? Вѣдь нужно умѣть и любить и ненавидѣть, и заставлять себя любить... Куда мнѣ, семеркѣ, какъ меня называетъ Павелъ Васильичъ... Вотъ вамъ все дано, а я рядомъ съ вами какая-то несчастная побирушка.

— Перестаньте, голубчикъ, говорить такія жалкія слова... Это не хорошо. У каждаго свое горе. Вы знаете, почему я сегодня хорошо играю? Въ партерѣ сидитъ мой Язонъ, а съ нимъ рядомъ Креуза... Они счастливы и не могутъ видѣть, что мое сердце истекаетъ кровью.

Эта чувствительная сцена была прервана стукомъ въ двери уборной. Это былъ неумолимый режиссеръ, тотъ самый маленькій разсерженный человѣчекъ, который давеча чуть не довелъ Креузу до слезъ. Теперь онъ смотрѣлъ восторженными глазами на Бачульскую и повторялъ:

— Марина Игнатьевна... ахъ, Марина Игнатьевна! Ради Бога, не сорвитесь въ четвертомъ актѣ, особенно во второй картинѣ. Вѣдь я стою за кулисами и трясусь за васъ.

Но умиленный успѣхомъ режиссеръ напрасно безпокоился, — четвертый актъ прошелъ блестящимъ образомъ, вызвавъ настоящую бурю рукоплесканій. Бургардтъ стоялъ у барьера своей ложи и неистово апплодировалъ. Миссъ Мортонъ махала платкомъ и тоже апплодировала. Но Бачульская уже не замѣчала ихъ и раскланивалась съ публикой вообще.

— Знаете, я хотѣлъ уѣхать съ послѣднимъ поѣздомъ, — писалъ онъ въ книжкѣ миссъ Мортонъ:— но придется измѣнить планъ. Вы останетесь ночевать у Марины Игнатьевны, а я уѣду въ городъ на извозчикѣ. Послѣ спектакля поужинаемъ... Придется немного подождать, пока Марина Игнатьевна будетъ переодѣваться. .

Они отправились въ буфетъ, и Бургардтъ заказалъ ужинъ на четверыхъ, потому что нужно было еще пригласить Бахтерева.

Было уже темно. Съ озера вѣяло прохладой. Въ ожиданіи ужина они отправились пройтись по пустымъ аллеямъ. Миссъ Мортонъ боялась темноты и прижималась всѣмъ тѣломъ къ своему кавалеру. А въ это время съ озера доносился свѣжій молодой голосъ, пѣвшій старинный романсъ Даргомыжскаго:

> Насъ вѣнчали не въ церкви,
> Не въ вѣнцахъ, не съ свѣчами...
> Вѣнчала насъ полночь средь мрачнаго бора...
> Вѣнчальныя пѣсни пропѣлъ буйный вѣтеръ
> Да воронъ зловѣщій...

— Слышите, миссъ Мортонъ?— спрашивалъ Бургардтъ, забывая, что говоритъ съ глухонѣмой.

Не дожидаясь отвѣта, онъ быстро обнялъ и крѣпко поцѣловалъ ее прямо въ губы. Она не сопротивлялась и точно вся распустилась въ его объятіяхъ. А голосъ на озерѣ продолжалъ пѣть:

> Всю ночь бушевала гроза и ненастье,
> Всю ночь пировала земля...

— Милая, милая...— стоналъ Бургардтъ въ отчаяніи.— Она не слышитъ моихъ словъ?!..

Онъ усадилъ ее на скамью, и она припала своей бѣлокурой чудной головкой къ его плечу. Онъ цѣловалъ ея лицо, шею, руки, а она сидѣла съ раскрытыми глазами, точно статуя, если бы статуи умѣли возвращать поцѣлуи и обнимать.

А голосъ все пѣлъ:

> Разбудило насъ утро...
> Земля отдыхала отъ буйнаго пира.
> Веселое солнце играло съ росою...

Бургардтъ немного сконфузился, когда, вернувшись на террасу, засталъ уже всѣхъ въ сборѣ. Бахтеревъ имѣлъ недовольный видъ страдающаго жаждой человѣка. Марина Игнатьевна пригласила на ужинъ Комову, которая очень стѣснялась за свою лѣтнюю кофточку не первой молодости. Миссъ Мортонъ чувствовала на себѣ пристальный взглядъ Марины Игнатьевны и выдавала себя виноватой улыбкой.

— Поздравляю...— проговорила Бачульская, когда Бургардтъ сѣлъ рядомъ съ ней.— Я рада за васъ...

Бургардтъ почему-то счелъ нужнымъ сдѣлать непонимающее лицо и вопросительно пожалъ плечами.

Ужинъ прошелъ какъ-то вяло. Бахтеревъ съ какимъ то ожесточеніемъ глоталъ водку рюмку за рюмкой и приговаривалъ къ каждой:

— Да, Марина Игнатьевна... гмъ... Говоря откровенно... Впрочемъ, вы можете принять мои слова за лесть... вообще... да.

Бачульская молча пила шампанское и заставляла пить Комову, за которой ухаживала съ афишированной нѣжностью. Комова съ непривычки быстро опьянѣла и совершенно забыла о своей кофточкѣ. Она раскраснѣлась и сдѣлалась разговорчивой. Миссъ Мортонъ жаловалась, что ей жарко, и попросила шерри-коблеръ. Чтобы не встрѣчаться глазами съ Бачульской, она дѣлала видъ, что не можетъ справиться съ соломинкой, сломала нѣсколько штукъ и требовала новыхъ. Бургардтъ замѣтилъ, что Бачульская пьетъ сегодня лишнее, и высказалъ ей это въ шутливомъ тонѣ.

— Ахъ, оставьте меня...— нервно отвѣтила она.— Я никогда не бывала пьяной, а сегодня желаю напиться. Къ кофе спросите ликеровъ...

— Вамъ будетъ дурно, Марина Игнатьевна...

— Э, не все-ли равно?.. Я хочу веселиться, а каждый веселится по своему.

Она по лицу миссъ Мортонъ прочитала все, и ее охватило отчаяніе Да, они счастливы за ея счетъ... Да, она жалкая комедіантка, можетъ быть, ускорила своей счастливой игрой развязку.

Бургардтъ едва дождался окончанія ужина, чтобы уѣхать въ городъ. Миссъ Мортонъ осталась ночевать у Бачульской.

XXII

Вернувшись домой, Бургардтъ почти не спалъ. Съ одной стороны онъ былъ безумно счастливъ, а съ другой — ему было стыдно. Въ сорокъ лѣтъ влюбиться — это и тяжело, и какъ-то обидно. То, что принадлежитъ молодости по праву — здѣсь является своего рода преступленіемъ. А главное — неувѣренность въ самомъ себѣ, какая-то смутная тревога, полная утраты душевнаго равновѣсія. Въ такой любви замаскировано холодное отчаяніе, какъ неумолимый призракъ. Всѣ разумныя мысли и разсужденія отпадаютъ, какъ сухой листъ съ дерева, и человѣкъ начинаетъ двоиться. Именно, ощущеніе этой раздвоенности больше всего и мучило Бургардта.

"Вотъ тебѣ и конченный человѣкъ"! повторялъ онъ про себя.

Да, онъ былъ счастливъ, и ему казалось, что онъ любитъ еще въ первый разъ, и что прежнія увлеченія были только жалкимъ недоразумѣніемъ, а настоящее чувство онъ переживалъ только теперь, испытывая радостную полноту существованія и томительно-сладкую тревогу. Онъ не могъ-бы отвѣтить, если-бы его кто нибудь спросилъ, что ему нравится въ миссъ Мортонъ, и какъ все это могло случиться. Ему казалось, что все это такъ ясно и что иначе и быть не можетъ, и что самъ онъ внѣ этого уже не существуетъ. А между тѣмъ, выступала на первый разъ задача, требовавшая немедленнаго практическаго рѣшенія — ни содержанкой, ни любовницей миссъ Мортонъ онъ не желалъ дѣлать, и одна мысль о возможности подобной комбинаціи уже оскорбляла его, и въ то-же время онъ не могъ представить ее своей женой, той женщиной, которая займетъ по праву принадлежащее ей мѣсто вотъ въ этихъ стѣнахъ.

Съ послѣднимъ представленіемъ, какъ роковая тѣнь, связывалось имя старухи Мортонъ. Это было уже чудовищно... Въ немъ проснулось "чувство дома", своего угла, банальная святость котораго могла быть нарушена. Да еще являлся одинъ маленькій вопросъ: какъ отнесется Анита къ такой метаморфозѣ? Дѣвочка уже вступала въ такой возрастъ, что могла имѣть свое собственное маленькое мнѣніе и защищать свое родное гнѣздо. Однимъ словомъ, чѣмъ дальше думалъ Бургардтъ, тѣмъ больше возникало препятствій, точно онъ дальше и дальше шелъ въ какой-то темный лѣсъ, населенный чудовищами и зловѣщими призраками. И тутъ-же рядомъ свѣтлый, ликующій неземной красотой образъ, который блуждающимъ огонькомъ манилъ въ эту глубину.

Бургардтъ хватался за голову, точно боялся сойти съ ума, и повторялъ:

— Милая... чудная... Мы будемъ счастливы наперекоръ всему. Да, счастливы, какъ боги, а счастье даже богамъ не доставалось даромъ...

Онъ припомнилъ, какъ цѣлыхъ десять лѣтъ спало его сердце, и онъ все глубже и глубже уходилъ въ тину безпутной жизни, размѣниваясь на мелкую монету. А теперь, въ день посѣщенія, въ день счастья, онъ старается разбить его собственными руками, какъ ребенокъ, который изъ неудержимаго любопытства ломаетъ любимую куклу. Въ самомъ дѣлѣ, кто можетъ быть его судьей? Почему онъ долженъ отказаться отъ личной жизни, отъ которой зависитъ его творчество? Это было бы чудовищнымъ безуміемъ...

Странно, какъ мѣняются мысли даже отъ такихъ простыхъ причинъ, какъ перемѣна дня и ночи. То, что такъ волновало Бургардта ночью, при дневномъ свѣтѣ оказалось самой обыкновенной нелѣпостью. Скажите, пожалуйста, какое и кому дѣло до него? Прежде всего, всякій живетъ для самого себя, особенно, если онъ соблюдаетъ вѣжливость не мѣшать другимъ.

Когда человѣкъ Андрей утромъ подалъ въ кабинетъ

обычную порцію изъ сельтерскій воды, кваса и лимонада, Бургардтъ прогналъ его довольно позорнымъ образомъ.

— Ты, кажется, съ ума сошелъ, Андрей?..

Человѣкъ Андрей покорно унесъ нею "снасть" въ кухню и съ удрученнымъ видомъ объяснилъ, что баринъ немного рехнулся. Ну, квасъ — это еще туда-сюда, а какой-же баринъ, ежели онъ не желаетъ утромъ принимать сельтерской воды?

Выпивъ свой стаканъ чаю у себя въ кабинетѣ, Бургардтъ отправился въ мастерскую. Ему показалось, что онъ въ чемъ-то виноватъ передъ Гаврюшей, даже больше — онъ чувствовалъ себя его тайнымъ сообщникомъ, потому что Гаврюша тоже любить... Конечно, проявленіе чувства у Гаврюши выразилось въ болѣе интенсивныхъ формахъ, но, вѣдь, это не мѣшало сущности дѣла оставаться одной и той-же. Потомъ, своя собственная работа для Бургардта являлась сейчасъ совершенно въ иномъ свѣтѣ, — она скрашивалась мыслью о любимомъ человѣкѣ, точно онъ работалъ сейчасъ для двоихъ. Мысль о конченности казалась ему сейчасъ просто смѣшной и нелѣпой.

— Ну, какъ у васъ подвигается работа?— спрашивалъ Бургардтъ своего ученика, чувствуя фальшь въ собственномъ голосѣ.

— Все тоже...— мрачно отвѣтилъ Гаврюша, глядя на учителя изподлобья...

Бургардъ, увлеченный своимъ настроеніемъ, хотѣлъ сдѣлать нѣсколько указаній, но во время вспомнилъ о ненависти Гаврюши и удержался. Бѣдный юноша, вѣроятно, тоже работалъ для двоихъ.

Сегодня свои собственныя работы Бургардту показались въ нѣсколько иномъ свѣтѣ. Право, нѣкоторыя вещи были не дурны... Взять хоть ту же Марину. Конечно, нужно было докончить аксессуары, поправить немного посадку, какъ справедливо замѣтилъ Красавинъ, а детали выработаются сами собой. Бюстъ Ольги Спиридоновны подождетъ — до весенней выставки еще далеко.

Въ этомъ бодромъ настроеніи Бургардтъ явился къ завтраку и только тутъ вспомнилъ, что Анита не вышла утромъ даже поздороваться съ нимъ, какъ это дѣлала обыкновенно. Миссъ Гудъ тоже смотрѣла въ сторону, на что уже не имѣла рѣшительно никакого основанія.

"Что съ ними"?— удивлялся Бургардтъ про себя, напрасно стараясь принять непринужденный тонъ.

У Бургардта явилась даже малодушная мысль о докторѣ

145

Гаузерѣ, точно старикъ все могъ устроить. Анита, очевидно, дулась, хотя не имѣла на это рѣшительно никакого права. Она приняла по отношенію къ отцу какой-то оффиціальный тонъ и многозначительно переглядывалась съ миссъ Гудъ, когда онъ разсказывалъ о вчерашнемъ спектаклѣ въ Озеркахъ.

"Эге, начинается бабій бунтъ", — подумалъ Бургардтъ, наблюдая своихъ женщинъ.

Да, у женщинъ въ нѣкоторые моменты является проста какая-то прозорливость, онѣ, какъ пчелы, предчувствуютъ самое появленіе соперницы. Почему, напримѣръ, Анита раньше ничего не замѣчала, хотя онъ пропадалъ изъ дому иногда по нѣскольку дней? Вѣроятно, у него что нибудь есть въ выраженіи лица или въ манерѣ себя держать. Однимъ словомъ, чувствовался другой человѣкъ. Бургардту казалось, что даже и горничная какъ будто смотритъ на него другими глазами. Не замѣчая за собой, Бургардтъ проявлялъ въ то же время совершенно необычную для него угодливость, какъ поступаютъ виноватые мужья.

Послѣ завтрака онъ поступилъ уже совсѣмъ безтактно. Обыкновенно онъ отдыхалъ у себя въ кабинетѣ съ часъ, пробѣгая газеты. Сегодня онъ измѣнилъ своему обыкновенію и остался въ столовой, чтобы поговоритъ съ Анитой.

— Ну, какъ, дѣтка, мы будемъ устраиваться съ нашимъ лѣтомъ?— спрашивалъ онъ фальшивымъ голосомъ.— Теперь миссъ Гудъ пріѣхала, и мы можемъ гдѣ-нибудь взять хвостикъ лѣта...

Анита посмотрѣла на него удивленными глазами и улыбнулась улыбкой обманутой женщины.

— Лѣто прошло, папа, и объ этомъ не стоитъ говорить...

— Мы можемъ уѣхать на осень въ Крымъ или заграницу...

— Ты забылъ, что у меня есть гимназія, а тебѣ придется работать для весенней выставки... Ты, какъ я замѣчаю, папа, начинаешь лѣниться...

— А, вѣдь, ты, Анита, права... да...

Бургардтъ вынужденно засмѣялся и поцѣловалъ Аниту, что миссъ Гудъ не понравилось. Положимъ, поцѣлуй отца, но Анита уже въ такомъ возрастѣ, когда съ поцѣлуями нужно обращаться осторожно. Анита продолжала оставаться холодной, и Бургардтъ опять вспомнилъ про старика Гаузера, который не являлся точно на зло.

Цѣлый день Бургардтъ провелъ очень тревожно и едва дождался вечера, когда условился быть у миссъ Мортонъ. Онъ и страстно желалъ этого свиданія, и чего-го смутно боялся. До

146

сихъ поръ онъ еще не былъ ни разу у нея съ визитомъ. Она жила на Большой Морской, въ какихъ-то меблированныхъ комнатахъ. Раза три Бургардтъ проѣзжалъ мимо и не могъ рѣшиться нанести визитъ. Почему — онъ и самъ не могъ себѣ объяснить. Но сегодня онъ долженъ былъ ѣхать къ ней, потому что такъ было условлено, и въ записной книжкѣ миссъ Мортонъ стояла лаконическая фраза: "Завтра я васъ жду"... Какъ она его встрѣтитъ? Онъ напрасно старался представить себѣ выраженіе ея лица, ея глаза, улыбку. Даже то, что случилось вчера въ саду, начинало казаться ему какимъ-то сномъ. Это было какое-то безумное счастье, отъ одной мысли о которомъ у него захватывало дыханіе. Нѣтъ, онъ счастливъ, какъ молодой богъ... Къ чорту всѣ сомнѣнія! Жизнь человѣческая такъ коротка, и ни одно солнце не поднимется во второй разъ. А, вѣдь, люди больше всего боятся именно собственнаго счастья, какъ слѣпые, когда имъ снимутъ катарактъ, боятся дневного свѣта.

Бургардтъ отправился на Морскую часовъ въ девять вечера. Анита видѣла, что онъ уѣзжаетъ, но не спросила, куда онъ ѣдетъ, зачѣмъ и надолго ли. Онъ вышелъ изъ своей квартиры съ чувствомъ вора, который уноситъ съ собой самое дорогое и боится, что его кто нибудь остановитъ на дорогѣ. Только на улицѣ онъ вздохнулъ свободнѣе. Жаръ свалилъ. Съ моря громоздившимися облаками надвигалась гроза. Подъѣзжая къ Морской, Бургардтъ слышалъ первый ударъ грома. У него мелькнула малодушная мысль о бѣгствѣ, — вѣдь можно послать письмо, что некогда или что нибудь въ этомъ родѣ.

Она была дома и встрѣтила его въ передней. Первое впечатлѣніе, которое непріятно подѣйствовало на него — это запахъ какихъ-то крѣпкихъ восточныхъ духовъ. У миссъ Мортонъ было три комнаты, устроенныхъ, какъ бонбоньерки, что тоже не понравилось Бургардту.

— Я такъ ждала...— объясняла она, не сопротивляясь его ласкамъ.

Онъ точно опьянѣлъ отъ одного взгляда на нее, и ему показалось, что онъ уже раньше бывалъ вотъ въ этихъ комнатахъ, знаетъ всю обстановку, всѣ привычки хозяйки и что никогда не уйдетъ отсюда.

Бургардтъ замѣтилъ, что сегодня у нея шевелились губы, точно она что-то повторяла про себя. Но развѣ нужны были слова, когда такъ краснорѣчиво блестѣли эти глаза... И онъ еще могъ колебаться, могъ въ чемъ-то сомнѣваться, раздумывать, — онъ больше уже не принадлежалъ самому себѣ.

— Милая, милая, милая...— шепталъ онъ, теряя всякое чувство дѣйствительности.— Я тоже ждалъ и много думалъ и былъ счастливъ, что могу думать о тебѣ...

Все время визита Бургардта безпокоила мысль о старухѣ Мортонъ. Ему даже казалось, что она сидитъ въ сосѣдней комнатѣ, но миссъ Мортонъ какимъ-то чутьемъ угадала его мысли и, не дожидаясь неловкаго вопроса, предупредила, что "мама въ Лондонѣ". Бургардтъ вздохнулъ свободно, хотя и не желалъ оставаться въ этихъ комнатахъ, въ которыхъ было что-то подозрительное.

— Мы ѣдемъ на острова?— предложилъ онъ.

Она согласилась и вопросительно посмотрѣла на него.

XXIII

Докторъ Гаузеръ по прежнему бывалъ у Бургардта довольно часто, но какъ-то случалось такъ, что онъ появлялся именно въ тѣ часы, когда хозяина не было дома. Можетъ быть, это была простая случайность, но миссъ Гудъ это не нравилось, и она не отпускала отъ себя Аниты. Старикъ проявлялъ по отношенію къ ней особенную внимательность и даже привозилъ конфекты, причемъ миссъ Гудъ краснѣла и строго говорила доктору:

— Это лишнее, г. Гаузеръ... да. Вы испортите характеръ Аниты...

Анита очень удивлялась, что конфекты привозились именно ей, но находила такой обычай очень хорошимъ, потому что любила конфекты. Потомъ у нея явилось сомнѣніе въ адресѣ, по которому приносились въ ихъ домъ конфекты, и начала слѣдить за поведеніемъ своего стараго друга. Закончилось это наблюденіе открытіемъ, что старикъ Гаузеръ влюбленъ въ миссъ Гудъ. Анита въ этомъ не сомнѣвалась, хотя и молчала съ лукавствомъ маленькой обезьянки.

Но появилось и неопровержимое доказательство. Разъ утромъ Анита ворвалась въ кабинетъ къ отцу нея красная отъ душившаго ее смѣха.

— Папа, милый, посмотри, что это такое...

Она подала отцу листокъ почтовой бумаги съ виньеткой изъ незабудокъ. Онъ былъ исписанъ убористымъ старческимъ почеркомъ и въ заголовкѣ стояло: къ ней.

— Что это такое?— удивлялся Бургардтъ.

— Прочитай, папочка... Это ужасно смѣшно.

Это было самое удивительное произведеніе, какое только случалось Бургардту когда нибудь читать.

"Я былъ степнымъ вѣтромъ,
Я поднимался утреннимъ туманомъ,
Я падалъ на истомившуюся отъ зноя землю дождемъ,
Я былъ соловьиной трелью и хрипѣньемъ умирающаго,
Я летѣлъ въ небо птицей и рычалъ въ лѣсу звѣремъ,
Я былъ голубымъ цвѣточкомъ въ рукахъ невинной
дѣвушки,
Я заглядывалъ въ ея спальню лучемъ утренняго
солнца,—
Я былъ всѣмъ, потому что я — все...
Я — все, потому что полюбилъ тебя.
Я любилъ тебя, когда еще ты не родилась на свѣтъ".

Подъ этимъ наборомъ фразъ стояла черта и подъ ней приписка, сдѣланная другой рукой:

"И я плакалъ... какъ старый швейцарскій сыръ!"

Бургардтъ прочиталъ нѣсколько разъ написанное и, возвращая листокъ Анитѣ, проговорилъ:

— Это бредъ какого-то сумасшедшаго...

— Нѣтъ, папочка, это писалъ Гаузеръ... Написалъ и забылъ въ столовой на столѣ. Можетъ быть, онъ это сдѣлалъ съ намѣреніемъ... А послѣ него приходилъ Сахановъ, прочиталъ и сдѣлалъ приписку. Ты узнаешь его руку?

— Да, да... Теперь и я начинаю понимать: старикъ хотѣлъ пошутить...

— Нѣтъ, папа, онъ писалъ серьезно...

Бургардтъ засмѣялся въ свою очередь, когда Анита ушла. Милый старикашка былъ влюбленъ, но не могъ никакъ поладить съ риѳмами и притомъ написалъ по русски, а миссъ Гудъ читала только по англійски. Всего вѣроятнѣе, что это былъ только конспектъ для будущаго произведенія, и старикъ просто забылъ его въ столовой. Примѣчаніе Саханова заставило Бургардта хохотать до слезъ.

— Вотъ комики! — повторялъ онъ.

По настоящему слѣдовало бы вернуть этотъ листочекъ автору, но это было невозможно, благодаря примѣчанію Саханова.

— Да, любовь всесильна...— думалъ Бургардтъ.— Бѣдный Гаузеръ!.. Онъ опоздалъ какъ разъ на тридцать лѣтъ...

По пути Бургардтъ припомнилъ, что и самъ онъ тоже опоздалъ лѣтъ этакъ на пятнадцать. Ему начинали иногда приходить въ голову мысли о старости. Да, она близилась, безпощадная, холодная, жалкая въ собственномъ безсиліи... Это особенно чувствовалось, когда миссъ Мортонъ смотрѣла на него такими пытливыми глазами. Она, вообще, держалась неровно и бывали такіе дурные дни, когда точно замерзала. Сядетъ куда нибудь въ уголокъ, закутается въ шаль и точно ничего не видитъ, что дѣлается кругомъ. По отношенію къ Бургардту эта неровность проявлялась особенно рельефно. То она ласкалась, какъ котенокъ, то смотрѣла на него совсѣмъ чужими глазами, точно удивлялась, что онъ въ одной комнатѣ съ ней.

Бургардтъ бывалъ теперь на Морской каждый день и часто мучился совершенно нелѣпыми вещами. Такъ мысль о старухѣ Мортонъ положительно его убивала. А если она не въ Англіи, а гдѣ нибудь въ Петербургѣ, чего могла не знать и сама дочь? Можетъ быть, съ другой стороны, что она потихоньку навѣщаетъ дочь, что тщательно скрывается обѣими вмѣстѣ. Въ самой обстановкѣ комнатъ чувствовалось что-то подозрительное и то неуловимое нѣчто, когда люди живутъ не по средствамъ или добываютъ ихъ какимъ нибудь нелегальнымъ путемъ. Кстати, о средствахъ онъ какъ-то раньше совсѣмъ не думалъ. Чѣмъ живетъ, въ самомъ дѣлѣ, эта миссъ Мортонъ? Спросить ее прямо объ этомъ онъ не рѣшался.

— Эта обстановка хозяйки комнатъ, — объяснила однажды дѣвушка, угадывая мысли Бургардта.

Вотъ вамъ и разгадка: зачѣмъ было старухѣ Мортонъ прятаться, когда она могла взять комнату для себя отдѣльно, чтобы не компрометировать своимъ присутствіемъ дочь. Но, вѣдь, за комнату нужно платить, деньги нужны на костюмы и просто на мелочные расходы? Потомъ Бургардтъ замѣтилъ у миссъ Мортонъ нѣсколько очень дорогихъ бездѣлушекъ, какъ брошь и серьги съ изумрудами, кольца и браслеты, и ему было непріятно, что она прятала ихъ отъ него, какъ ему, впрочемъ, казалось, а въ дѣйствительности могло выходить и случайно. Бургардтъ замѣтилъ, что всѣ эти бездѣлушки совершенно новыя, сдѣланныя по спеціальнымъ рисункамъ. Однимъ словомъ, что-то было, чего онъ не понималъ, какъ не понималъ иногда холоднаго выраженія лица миссъ Мортонъ, какого-то особеннаго способа щурить глаза и особенно улыбаться.

Послѣдняя особенность серьезно его огорчала, точно каждая такая улыбка убивала ту миссъ Мортонъ, которую онъ такъ безумно любилъ.

Разъ, встрѣтивъ на улицѣ Васяткина, Бургардтъ остановилъ его.

— Ужасно тороплюсь, Егоръ Захаровичъ, — предупредилъ его Васяткинъ.— Представьте себѣ: Ивановъ умеръ... да... Завтра похороны.

— Какой Ивановъ?

— Ахъ, какой вы... Ну, онъ постоянно бывалъ у Кюба и на скачкахъ. Его всѣ ресторанные татары знаютъ... Онъ, кажется, игралъ на биржѣ. И вдругъ... да... Не желаете ли сигарку? Ахъ, да, послѣдняя новость: вы, конечно, читали статью Саханова? Вотъ это называется взять быка за рога...

— Развѣ она напечатана? Т. е. онъ говорилъ мнѣ, что будетъ печатать осенью какую-то статью о меценатахъ...

— Не утерпѣлъ и напечаталъ, а осенью будетъ другая. И какъ написана!.. За границей одна такая статья сдѣлала бы человѣку имя. Нѣмцы кричали бы: "пирамидаль! колоссаль!.." И замѣтьте, какъ остроумно сдѣлано самое заглавіе: "Меценатъ въ искусствѣ", а не "меценаты"

— Въ чемъ же тутъ остроуміе?

— Очень просто: назови онъ "меценаты" — каждый думалъ бы, что это написано про другихъ, а теперь каждый будетъ думать, что это именно про него. Жаль, что нѣтъ Красавина, а я ему уже приготовилъ одинъ экземплярчикъ... Ха-ха!.. Интересно будетъ посмотрѣть на его физіономію, когда онъ прочтетъ статью. Кстати, тамъ есть нѣкоторые намеки и по вашему адресу. Очень тонкіе намеки, правда, но можно узнать.

Когда они уже прощались, Бургардтъ спросилъ какъ будто между прочимъ:

— Скажите, пожалуйста, Алексѣй Иванычъ, вѣдь вы знаете все на свѣтѣ... Мнѣ давеча показалось, что я встрѣтилъ старуху Мортонъ.

— Позвольте: старуха Мортонъ... Это мать нѣмушки? Нѣтъ, она въ Англіи... Была, но уѣхала. Впрочемъ, о комъ мы говоримъ? Я могу перепутать... Были двѣ старухи Мортонъ, обѣ англичанки и у каждой по красавицѣ дочери. Вѣдь въ этомъ міркѣ псевдонимы переходятъ изъ рукъ въ руки, какъ имена скаковыхъ лошадей.

Бургардтъ едва отвязался отъ этого болтуна. Онъ замѣтилъ, что въ послѣднее время его начали раздражать старые друзья. Ну, что такое сами по себѣ вотъ этотъ Васяткинъ или Сахановъ,

— чѣмъ дальше отъ нихъ, тѣмъ лучше. Сахановъ хоть умный человѣкъ, а Васяткинъ уже совсѣмъ негодяй. Даже если взять Брасавина, то и онъ самая подозрительная личность. Въ числу удивительныхъ особенностей послѣдняго принадлежало то, что онъ не сердился на оскорбленія, какъ было въ тотъ пикникъ, когда Бургардтъ спьяна наговорилъ ему какихъ-то дерзостей. Положимъ, что на пьяныхъ людей нельзя сердиться, но тутъ было и нѣчто другое, что понялъ Бургардтъ изъ поведенія новой миссъ Гудъ, именно, развѣ сердятся на людей "услужающихъ", которыхъ, когда они не нужны, просто выгоняютъ, а въ обыкновенное время игнорируютъ. Статья Саханова какъ-то не выходила изъ головы Бургардта, и онъ часто думалъ о ней. Что же, что правда, то правда... Конечно, Сахановъ пересолилъ и съ излишнимъ усердіемъ подтасовалъ факты, а все-таки, если разобрать, и т. д.

Встрѣча Васяткина произвела на Бургардта самое непріятное впечатлѣніе, а вернувшись домой, онъ засталъ чуть не драку.

Еще въ передней человѣкъ Андрей, принимая пальто, заявилъ съ ироніей:

— Ихъ превосходительство изволили весьма взбунтоваться... Ругаютъ г. Саханова на чемъ свѣтъ стоитъ.

Изъ кабинета доносился крикливый голосъ доктора Гаузера. По дорогѣ Бургардтъ видѣлъ, какъ Анита подслушивала изъ гостиной и скрылась въ столовую, когда увидѣла его.

— Въ васъ нѣтъ ничего священнаго... да!..— кричалъ докторъ, размахивая роковымъ листочкомъ со стихами.

— Во-первыхъ, я не церковный сторожъ...— совершенно спокойно отвѣчалъ Сахановъ, сидя на диванѣ.— Во вторыхъ, это не обязательно...

— А... а... а.. не обязательно?!.— визжалъ старикъ, наскакивая на Саханова, какъ пѣтухъ.— А я обязанъ быть старымъ швейцарскимъ сыромъ? Я никогда не былъ старымъ швейцарскимъ сыромъ... Я — старый честный баварецъ, у меня есть свой король, я даже не бывалъ въ Швейцаріи.

— Вы перепутываете, мейнъ герръ...— невозмутимо отвѣчалъ Сахановъ, раскуривая сигару.— Я написалъ: какъ старый швейцарскій сыръ. Это только сравненіе, которое допускается всѣми учителями словесности. Затѣмъ, самъ по себѣ сыръ вещь очень вкусная и для желудка полезная и, наконецъ, слезы доказываютъ только высокую чувствительность души и великое преимущество надъ нами всякой женщины. Вообще, я чувствую себя правымъ.

— Раэвѣ хорошо читать чужія письма?

— Это было не чужое письмо, а просто, выражаясь юридически, res nullias... Прибавьте къ этому, что я очень уважаю васъ и что примѣчаніе, говоря между нами, довольно остроумно, что очень рѣдко встрѣчается въ наше безцвѣтное время.

— Я знаю, что вы остроумый человѣкъ, но въ васъ все-таки не осталось ничего священнаго!— упрямо повторялъ докторъ и даже топалъ ногами.— Вы — погибшій человѣкъ!

Бургардтъ оставилъ друзей ссориться, сколько имъ угодно, а самъ отправился сдѣлать выговоръ Анитѣ за ея предательство. Это, кажется, былъ еще первый серьезный выговоръ, который онъ дѣлалъ дочери. Она выслушала его съ удивленными глазами и, повидимому, осталась при своемъ коварствѣ. У нея на лицѣ появилось такое же упрямое выраженіе, какъ у Гаврюши. Бургардтъ только махнулъ рукой и отправился къ себѣ въ кабинетъ, откуда уже слышался смѣхъ Гаузера. Недавніе враги сидѣли на диванѣ рядомъ, и Сахановъ, хлопая хохотавшаго старика по колѣнкѣ, объяснялъ что-то такимъ тономъ, какимъ говорятъ съ дѣтьми.

— Охъ, я умираю!— стоналъ докторъ.— Это невозможный человѣкъ... Это чудовище!...

— Вы не подумайте, что я сказалъ что-нибудь дѣйствительно остроумное, — предупреждалъ Сахановъ Бургардта тѣкъ хе тононъ.— А только получилась очень оригинальная комбинація. Милый докторъ прямо отбиваетъ хлѣбъ у декадентовъ... Влюбиться въ человѣка, который еще не родился, даже не былъ еще въ зародышевомъ состояніи...

— Позвольте, г. Сахановъ, — перебивалъ его докторъ:— вы человѣкъ развратный и не можете понять самой простой вещи... Докторъ Гаузеръ былъ молодъ и бѣденъ и встрѣтилъ дѣвушку молодую, красивую и бѣдную. Да? У доктора Гаузера былъ только умъ, и этотъ умъ сказалъ ему: "не дѣлай красивую, молодую, бѣдную дѣвушку несчастной"... Такъ? Докторъ Гаузеръ остался старымъ холостякомъ и потомъ, черезъ тридцать лѣтъ, опять встрѣчаетъ ее, ту самую бѣдную, молодую, красивую дѣвушку, которую разъ уже любилъ. И сердце (тогда говорилъ больше умъ доктора Гаузера) доктора Гаузера сказало:
"Я любилъ тебя, когда ты еще не родилась на свѣтъ"...

— Да, это совершенно новая форма любви, непредусмотренная даже учебниками словесности. Это цѣлое открытіе, и всѣ декаденты ахнули бы отъ неожиданности такой

153

комбинаціи. Да, милый докторъ Гаузеръ... И я даю только съ своей стороны опредѣленіе этому новому чувству: любовь-продіусъ. На скачкахъ есть такой призъ, который называется "продіусъ", т. е. записываютъ на призъ еще не родившихся лошадей, но предполагаемыхъ по нѣкоторымъ даннымъ къ рожденію именно въ такомъ-то году. Простите за грубую аналогію, но другой я не могъ подыскать.

— Господи, развѣ можно говорить съ такимъ человѣкомъ?— стоналъ докторъ Гаузеръ.

Бургардтъ только пожалъ плечами. Онъ рѣшительно ничего смѣшного не находилъ въ шутовствѣ Саханова и не могъ никакъ понять веселаго настроенія стараго доктора. Объясненіе могло быть одно: старикъ впадалъ въ дѣтство.

Вечеромъ, прощаясь съ отцомъ, Анита тихонько шепнула ему на ухо:

— Милый папочка, я понимаю, что поступила дурно, но не могла удержаться...

— А я забылъ тебѣ сказать еще одно: каждая глупость ведетъ за собой слѣдующую. Не слѣдовало передавать письмо доктору, а затѣмъ еще больше не слѣдовало подслушивать, какъ они будутъ ссориться. Наконецъ, ты ставишь въ глупое положеніе людей, которые имѣютъ право на извѣстное уваженіе...

— И Сахановъ?— спросила Анита, дѣлая удивленное лицо.

— Да, и Сахановъ...

Это объясненіе только прибавило горечи. Бургардтъ еще раньше замѣтилъ у Аниты скептическое отношеніе къ артистамъ, художникамъ и вообще къ его друзьямъ, въ которыхъ она видѣла только однѣ слабыя стороны. Въ ней начинало сказываться чисто русское неуваженіе къ именамъ, больше — желаніе ихъ унизить, развѣнчать и, вообще, уничтожить, какъ ребенокъ уничтожаетъ свои игрушки.

XXIV

Миссъ Мортонъ иногда куда-то уѣзжала, и это волновало Бургардта. Ей одной было трудно ѣздить, значитъ, она ѣздила съ кѣмъ нибудь. Нѣсколько разъ Бургардтъ оставлялъ въ ея квартирѣ свою визитную карточку, и она каждый разъ объясняла ему одно и то же:

— Я была въ Озеркахъ, у Марины Игнатьевны... Мнѣ скучно сидѣть одной по цѣлымъ днямъ.

Съ этимъ объясненіемъ нельзя было не согласиться. Бачульская продолжала, очевидно, сердиться на него, не пріѣзжала сама и не приглашала къ себѣ. Бѣдная ревновала его... Но, съ другой стороны, онъ совершенно не могъ понять, какъ она могла ухаживать за миссъ Мортонъ, которую считала своей соперницей. Это уже выходило совсѣмъ не по-женски. Есть вещи, которыхъ самыя идеальныя женщины не прощаютъ. А миссъ Мортонъ разсказывала, какъ Марина Игнатьевна ее любитъ и скучаетъ, если она нѣсколько дней не бываетъ у ней.

— А вы ее любите?— спросилъ какъ-то Бургардтъ. Миссъ Мортонъ посмотрѣла на него и только улыбнулась.

Бургардтъ почему-то днемъ говорилъ ей всегда "вы" и только вечеромъ переходилъ на "ты". Ее это забавляло, а для него оставалось загадкой, чему она иногда улыбается.

Разъ онъ захотѣлъ ее провѣрить и по горячему слѣду отправился въ Озерки. Миссъ Мортонъ оказалась у Бачульской, но онъ не пошелъ къ нимъ, чтобы не выдавать своей неудавшейся ревности. Кто пойметъ двухъ женщинъ, которыя любятъ одного и того же мужчину?

Дня черезъ три Бургардтъ встрѣтилъ Бачульскую въ Петербургѣ. Она поздоровалась съ нимъ довольно сухо и проговорила:

— Егорушка, вы держите себя, какъ гимназистъ шестого класса... Пріѣзжаете incognito въ Озерки, чтобы узнать, у меня ли миссъ Мортонъ. Представьте себѣ мое положеніе, когда моя прислуга докладываетъ мнѣ, что видѣла васъ, какъ вы разспрашивали дворника.

— Да, это было, — признался Бургардтъ.— Думаю, что не нужно ставить надъ і точку? А вотъ, почему вы не хотите бывать у меня...

— Я? О, сто и одна причина, какъ отвѣчалъ какой-то комендантъ, когда сдалъ свою крѣпость непріятелю и сказалъ, что первая причина была та, что у него не было пороха. Его просили не продолжать перечисленіе послѣдовавшихъ отсюда дальнѣйшихъ причинъ.

— Comparaison n'est pas raison...

— Вы хотите знать? Извольте... Ваша Анита меня ненавидитъ, и мнѣ это больно чувствовать. У васъ есть новая миссъ Гудъ, которая ненавидитъ меня заочно. Наконецъ, я не хочу бывать въ домѣ, гдѣ все наполнено другой женщиной. Да, я ревнива, я — Медея... Скажу больше: васъ удивляетъ, почему

155

я ухаживаю за миссъ Мортонъ?... Ахъ, въ этомъ есть непонятное вамъ жгучее удовольствіе!!. Наслаждаться собственными муками, отравлять себя каждую минуту... Когда пытали Равальяка, вливая горячее масло въ его раны, онъ кричалъ: "Сильнѣе! Сильнѣе!..." Однимъ словомъ, вы этого не поймете, мой дорогой другъ...

— Марина Игнатьевна, что вы говорите? Опомнитесь...

— Какой трогательный совѣтъ... Вѣдь женщина должна быть только красивой и пикантной, а горе ее старитъ и дѣлаетъ безобразной... Вы правы, мой другъ. Сумасшествіе никогда не можетъ быть красивымъ... Меня можетъ вылѣчить только ваша женитьба. Видите, какъ я говорю откровенно и прямо... Бѣдняжка васъ такъ трогательно любитъ. Она мнѣ разсказываетъ все и часто плачетъ...

— О чемъ?

— Отъ счастья... Она любитъ, а любовь — это судь Божій. Да... Наконецъ, Егорушка, вы должны ее пощадить и не компромметировать своими ухаживаньями. Для дѣвушекъ существуетъ спеціальное уложеніе о наказаніяхъ...

— Вы серьезно совѣтуете мнѣ жениться, Марина Игнатьевна?

— О, да... Я этого даже требую. Вы сдѣлаетесь совсѣмъ другимъ человѣкомъ... Въ послѣднее время вы работали вяло, а присутствіе любимой женщины воодушевитъ васъ, вдохнетъ новыя силы. Вѣдь соловей поетъ только для своей жены, для нея-же павлинъ распускаетъ свой хвостъ...

— ... и для нея же олень носитъ свои великолѣпные рога?

Простившись, Бачульская вернулась и, взявъ Бургардта за руку, надѣла ему да мизинецъ маленькое колечко въ формѣ змѣйки съ рубиновыми глазками и брилліантомъ въ раскрытой пасти.

— Даръ Медеи...— прошептала она, улыбаясь. Бургардту сдѣлалось ея жаль, и онъ долго провожалъ глазами извозчичью пролетку, гремѣвшую по мостовой. Да, у женщинъ есть страшный недостатокъ — всѣ онѣ напоминаютъ одна другую, какъ монеты одного чекана. Даже горе не дѣлаетъ ихъ разнообразнѣе. Марина Игнатьевна только повторила то, что ему говорили другія женщины. Да, онѣ тоже кончали великодушіемъ, когда ничего другого не оставалось. Бѣдная Марина Игнатьевна...

Мысль о женитьбѣ приходила Бургардту нѣсколько разъ и безъ совѣта Бачульской. Но для ея реализаціи у него просто не хватало смѣлости. Доходило до того, что онъ представлялъ себѣ обиженное лицо человѣка Андрея, который, конечно, не одобритъ женитьбы на нѣмушкѣ. А тамъ Анита, миссъ Гудъ, Гаврюша, добрые знакомые...

"Вотъ нѣтъ Шипидина, — подумалъ Бургардтъ, привыкшій въ трудныя минуты своей жизни хотя заочно обращаться къ неизмѣнному старому другу.— Онъ бы разсудилъ и рѣшилъ все сразу"...

Дома Бургардта какъ-то все начало теперь раздражать, и онъ дѣлался придирчивымъ, что было уже совсѣмъ не въ его характерѣ. Вообще, онъ жилъ сейчасъ раздвоенной жизнью, и дома у себя ему казалось пусто. Какой нибудь выходъ изъ такого ненормальнаго положенія долженъ былъ быть, и нормальный здоровый человѣкъ давно бы его отыскалъ. Самимъ собой Бургардтъ чувствовалъ себя только на Морской, и въ одинъ изъ визитовъ къ миссъ Мортонъ у него явилась счастливая мысль, именно, отчего бы не съѣздить куда нибудь вдвоемъ, стряхнувъ съ себя эти сѣрые будни. Побыть вдвоемъ нѣсколько дней, внѣ всякихъ условій, внѣ раздражающихъ мелочей, внѣ той паутины, которой опутана жизнь каждаго... Да, это была счастливая мысль.

— Если бы мы съѣздили на Иматру?— предложилъ Бургардтъ, когда миссъ Мортонъ приняла скучающій видъ.

Она какъ-то вздрогнула и посмотрѣла на него удивленными большими глазами, а потомъ улыбнулась своей загадочной улыбкой.

— Дня на два, на три...— продолжалъ свою мысль Бургардтъ.— Будемъ совершенно одни... Да, хорошо?

Она какъ-то боязливо прижалась къ нему и долго держала его руку въ своихъ рукахъ. Потомъ въ записной книжкѣ появился отвѣтъ:

— Какъ хочешь...

На нее находили минуты такой милой покорности, когда она точно боялась кого-то разбудить.

— Главное, никого-никого знакомыхъ, — объяснялъ Бургардтъ.— Совершенно одни... Горы, лѣсъ, чудныя озера... Ахъ, какъ мы будемъ счастливы, когда будемъ чувствовать себя совершенно свободными, и весь міръ на время исчезнетъ для насъ. Вѣдь это называется счастьемъ...

Записная книжка отвѣтила той же фразой:

— Какъ хочешь, милый...

Какъ всѣ безхарактерные люди, Бургардтъ, не откладывая дѣла въ долгій ящикъ, рѣшилъ, что они выѣдутъ завтра же.

— Какъ хочешь, милый...

— Да, я этого именно хочу! Каждый человѣкъ имѣетъ право быть самимъ собой хоть два-три дня...

Мысль объ этой поѣздкѣ точно опьянила Бургардта, хотя дома онъ и не сказалъ прямо, куда ѣдетъ и насколько времени. Явилась та маленькая домашняя ложь, которая окутываетъ нашу жизнь и гнѣздится въ каждой комнатѣ, какъ паутина по угламъ. Анита сдѣлала видъ, что ей все равно — это тоже была маленькая домашняя ложь. Дѣвочка выдержала характеръ и не стала разспрашивать, куда онъ ѣдетъ. Она знала только одно, что онъ ѣдетъ не одинъ.

Бургардтъ ужасно торопился, точно человѣкъ, который въ первый разъ рѣшается ѣхать по желѣзной дорогѣ и боится опоздать, потерять багажъ и пропустить какой-то роковой срокъ. Когда онъ заѣхалъ на слѣдующій день за миссъ Мортонъ, она встрѣтила его съ равнодушной усталой улыбкой.

— Вы, кажется, не рады этой поѣздкѣ?— участливо спрашивалъ ее Бургардтъ.

— Нѣтъ, рада...— совершенно равнодушно объяснила она.

Бургардтъ боялся какой-нибудь неожиданной встрѣчи съ кѣмъ нибудь изъ своихъ многочисленныхъ знакомыхъ, пока поѣздъ идетъ до Выборга, и рѣшилъ впередъ, что упорно будетъ сидѣть въ вагонѣ. Но на финляндскомъ вокзалѣ уже встрѣтился знакомый докторъ, ни имени, ни фамиліи котораго онъ не зналъ.

— На дачу?— спрашивалъ докторъ, походившій на купца съ Сѣнной, и, не дожидаясь отвѣта, прибавилъ съ улыбкой:— А я тоже на дачу и нагруженъ, какъ верблюдъ...

Онъ глазами показалъ на картонки и свертки, которые держалъ въ обѣихъ рукахъ.

— До свиданія, — прощался онъ.— Какъ видите, я добросовѣстно исполняю роль дачнаго мужа...

Это еще было милостиво. Докторъ былъ мало знакомъ и встрѣча не могла имѣть угрожающаго характера. Другое дѣло если встрѣтить Саханова, Бахтерева или Бачульскую. Само, опасное было доѣхать до границы Финляндіи, а тамъ уже дачныя мѣста дѣлаются рѣже, и публика больше финская. Бургардтъ замѣтилъ, что и миссъ Мортонъ волновалась и тревожно поглядывала на желѣзнодорожную публику. Впрочемъ, она успокоилась, когда поѣздъ миновалъ Озерки. Бургардтъ смотрѣлъ въ окно вагона и вспомнилъ почему-то покойную миссъ Гудъ, которая всегда любила Финляндію. Сколько разъ они ѣздили вмѣстѣ вотъ по этой самой дорогѣ, а теперь старушка лежитъ на своемъ кладбищѣ. Миссъ Мортонъ точно понимала мысли Бургардта и, когда при выѣздѣ изъ Петербурга направо мелькнула колокольня католическаго кладбища, показала ему на нее и сдѣлала грустное лицо. Когда поѣздъ проходилъ мимо, Озерковъ, Бургардтъ молча показалъ на блеснувшее въ зелени озеро. Смерть и жизнь шли рука объ руку...

До самого Выборга не случилось ничего особеннаго. Толстякъ докторъ выскакивалъ на каждой станціи, гдѣ былъ буфетъ, и торопливо что нибудь ѣлъ.

— Люблю чухонцевъ, — объяснялъ онъ Бургардту, когда тотъ вышелъ въ буфетъ купить бутылку лимонада.— Какъ ѣдятъ, какъ ѣдятъ — куда нашей прославленной Москвѣ! Нужно умѣть ѣсть, а здѣсь именно умѣютъ ѣсть.

Докторъ точно преслѣдовалъ, и Бургардтъ напрасно ждалъ, когда онъ, наконецъ, исчезнетъ. Разсчетъ, что онъ выйдетъ на какой нибудь промежуточной станціи до Выборга — не оправдался. Въ Выборгѣ миссъ Мортонъ захотѣла прогуляться, чтобы подышать воздухомъ — докторъ оказался опять въ буфетѣ и опять что-то ѣлъ.

— "Это, наконецъ, свинство", — подумалъ Бургардтъ.

Бургардтъ окончательно разсердился, когда, выѣзжая изъ Выборга на Иматру, онъ увидѣлъ торчавшую изъ окна вагона докторскую голову. Получалось что-то вродѣ преслѣдованія, и Бургардтъ возненавидѣлъ ни въ чемъ неповиннаго представителя медицины.

— "А, чортъ, вѣроятно, онъ тоже тащится на Иматру, а говорилъ, что ѣдетъ на дачу", — думалъ Бургардтъ.

Миссъ Мортонъ была все время какая-то вялая, и Бургардтъ замѣтилъ, что она нюхаетъ воздухъ.

— Меня преслѣдуетъ запахъ моихъ любимыхъ духовъ Grabe-Apple, — объяснила она въ своей книжкѣ.— Я чувствую, какъ у меня начинаетъ кружиться голова...

Конечно, это было отъ неподвижнаго сидѣнья въ вагонѣ.

XXV

На Иматру поѣздъ приходитъ около шести часовъ. День былъ великолѣпный. Съ вокзала они отправились пѣшкомъ. Бургардтъ сразу почувствовалъ себя такъ легко и хорошо, точно снялъ съ себя какую-то тяжесть. Онъ любилъ эту бѣдненькую финляндскую природу съ ея выцвѣтшими блеклыми красками и какимъ-то особеннымъ сѣрымъ тономъ, лежавшимъ на всемъ. Вѣдь есть красота и въ этихъ жиденькихъ лѣсахъ съ бахрамой готическихъ стрѣлокъ, и въ свѣтлыхъ озерахъ, и бурныхъ потокахъ, и торчавшихъ изъ земли валунахъ, точно позабытыхъ здѣсь какимъ-то гигантомъ-строителемъ, не успѣвшимъ докончить свою циклопическую постройку. Въ самомъ воздухѣ чувствовалась та особенная бодрящая свѣжесть, какую даетъ только сѣверное скупое лѣто. Близость любимаго человѣка точно освѣщало всю картину.

— Вамъ хорошо, миссъ Мортонъ?

— О, очень...

Она крѣпко опиралась на его руку и улыбалась.

Отъ станціи до главнаго отеля, стоявшаго надъ самымъ водопадомъ, было съ версту. Они остановились на легкомъ желѣзномъ мосту, который такъ смѣло былъ перекинутъ черезъ водопадъ. Внизу вода неслась бурнымъ потокомъ, свиваясь пѣнящимся клубомъ и бросая направо и налѣво шипящія волны, которыя съ какимъ-то бѣшенствомъ лѣзли на прибережныя скалы. Дальше все сливалось въ одну пѣнящуюся массу, клокотавшую въ безумномъ порывѣ вырваться на волю. Собственно это былъ не водопадъ, а рядъ крутыхъ пороговъ.

Миссъ Мортонъ не могла оторвать глазъ отъ кружившейся внизу бездны и чувствовала, какъ у нея начинаетъ кружиться голова. Она крѣпко держалась за руку Бургардта, точно боялась броситься съ моста въ воду.

— Хорошо?— спрашивалъ онъ.

— Очень... Я совершенно счастлива.

Бургардтъ еще изъ Петербурга послалъ телеграмму въ отель на Иматрѣ, чтобы имъ оставили два номера. Прислуга ихъ встрѣтила на подъѣздѣ громаднаго деревяннаго зданія, напоминавшаго барскую дачу. Когда миссъ Мортонъ вошла въ свой номеръ, то поморщилась и объяснила, что здѣсь тоже пахнетъ духами Grab-Apple, какъ давеча на желѣзной дорогѣ.

— Займите мой номеръ, — предлагалъ Бургардтъ, не чувствовавшій запаха модныхъ духовъ.

Въ его номерѣ, выходившемъ окнами прямо на водопаду миссъ Мортонъ нашла тотъ же преслѣдовавшій ее запахъ, хотя и въ меньшей степени.

До обѣда они долго гуляли по обѣимъ берегамъ водопада, любуясь бурной работой воды. У Бургардта явилась мысль о тщетѣ искусства изобразить хотя приблизительно всю подавляющую грандіозность разбушевавшейся стихіи. Музыка и скульптура оставались безсильны, а живопись оставалась плоской ложью, какъ опредѣлилъ ее Гейне. Можетъ быть, искусство будущаго найдетъ новыя средства для осуществленія этой задачи. Книжка миссъ Мортонъ была вся исписана на эту тему, съ добавленіемъ, что и маленькое человѣческое счастье тоже недоступно искусству, хотя въ жизни каждаго человѣка случаются свои страшные водовороты и бурные моменты, выходитъ свое ясное солнце и наступаютъ благодатные теплые дни.

Кое-гдѣ по берегу бродили скучающіе туристы, въ лѣсу мелькали дамскіе зонтики, но настоящаго оживленія не чувствовалось. Русская публика не умѣетъ веселиться. Бургардтъ чувствовалъ себя безсовѣстно счастливымъ и старался избѣгать всякихъ встрѣчъ. Миссъ Мортонъ раскраснѣлась отъ ходьбы и свѣжаго воздуха. Въ кижикѣ появилась фраза: "Я тебя люблю... очень..."

Они вернулись въ отель только къ восьми часамъ вечера, когда обѣдъ уже кончался. Имъ соглашались подать только изъ особой любезности, какъ своимъ квартирантамъ. Бургардтъ петербургскимъ глазомъ сразу взвѣсилъ всѣ достоживства отеля, у котораго не было и тѣни чего-нибудь кабацкаго, какъ даже въ лучшихъ петербургскихъ ресторанахъ. Все было солидно и носило почти семейный характеръ. Въ общей залѣ на столикахъ лежали иллюстрированныя изданія и разные альбомы. вездѣ цвѣты, а среди нихъ стояли гипсовые бюсты знаменитыхъ финляндскихъ людей. Послѣднее носило самый трогательный характеръ. Маленькая страна съ такой материнской заботливостью относилась къ своимъ именамъ. Бургардтъ пожалѣлъ, что не могъ показать этого своей Анитѣ. Была и библіотека, гдѣ всѣ стѣны были украшены портретами, среди которыхъ находились и русскіе. Это являлось маленькой любезностью по отношенію къ метрополіи. Вообще, все было хорошо, кончая выдержанной приличной прислугой, которая не проявляла татарской угодливости и ресторанаго халуйства.

Они заняли мѣсто на террасѣ и первое, что замѣтилъ Бургардтъ, былъ опять толстякъ докторъ, который что-то ѣлъ, уткнувшись лицомъ въ тарелку.

"Ну, пусть его ѣстъ, — подумалъ Бургардтъ, на всякій случай садясь къ доктору спиной.

По финляндскому обычаю предъ обѣдомъ была подана опять закуска, и миссъ Мортонъ съ большимъ аппетитомъ принялась уничтожать какіе-то шведскіе консервы. Бургардтъ немножко былъ шокированъ этимъ, — для него ѣда, вообще, не

161

существовала, а сейчасъ въ особенности. Онъ сидѣлъ и думалъ о томъ, въ какой формѣ ему сдѣлать предложеніе. Лучшій моментъ былъ, какъ ему казалось, пропущенъ, именно, когда они сидѣли въ деревянной бесѣдкѣ у самаго водопада. Прозаическая обстановка обѣда точно нарушала важность наступившаго момента, а тутъ еще аппетитъ миссъ Мортонъ. "Эти англичане всѣ помѣшаны на питаніи"— думалъ Бургардтъ, точно стараясь оправдать аппетитъ миссъ Мортонъ

После закуски она съ такимъ же аппетитомъ принялась за обѣдъ и съ улыбкой показала на стоявшую въ меню жареную форель. Вѣдь такой форели нигдѣ не достать — прямо изъ водопада, живая. Когда миссъ Мортонъ ѣла, Бургардту припоминались слова доктора Гаузера, — у нея въ лицѣ, дѣйствительно, получалось "преобладаніе животныхъ инстинктовъ". Впрочемъ, всѣ люди, когда ѣдятъ, не отличаются особенной красотой. Терраса была пуста и только подъ конецъ прiѣхали три дѣвушки велосипедистки съ финляндскими ножами на поясахъ. Онѣ заняли отдѣльный столикъ и, видимо, были счастливы собственной свободой. Да, онѣ прiѣхали въ ресторанъ однѣ, что-то заказали и даже спросили полбутылки какого-то вина. Бургардтъ невольно полюбовался возбужденными молодыми лицами, точно освѣщенными безпричиннымъ счастьемъ первой нетронутой молодости. Дѣвушки посматривали на миссъ Мортонъ и о чемъ-то шептались, очевидно передавая взаимныя впечатлѣнія. Сейчасъ, по сравненію, Бургардтъ въ особенности оцѣнилъ вызывающую красоту своей дамы, останавливавшую на себѣ общее вниманіе:

Подана была жареная форель. Миссъ Мортонъ сдѣлала видъ, что апплодируетъ этому чуду финской кухни. Но она взяла всего одинъ кусокъ и положила его обратно на тарелку. Форель была пропитана Grab-Apple...

— Это не можетъ быть!— вступился Бургардтъ.— Это вамъ просто кажется... Какая-то галлюцинація...

Но лицо миссъ Мортонъ поблѣднѣло, она быстро поднялась изъ-за стола и, закрывая ротъ платкомъ, быстро пошла въ общій залъ. Бургардтъ побѣжалъ за ней, чтобы проводить до ея номера и едва поспѣвалъ. Въ номерѣ съ ней сдѣлалось дурно, но она объяснила, что это пройдетъ, и что она все-таки будетъ ѣсть чудную форель.

— Вы уходите, а я сейчасъ приду, — объяснила она.— Скажите, чтобы не убирали форель...

Онъ вернулся и тщательно изслѣдовалъ свою порцію

форели, причемъ оказалось, что, конечно, никакого признака запаха духовъ не было, а форель пахла форелью. Бургардтъ только покачалъ головой, удивляясь дамскимъ нервамъ.

— Ну, domine, какъ здѣсь кормятъ...— раздался за его спиной голосъ неотступнаго доктора.— Какъ это у чухонцевъ называются ихъ закуски на вокзалахъ? ѣшь-ѣшь-ѣшь, а потомъ сорокъ копѣекъ заплатишь, да еще водку можешь даромъ пить. Это, батенька, такая роскошь... Я нарочно останавливаюсь на Иматрѣ, чтобы пообѣдать. Грѣшный человѣкъ, не утерпѣлъ и послѣ обѣда спросилъ еще себѣ порцію жареной форели... Вѣдь такой форели вы нигдѣ въ свѣтѣ не получите. Unicum...

— Послушайте, докторъ, при вашей комплекціи...

— Э, все равно. Доктора умираютъ точно такъ же, какъ и обыкновенные люди...

Докторъ хотѣлъ что-то еще прибавить на эту тему, но увидѣлъ выходившую изъ залы миссъ Мортонъ и отошелъ къ своему столику, соображая, что бы ему еще такое съѣсть.

У миссъ Мортонъ явилось недовольное выраженіе лица, когда она нашла свою порцію форели остывшей. Бургардтъ, чтобы поправить свою оплошность, заказалъ новую порцію. Когда ее принесли, миссъ Мортонъ, не обнюхивая, взяла кусокъ въ ротъ и опять поблѣднѣла.

— Духи... опять духи...— объяснила она, вскакивая. Когда она ушла въ свой номеръ, Бургардтъ рѣшился обратиться за совѣтомъ къ доктору, который опять что-то ѣлъ.

— А я сейчасъ ее посмотрю, вашу даму, — спокойно заявилъ докторъ, вытирая жирное лицо салфеткой.

Бургардтъ объяснилъ, что она нѣмая и что съ ней можно объясняться только знаками. Докторъ махнулъ рукой и пошелъ на верхъ. Бургардтъ остался на террасѣ. Нѣсколько минутъ, которыя провелъ докторъ на верху, показались ему слишкомъ долгими. Онъ прислушивался къ шуму водопада и старался сосчитать ритмическій ропотъ бушевавшей въ слѣпой ярости воды.

Докторъ вернулся улыбающійся и, пожимая плечами, проговорилъ:

— Самая обыкновенная вещь...

— Именно?

— Видите ли, я не знаю вашихъ отношеній къ этой дамѣ...

— Она — дѣвушка.

— Да, но и съ дѣвушками иногда случается... Однимъ словомъ, самая обыкновенная вещь.

Докторъ продолжалъ улыбаться. Бургардтъ смотрѣлъ на

него остановившимися глазами и боялся понять ужасную истину. Ему казалось, что водопадъ шумитъ у него въ головѣ... Потомъ онъ проговорилъ задыхавшимся голосомъ:

— Вы хотите сказать, что она въ такомъ положеніи?

— Внѣ всякаго сомнѣнія, domine...

А водопадъ шумѣлъ, шумѣлъ...

XXVI

Что можетъ быть печальнѣе дома, изъ котораго ушелъ мужчина? Анита почувствовала это еще въ первый разъ, почувствовала ту гнетущую пустоту, которая остается послѣ любимаго человѣка. Раньше она какъ-то не замѣчала отлучекъ отца, потому что домъ наполняла старая миссъ Гудъ, а новая миссъ Гудъ являлась почти подругой и часто смотрѣла на Аниту съ нѣмымъ вопросомъ въ глазахъ. Послѣднее злило Аниту, и дѣвочка хмурилась. Про себя она рѣшила, что отецъ уѣхалъ куда-нибудь съ Бачульской. Да, непремѣнно съ ней. Вѣдь онъ такой безхарактерный, а Бачульская настоящая полька, хитрая и выдержанная. Иногда Анитѣ дѣлалось жаль отца, иногда она на него сердилась и часто ей слышались его шаги, заставлявшіе ее радостно вздрагивать. О, какъ бы она бросилась къ нему на шею и, припавъ къ родной груди, прошептала:

— Папа, милый папа, не оставляй насъ...

Время шло мучительно медленно. Анита уже по немногу привыкла убивать его, какъ это дѣлаютъ интеллигентныя женщины. Она что-то такое вышивала, что-то такое читала, что-то такое хлопотала, и была счастлива, когда могла сказать, что ей некогда. Миссъ Гудъ плела какое-то безконечное шотландское кружево, и, глядя на нее, можно было подумать, что она спеціально создана именно только для того, чтобы плести это кружево. Въ видѣ развлеченія онѣ иногда позволяли себѣ прокатиться по Невѣ на финляндскомъ пароходикѣ, а днемъ ходили по гостиному двору и присматривались къ выставленнымъ въ витринахъ сезоннымъ новостямъ. Разъ, когда онѣ стояли предъ голландскимъ магазиномъ и любовались бѣльемъ, Аниту окликнулъ кто-то. Она обернулась и смутилась — предъ ней стояла Бачульская съ покупками въ рукахъ.

— Здравствуйте, Анита... А гдѣ папа?

Анита поняла, что Бачульская притворяется, и отвѣтила довольно сухо:

— А я думала, что вы вмѣстѣ съ нимъ уѣхали въ Финляндію?

— Развѣ онъ въ Финляндіи?

Анита не сочла нужнымъ отвѣчать, а только усмѣхнулась, глядя прямо въ глаза хитрой полькѣ. Да, папа долженъ теперь скоро вернуться...

Однако, папа не пріѣхалъ, и Анита еще разъ обвинила Бачульскую въ хитрости. Вѣроятно, она нарочно встрѣтила ихъ въ гостиномъ дворѣ, чтобы не было подозрѣній, а папа пріѣдетъ потомъ одинъ.

Возмущалъ Аниту и старикъ Гаузеръ, который каждый разъ спрашивалъ, гдѣ папа. Вѣроятно онъ зналъ, о! конечно, зналъ, гдѣ папа, а спрашивалъ, какъ Бачульская, чтобы обмануть ее, Аниту. Мысль о матери раньше какъ-то очень рѣдко приходила въ голову Аниты; для нея мать была только портретъ, висѣвшій въ отцовскомъ кабинетѣ, а сейчасъ она все дольше и дольше останавливалась на этой мысли. Какая была она, эта мать? Какой у нея былъ голосъ, походка, смѣхъ, привычки? Въ домѣ какъ-то не осталось о ней никакихъ воспоминаній, точно она никогда не существовала. А сейчасъ Анита чувствовала наростающую потребность именно въ родной женской душѣ. У нихъ была какая-то выморочная семья. У отца родныхъ не осталось, а со стороны матери были какіе-то братья, но они жили гдѣ-то далеко, и отецъ не любилъ говорить о нихъ. Анитой овладѣвало иногда сантиментальное настроеніе, она уходила въ отцовскій кабинетъ, затворяла за собой двери и просиживала здѣсь по цѣлымъ часамъ. Ей казалось, что это нужно и что она должна чаще и чаще думать о матери-портретѣ. Ей даже казалось, что мать-портретъ смотритъ на ней и что-то хочетъ сказать.

— Мама, милая мама, — шептала Анита со слезами на главахъ и была довольна собственной чувствительностью.

Когда приходилъ старикъ Гаузеръ, у миссъ Гудъ являлось недовольное выраженіе лица, и она говорила Анитѣ:

— Что этому старику нужно? Удивляюсь... Если бы мистеръ Бургардтъ былъ дома... У насъ, въ Англіи, это совершенно не принято, за исключеніемъ самыхъ близкихъ родственниковъ, какъ братья.

— А у насъ даже очень принято, — объясняла Анита.

— Женщины однѣ и вдругъ совершенно посторонній мужчина.

— Во первыхъ, Гаузеръ не мужчина, а докторъ, затѣмъ — онъ старикъ и, въ третьихъ, другъ дома.

Миссъ Гудъ только пожимала плечами, а лукавая Анита только улыбалась. Конечно, Гаузеръ очень добрый статскій совѣтникъ, но этотъ добрый статскій совѣтникъ, кажется, не забывалъ и о себѣ. Разъ онъ, сидя въ гостиной съ Анитой, замѣтилъ:

— А кто передавалъ мой стихотворный конспектъ Саханову? О, вы — злой дѣвочка... да.

Анита даже не смутилась. Она съ неистовымъ любопытствомъ дѣвочки-подростки слѣдила за каждымъ шагомъ доктора Гаузера и убѣдилась, что онъ влюбленъ въ миссъ Гудъ. Дѣвочка въ первый разъ видѣла влюбленнаго человѣка, и ей даже хотѣлось заглянуть внутрь статскаго совѣтника Гаузера, чтобы увидѣть, что тамъ дѣлается. Ее начинали волновать какія-то неопредѣленныя мысли и чувства, назвать которыя она не съумѣла бы при всемъ желаніи. Потихоньку она часто наблюдала миссъ Гудъ и любовалась ея смущеніемъ и законнымъ негодованіемъ, когда приходилъ "мужчина" Гаузеръ. Въ миссъ Гудъ происходило что-то такое, чего Анита не понимала. Анитѣ казалось, что Гаузеру было бы непріятно, если бы отецъ вернулся, и это ее злило.

Къ удивленію Аниты она видѣла разъ собственными глазами, какъ миссъ Гудъ разговаривала съ Гаузеромъ, и разговаривала какъ-то особенно. У нея на блекнувшемъ лицѣ выступали яркія пятна, грудь поднималась и въ упрямыхъ англійскихъ глазахъ появлялось смущеніе. Аниту забавляло то, что самъ Гаузеръ смущался еще больше и говорилъ что-то невозможное на ломаномъ англійскомъ языкѣ.

— Кажется я ошибалась относительно этого... Гаузера, — замѣтила разъ миссъ Гудъ.

— Онъ джентльмэнъ, миссъ Гудъ, — иронически поправила Анита.

— Да, добрый старый джентльмэнъ, — думала вслухъ миссъ Гудъ.— Я даже читала въ какомъ-то романѣ именно про такого добраго стараго джентльмэна, который...

Что сдѣлалъ "старый добрый джентльмэнъ" — для Аниты такъ и осталась загадкой. Она сама прочла нѣсколько романовъ, гдѣ были и старые и молодые джентльмэны, и рѣшительно ничего не поняла. Ей даже казалось, что они совсѣмъ глупые, ну, какъ есть глупые, даже глупѣе человѣка Андрея. Хуже всего было то, что старикъ Гаузеръ точно заискивалъ предъ Анитой и даже дѣлалъ сладкіе глаза.

— У! противный старикашка... сердилась Анита, дѣлая строгое лицо.

Разъ докторъ пріѣхалъ раньше обыкновеннаго. А человѣкъ Андрей встрѣтилъ его въ передней съ загадочной улыбкой.

— Баринъ пріѣхалъ?— спросилъ докторъ.

— Точно такъ-съ... Изволятъ почивать въ кабинетѣ.

Было одиннадцать часовъ, и докторъ отправился прямо въ кабинетъ. Кто-же спитъ до одиннадцати часовъ... Это чисто русская распущенность. Германскій императоръ встаетъ въ шесть часовъ утра, а президентъ французской республики уже принимаетъ въ восемь. Въ кабинетѣ на диванѣ, дѣйствительно, спалъ "баринъ", только не Бургардтъ. Докторъ остановился въ дверяхъ и поднялъ брови. Въ этомъ домѣ всегда пріятныя неожиданности. Охъ, ужъ эти господа артисты... На первомъ пданѣ красовались задранные на диванный валикъ настоящіе мужицкіе сапоги. Да, самые настоящіе, даже съ подковками на каблукахъ. Затѣмъ, баринъ спалъ нераздѣтый, подложивъ вмѣсто подушки подъ голову какой-то бѣлый мѣшокъ. Это явленіе заинтересовало доктора Гаузера, и онъ сдѣлалъ нѣсколько шаговъ къ письменному столу. Спавшій "баринъ" открылъ глаза, зѣвнулъ и посмотрѣлъ на доктора совершенно равнодушно, какъ смотрятъ на кошку, которая бродитъ подъ стульями. Потомъ "баринъ" сѣлъ, вытянулъ ноги въ мужицкихъ смазныхъ сапогахъ съ заправленными въ голенища штанами, почесалъ прямо по мужицки пятерней всклоченные волосы и проговорилъ такимъ тономъ, точно только вчера разстался съ докторомъ Гаузеромъ:

— Одначе здорово на машинѣ усталъ... Вамъ случалась ѣздить въ третьемъ классѣ? Да? Цѣлую ночь не спалъ...

— Нѣтъ, я уже давно никуда не ѣзжу, — довольно сухо отвѣтилъ Гаузеръ, строго подбирая губы.

— Напрасно, — такъ-же спокойно отвѣтилъ "баринъ", зѣвая.— А я, знаете, пріѣхалъ, всѣ спятъ въ домѣ, т. е. барыни, ну, и я завалился, да вотъ и всхрапнулъ.

— Всхрапнулъ?— переспросилъ Гаузеръ.

— Даже весьма превосходно...

Баринъ еще разъ вытянулъ свои мужицкія ноги, съежилъ плечи и съ какой-то особенной улыбкой проговорилъ:

— Вы, вѣроятно, скульпторъ или, вообще, художникъ?

— Нѣтъ, я — докторъ Гаузеръ.

— Докторъ? А я — Шипидинъ, Григорій Максимовичъ. Моя профессія... да... Ну, какъ вамъ сказать?.. Однимъ словомъ, землю пашу. Земледѣлецъ, мужикъ тожъ... Понимаете: бауэръ?

— У насъ въ Германіи нѣтъ мужиковъ.

— Ну, это все равно. Дѣло не въ названіи...

Шипидинъ засмѣялся, протягивая Гаузеру свою мозолистую руку съ скрюченными пальцами.

— А куда дѣлся Егоръ Захаровичъ?— спросилъ онъ.— Я спрашивалъ этого оболтуса Андрея и ничего не могъ добиться.

— Онъ уѣхалъ въ Финляндію и скоро долженъ вернуться.

— Такъ... Что-же, придется подождать.

— И я тоже жду...

— А вамъ-то для чего нужно? Впрочемъ, я дѣлаю глупый вопросъ... У всякаго свои дѣла. Докторъ, а вы хотите ѣсть? А я того, не прочь перекусить...

Анита ужасно обрадовалась, когда узнала, что пріѣхалъ Григорій Максимовичъ, и встрѣтила его совсѣмъ по родственному. Миссъ Гудъ узнала, что этотъ странный господинъ — русскій диссидентъ и немного пуританинъ, что ее успокоило, хотя она и не могла никакъ понять, почему русскіе диссиденты должны носить ужасные сапоги, отъ которыхъ воняетъ дегтемъ.

Осмотрѣвшись немного, Шипидинъ рѣшилъ про себя, что въ домѣ какъ будто не совсѣмъ ладно. Повышенная нервность Аниты и ея преувеличенная нѣжность по отношеніи къ нему лично ему не понравились. Что-то такое случилось, чего онъ не могъ понять. Ему не понравился и тонъ, которымъ Анита разсказывала о смерти старой миссъ Гудъ. Дѣвочка, видимо, не понимала понесенной потери и немного манерничала. Къ новой миссъ Гудъ онъ отнесся совершенно безразлично, какъ и къ старику Гаузеру.

XXVII

Шипидинъ былъ очень огорченъ, что не засталъ Бургардта дома и что совершенно неизвѣстно, когда онъ вернется изъ своей таинственной поѣздки. Шипидину было необходимо съ нимъ посовѣтоваться. Дѣло въ томъ, что онъ пріѣхалъ въ Петербургъ по настоятельному предложенію Красавина. Даже не успѣлъ докончить свою деревенскую страду и поѣхалъ. Красавинъ написалъ очень длинное письмо, которое служило только продолженіемъ того разговора, который онъ имѣлъ съ Шипидинымъ передъ его отъѣздомъ въ деревню.

"Я могу показаться назойливымъ, что хочу васъ вырвать изъ деревни въ самую дорогую рабочую пору, — писалъ Красавинъ, подчеркивая нѣкоторыя слова: — Я самъ мужикъ и отлично понимаю, какое вы сдѣлаете мнѣ одолженіе, если пріѣдете. Но времени терять не приходится. Помните, я говорилъ вамъ тогда о своемъ имѣньи въ Финляндіи, которое мнѣ совершенно не нужно? Если бы вы пріѣхали, мы уговорились бы окончательно и порѣшили дѣло. Я часто вспоминаю васъ и передумываю нашъ разговоръ. Да, необходимо торопиться, ибо ни одинъ день не вернется. Я иногда начинаю чувствовать себя ужасно старымъ, я начинаю бояться смерти и т. д. Понимаю, что это глупо и смѣшно, но что подѣлаете, когда нервы расходятся. Однимъ словомъ, пріѣзжайте и переговоримъ обо всемъ подробно. Захватите съ собой ту книжечку американскаго философа (фамилію его забылъ), о которомъ мы тогда бесѣдовали."

Само по себѣ письмо Красавина ничего особенно изъ себя не представляло, кромѣ излишне интимнаго тона, какимъ пишутъ только очень близкимъ людямъ. Но въ концѣ этого письма стояла приписка, которой Шипидинъ какъ-то не могъ понять; именно, Красавинъ писалъ, что онъ сейчасъ читаетъ Ницше и что лично познакомился съ нимъ, когда былъ въ Соловкахъ. Ницше и Соловки — это ужъ совсѣмъ не вязалось одно съ другимъ. Что Красавинъ былъ не совсѣмъ нормальный человѣкъ — въ этомъ Шипидинъ убѣдился изъ послѣдняго разговора съ нимъ. Вѣроятно, Бургардтъ могъ бы объяснить все, потому что зналъ Красавина давно.

Въ Павловскъ Шипидинъ поѣхалъ только на другой день вечеромъ. Громадная красавинская дача совсѣмъ пряталась въ лѣсу и была выстроена въ какомъ-то мудреномъ шведскомъ стилѣ. Но сейчасъ онъ жилъ почему-то не въ большой дачѣ, а гдѣ-то на дворѣ въ деревянномъ флигелькѣ. Въ саду были навалены бревна, и Шипидинъ подумалъ, что затѣвается какая-нибудь перестройка. У флигеля Шипидина встрѣтилъ какой-то мужичокъ въ раскольничьемъ кафтанѣ, съ волосами подстриженными въ скобку. Онъ подозрительно посмотрѣлъ на гостя въ поддевкѣ и довольно неохотно отвѣтилъ, что Антипъ Ильичъ дома.

— Слѣдовательно, я по письму, — объяснялъ Шипидинъ.

— Можетъ вы по лѣсной части, господинъ?— испытующе спрашивалъ раскольничій кафтанъ.— То есть насчетъ бревенъ?

— Нѣтъ, я не по этой части, — спокойно отвѣтилъ

169

Шипидинъ. Красавинъ встрѣтилъ его въ маленькой, полутемной передней и, видимо, не узналъ съ перваго раза.

— Вы, это вы... радостно проговорилъ онъ, пожимая руку гостю, очевидно довольный, что узналъ гостя.— Да, я писалъ вамъ... Очень хорошо, что вы пріѣхали. Да, я радъ...

Обстановка флигеля была самая простая, и Шипидинъ обратилъ особенное вниманіе на передній уголъ, уставленный образами древняго письма.

— Вѣроятно, передѣлка въ домѣ, — подумалъ Шипидинъ, оглядывая низенькую комнатку.

Хозяинъ замѣтилъ этотъ взглядъ и чуть-чуть нахмурился.

— Да, я писалъ вамъ... съ трудомъ проговорилъ Красавинъ, подбирая слова и потирая себѣ лобъ.— Вы очень добры...

Шипидинъ по этому приступу понялъ, что онъ пріѣхалъ совершенно напрасно, и что сейчасъ весь вопросъ только въ томъ, какъ бы отступить съ честью. Растерянный видъ Красавина достаточно говорилъ за себя. Можно было подумать, глядя на него, что онъ что то забылъ и мучается, что не можетъ припомнить. Въ сосѣдней комнатѣ слышались чьи то осторожные шаги и тяжелые вздохи, заставлявшіе Красавина оглядываться.

— Слѣдовательно я пріѣхалъ, чтобы окончательно переговорить съ вами относительно вашего финляндскаго имѣнія, — приступилъ Шипидинъ прямо къ дѣлу.— Насколько я понялъ изъ вашего письма, вы согласны уступить это именье для интеллигентной колоніи... Да?

Красавинъ потеръ лобъ, посмотрѣлъ на гостя припоминающими глазами и, торопливо роняя слова, сказалъ:

— Да, да... Совершенно вѣрно. Но мы объ этомъ поговоримъ потомъ.

Онъ съ какой то заискивающей улыбкой пожалъ руку Шипидину и уже другимъ тономъ прибавилъ:

— А вы видѣли, сколько у меня запасено бревенъ?

— Да... Вы, вѣроятно, хотите что нибудь строить?

— О, нѣтъ!..

Красавинъ какъ-то сразу воодушевился и заговорилъ уже увѣреннымъ тономъ.

— Вы, конечно, знаете какъ медленно ростетъ строевой лѣсъ? Да? Вѣдь каждому дереву шестьдесятъ лѣтъ minimum... Это цѣлое богатство, которое мы пускаемъ по вѣтру. Вы только подумайте, сколько милліоновъ деревьевъ въ Россіи вырубается ежегодно... Я былъ въ Германіи — она вся покрыта лѣсомъ. Тамъ каждое дерево на счету, у каждаго дерева свой номеръ... А наша Россія на югѣ превратится въ зыбучую степь, которую будетъ заносить пескомъ, а на сѣверѣ останутся однѣ безлѣсныя болота. Да... Вы согласны?

— Слѣдовательно, вы правы. Я тоже жилъ въ Германіи я знаю, о чемъ вы говорите.

— Да, да, да... Вотъ я и хочу...

Красавинъ оглянулся и прибавилъ уже шопотомъ:

— Я хочу скупить всѣ бревна въ Россіи. Вѣдь это капиталъ, который вѣрнѣе процентныхъ бумагъ.

— Слѣдовательно, вы хотите скупить лѣса?— попробовалъ догадаться Шипидинъ.

— Зачѣмъ лѣса?— удивился Красавинъ.— Въ копнахъ не сѣно, въ долгахъ не деньги, а въ лѣсу не бревна... Бревно тогда бревно, когда оно лежитъ у меня на дворѣ.

— Значитъ, слѣдовательно, вы хотите открыть лѣсной дворъ?

Вмѣсто отвѣта Красавинъ повелъ гостя къ наваленнымъ въ саду бревнамъ и какъ то умышленно прошепталъ:

— Да вы посмотрите, Григорій Максимычъ, какая прелесть! Мнѣ скоро пришлютъ изъ западнаго края цѣлую партію чудныхъ дубовыхъ брусьевъ, изъ Олонецкой губерніи — лиственницъ, съ Урала кедровыхъ бревенъ... да.

За ними все время, какъ черная тѣнь, въ почтительномъ отдаленіи бродилъ раскольничій кафтанъ. Потомъ изъ флигеля показалась высокая и худая, сгорбленная старуха, повязанная платкомъ по раскольничьи. Она, очевидно, тоже наблюдала за Красавинымъ. Когда они возвращались во флигель, Красавинъ похлопалъ ее по плечу и ласково проговорилъ:

— Ну, какъ, Андреевна, прыгаешь?

Старуха ничего не отвѣтила, а только посмотрѣла на гостя злыми глазами. "Это еще что за шалыганъ выискался?" сердито думала она.

— Это моя нянька, — объяснилъ Красавинъ съ улыбкой.— Чудная старуха... Съ Ветлуги, изъ нашихъ раскольницъ. Представьте себѣ, она какъ то познакомилась съ Ольгой Спиридоновной, которая пріѣзжала ко мнѣ на дачу, и онѣ очень сошлись. Раскольничья начетница и балерина...

— Да, это оригинальная картина, — согласился Шипидинъ, оглядываясь на провожавшую ихъ сердитыми глазами старуху.

Шипидинъ обратилъ вниманіе на странную походку Красавина, ходившаго какъ то особенно прямо и не поворачивавшаго головы. Когда нужно было перемѣнить точку эрѣнія, онъ поворачивался всѣмъ корпусомъ, какъ автоматъ. Раньше этой особенности въ немъ Шипидинъ не замѣчалъ.

Вернувшись обратно во флигель, Красавинъ безъ предисловій заговорилъ о дѣлѣ, по которому вызвалъ Шипидина. У него въ Финляндіи было крупное имѣніе, которое пустовало, и Красавинъ предлагалъ отдать его для устройства интеллигентной колоніи.

— Понимаете, какъ устраиваются въ Америкѣ фермерскія хозяйства, — объяснялъ онъ свою мысль — Я былъ тамъ и проѣхалъ всю страну, до Санъ-Франциско...

— Слѣдовательно, вы имѣете въ виду... гмъ... замялся Шипидинъ, стараясь подобрать подходящее слово.— Однимъ словомъ, на благотворительныхъ началахъ, а это неудобно.

— Нисколько! напротивъ, я хочу устроить все на самыхъ коммерческихъ основаніяхъ и заработаю на этой операціи. Мы устроимъ долгосрочный выкупъ земли, и я буду получать опредѣленную ренту. Замѣтьте, что Финляндія высоко культурная страна, т. е. по сравненію съ нашей Россіей. Вездѣ шоссированныя дороги, пароходы, промышленность, торговля — однимъ словомъ, чухонцы умѣютъ жить, и намъ остается только учиться у нихъ уму-разуму. Нѣтъ поголовнаго пьянства, нѣтъ ужасающаго нищенства цѣлыми волостями, нѣтъ, наконецъ, нашихъ русскихъ пожаровъ, когда огонь точно языкомъ слижетъ цѣлую деревню. Тамъ мызное хозяйство, мыза отъ мызы далеко, и если пожаръ, то сгоритъ всего одна мыза.

Шипидинъ сдѣлалъ нерѣшительное движеніе и совершенно по-мужицки почесалъ въ затылкѣ. Ему вдругъ сдѣлалось какъ-то больно за свою взлохмаченную, бѣдную русскую деревню, точно онъ готовился ей измѣнить. Красавинъ понялъ это движеніе и съ улыбкой замѣтилъ:

— Я догадываюсь, о чемъ вы думаете, Григорій Максимычъ. Я, вѣдь, предлагалъ это имѣнье своимъ волгарямъ. Они пріѣзжали, осмотрѣли, полюбовались на чухонскую чистоту и... уѣхали домой. "Нѣтъ, ужъ, намъ, говорятъ, не способна ихняя чухонская чистота..." Вотъ подите и потолкуйте. Но, вѣдь, то люди совершенно не культурные, да еще на раскольничьей подкладкѣ, а вы люди интеллигентные.

— Слѣдовательно, оно такъ, Антипъ Ильичъ, а все-таки оно того... Однимъ словомъ, нужно переговорить съ нашими.

Красавинъ нахмурился и сдѣлалъ нѣсколько шаговъ по комнатѣ. Онъ начиналъ понимать, что изъ этого дѣла ничего не выйдетъ.

— Удивительное дѣло!— возмущался онъ.— То есть удивительно устроенъ этотъ русскій человѣкъ... Вы знаете, въ моихъ конторахъ на какое нибудь ничтожное мѣстишко въ 15 рублей жалованья всегда сотни кандидатовъ. И, вѣдь, не кто нибудь, а бывшіе студенты, бывшіе офицеры, кончившіе гимназію... Да. А предложи я имъ то, что я сейчасъ вамъ предлагаю — получилась бы та же самая исторія. Я, конечно, понимаю, что ваша основная мысль не въ одномъ личномъ благосостояніи, и вполнѣ раздѣляю ее самъ, но, вѣдь, можно смотрѣть на вещи и шире. Чухонцы такіе же люди, какъ и наши русскіе мужной.

Красавинъ говорилъ убѣдительно и въ то же время чувствовалъ, что послѣднее заключеніе не вѣрно и что самъ онъ не могъ преодолѣть тяжелаго чувства.

Шипидинъ уѣхалъ отъ Красавина ни съ чѣмъ. Меценатъ заговорилъ о какихъ-то веревкахъ, и у него явилось такое же восторженное выраженіе на лицѣ, какъ при разговорѣ о бревнахъ. Шипидину онъ показался тронутымъ человѣкомъ, хотя во всемъ остальномъ, кромѣ своихъ бревенъ и веревокъ, являлся вполнѣ нормальнымъ. Сидя въ вагонѣ, Шипидинъ припоминалъ его слова:

— Вы знаете, кто живетъ въ Россіи: купецъ. Да, онъ знаетъ каждый мышиный уголокъ этой Россіи, онъ всю жизнь рискуетъ, онъ одинъ работаетъ... Пожалуйста, не смѣйтесь надъ этимъ. Вы въ купцѣ видите только одну тѣневую сторону, а если бы интеллигенція дать хотя маленькую часть его энергіи... Скажу проще: купца обвиняютъ въ жадности, но, вѣдь, разъ эта жадность пропала, и купца больше нѣтъ. У васъ есть все, кромѣ энергіи, т. е. даже есть и энергія, но какая-то болѣзненная, спорадическая. Ахъ, нѣтъ, вы меня все равно не поймете...

XXVIII

Вернувшись въ Петербургъ, Шипидинъ засталъ Бургардта дома. Анита, видимо, дулась на отца и поднимала брови, когда онъ съ ней заговаривалъ, — поднимать брови она выучилась у Гаузера. Бургардтъ очень обрадовался старому другу и особенно крѣпко пожалъ его мозолистую руку.

— Слѣдовательно, я былъ у Красавина, — объяснялъ

173

Шипидинъ, не замѣчая, какъ эта фамилія передернула Бургардта.— Странный человѣкъ, вообще...

Взъерошивъ волосы, Бургардтъ проговорилъ задыхавшимся шепотомъ:

— Григорій Максимычъ, ради Бога, не произноси въ моемъ домѣ этой проклятой фамиліи! Я тебя прошу...

Шипидинъ спокойно посмотрѣлъ на взволнованнаго друга, пожалъ плечами и заговорилъ о нынѣшнемъ урожаѣ.

Весь вечеръ прошелъ какъ-то тяжело, и Шипидинъ не могъ понять, въ чемъ дѣло и что случилось. Они поужинали почти молча, и Шипидинъ нѣсколько разъ чувствовалъ, что Бургардтъ какъ-то особенно пристально смотритъ на него.

"Охъ, ужъ эти господа художники", — думалъ Шипидинъ, молча отодвигая отъ себя ломоть "кроваваго ростбифа", который ему предложила миссъ Гудъ изъ особенной любезности, какъ самому старому другу дома.

Анита по англійски объяснила гувернанткѣ, что Шипидинъ вегетаріанецъ, и та успокоилась, хотя весь вечеръ смотрѣла на удивительнаго господина, который можетъ отказаться отъ куска кроваваго дымящагося ростбифа.

Бургардтъ имѣлъ усталый видъ и рано отправился спать къ себѣ въ кабинетъ. Человѣкъ Андрей приготовилъ Шипидину постель въ мастерской.

— А гдѣ Гаврюша?— спрашивалъ Шипидинъ, раздѣваясь.

— Куда-то уѣхалъ. Онъ у насъ на господскомъ положеніи. Лѣтомъ всѣ господа разъѣзжаются и нашъ Гаврило тоже... туда же, за настоящими господами тянется.

Все это человѣкъ Андрей объяснялъ ироническимъ тономъ, потому что въ Гаврюшѣ видѣлъ своего брата мужика, который совсѣмъ не по чину забрался въ барскіе хоромы. Шипидинъ только посмотрѣлъ на него и ничего не отвѣтилъ. Онъ захватилъ съ собой изъ кабинета наудачу еще неразрѣзанную французскую книгу какого-то неизвѣстнаго автора и приготовился почитать на сонъ грядущій. Въ самомъ дѣлѣ, что дѣлается тамъ, въ Европѣ, какъ тамъ люди думаютъ, что говорятъ и что дѣлаютъ. Ему хотѣлось мысленно уйти отъ окружающей русской дѣйствительности, гдѣ такъ все перепуталось и смѣшалось. Но чтеніе сегодня какъ-то не вязалось и, машинально пробѣгая глазами строчку за строчкой, Шипидинъ все время не могъ отвязаться отъ мысли о Красавинѣ и сегодняшнемъ разговорѣ съ нимъ. Между прочимъ, онъ припомнилъ статью Саханова о меценатѣ въ искусствѣ и понялъ, почему Бургардтъ не выноситъ даже фамиліи Красавина.

— Слѣдовательно, оно, пожалуй, и хорошо, — думалъ Шипидинъ, стараясь опять сосредоточить свое вниманіе на книгѣ.— Т. е. для Бургардта хорошо... Это будетъ толчкомъ для какой нибудь идейной, серьезной работы.

Шипидинъ уже хотѣлъ погасить свѣчу, какъ въ корридорѣ послышалось шлепанье туфель, и въ мастерскую вошелъ Бургардтъ. Онъ былъ въ тужуркѣ и показался Шипидину блѣднѣе обыкновеннаго.

— Ты еще не спишь?— спросилъ онъ неизвѣстно для чего.

— Слѣдовательно, не сплю...

Бургардтъ прошелъ по мастерской нѣсколько разъ, посмотрѣлъ на свои работы, прикрытыя холстомъ и напоминавшія какіе-то громадные коконы, и потеръ лобъ, точно стараясь что-то припомнить. Потомъ онъ быстро повернулся и, взъерошивъ волосы, сѣлъ на стулъ около дивана, на которомъ лежалъ Шипидинъ.

— Григорій Максимычъ, ты сегодня сдѣлаешься жертвой дружбы, — предупредилъ онъ, криво усмѣхаясь.

Шипидинъ молчалъ, предчувствуя продолженіе.

— Я знаю, что ты не любишь мои конфесьоны, — продолжалъ Бургардтъ, закуривая папиросу.— Но ты подвернулся въ самое подходящее время и не знаешь, какъ я тебѣ радъ. Да, ужасно радъ... Представь себѣ, я даже хотѣлъ ѣхать къ тебѣ въ деревню, не заѣзжая домой.

— Ко мнѣ?!— удивился Шипидинъ.

— Да, къ тебѣ...

Бургардтъ вскочилъ и опять зашагалъ по мастерской. Ему такъ было трудно начать тяжелое объясненіе.

— Помнишь, какъ я тебѣ разсказывалъ объ этой нѣмой англичанкѣ, которую ты потомъ видѣлъ у меня?

— Да, помню...

Шипидинъ сдѣлалъ нетерпѣливое движеніе. Охъ, ужъ эти господа художники... И, вѣдь, въ сущности, одна скверность, скверное отношеніе къ женщинѣ, которое на ихъ языкѣ называется любовью. Сколько разъ Шипидинъ выслушивалъ подобные конфесьоны Бургардта съ стереотипнымъ началомъ, что онъ еще въ первый разъ въ жизни встрѣтилъ такую необыкновенную женщину и т. д. И все это въ интересахъ искусства.

— Опять женщина? — сурово проговорилъ Шипидинъ.— Опять какая нибудь гнусность?

— Да, гнусность, — спокойно отвѣтилъ Бургардтъ.

— А нельзя ли меня уволить отъ этой гнусности?

175

— Никакъ нельзя...

— Послушай, Егоръ Захарычъ, будетъ ли когда нибудь этому конецъ? Вѣдь у меня всего два уха.

— Будетъ и конецъ.

Шипидина поразилъ спокойный тонъ Бургардта. Это было уже что-то новое.

— Только, пожалуйста, не заставляй меня краснѣть за тебя, — предупреждалъ Шипидинъ, выдерживая суровый тонъ.— Слѣдовательно, и привычкѣ бываетъ предѣлъ...

— Ничего, останешься доволенъ, — съ кривой улыбкой отвѣтилъ Бургардтъ.— Исторія не совсѣмъ обыкновенная, т. е. сама по себѣ она ничего особеннаго не представляетъ, но явилось неожиданно одно усложняющее обстоятельство.

— Слѣдовательно, у васъ всегда неожиданно, — ворчалъ Шипидинъ, оправляя сваливавшееся одѣяло.— Ну, я готовъ къ слушанію...

Бургардтъ торопливо и довольно безсвязно передалъ исторію своего послѣдняго увлеченія, до заключительной сцены въ Веркахъ. Когда онъ говорилъ о своемъ серьезномъ чувствѣ, пальцы лѣвой руки Шипидина выбивали какую-то дробь по валику дивана.

— Да, я хотѣлъ жениться на ней, — говорилъ Бургардтъ.

— То-есть какъ: хотѣлъ? А сейчасъ?

— Имѣй терпѣніе... И женился бы, если бы не Анита. Ты подумай, какъ я введу въ свой домъ такую мачиху?.. Вѣдь Анита скоро будетъ совсѣмъ большая дѣвушка, да... Въ то же время я совсѣмъ не желалъ создавать себѣ фальшиваго положенія...

— Слѣдовательно, надо было все это бросить, — спокойно резюмировалъ Шипидинъ.

— Бросить?!.. испуганно повторилъ Бургардтъ и засмѣялся.— Ты говоришь: бросить?

— Да, я говорю: бросить.

Бургардтъ схватился за голову и принялся шагать по мастерской.

— Развѣ такія вещи бросаютъ?— заговорилъ онъ, останавливаясь.— Ахъ, Григорій Максимычъ, ничего ты не понимаешь, извини меня... Развѣ можно вынуть душу и бросить?..

— Слова, слова и слова...

— Нѣтъ, не слова!!. Ты ошибаешься... Ахъ, Боже мой, какая мука!...

— И это слова...

— Дай досказать до конца...

176

Бургардтъ сѣлъ и, сдерживая волненіе, принялся разсказывать свою роковую поѣздку на Иматру. Да, онъ хотѣлъ серьезно сдѣлать ей предложеніе, потому что дошелъ до такого состоянія, когда люди перестаютъ думать о будущемъ. Она, видимо, начинала догадываться объ этомъ... Боже мой, да, вѣдь, она совершенный ребенокъ!.. Развѣ это чистое, ясное, какъ небо, лицо могло обмануть? Шипидинъ никакъ не могъ понять, почему такъ волнуется Бургардтъ, и перебилъ его:

— Она не приняла твоего предложенія?

— Нѣтъ, я къ счастью не успѣлъ его сдѣлать...

— Къ счастью? Слѣдовательно, ничего не понимаю окончательно.

Когда Бургардтъ закончилъ свой разсказъ, Шипидинъ сѣлъ на своей постели и забормоталъ:

— Слѣдовательно... слѣдовательно... да... Почему-же ты думаешь, что здѣсь виноватъ именно Красавинъ? Можетъ быть, простой шантажъ...

— О, нѣтъ, ее продала мать, получила деньги и уѣхала куда-то въ Вѣну. Она мнѣ разсказала все откровенно... Я убью этого негодяя!..

— Онъ могъ и не знать, кого ему продаютъ...

— Нѣтъ, онъ зналъ... Однимъ словомъ, это самая гадкая исторія, которую и разсказывать тяжело. Тутъ и Васяткинъ запутанъ, и Ольга Спиридоновна... Боже мой, кто бы могъ подумать? О, я имъ всѣмъ отомщу... Даю тебѣ честное слово, что я буду мстить.

— Слѣдовательно... Да, слѣдовательно... Что же она, то-есть что она думаетъ дѣлать? Впрочемъ, я дѣлаю глупый вопросъ...

— Я ее привезъ обратно въ Петербургъ и пока оставилъ на прежней квартирѣ. Необходимо что нибудь придумать... Нельзя же оставаться въ такомъ положеніи... Ахъ, у меня голова идетъ кругомъ! Мнѣ начинаетъ казаться, что я схожу съ ума...

Шипидинъ думалъ о Красавинѣ и только пожималъ плечами. Неужели этотъ человѣкъ, тосковавшій о какой-то мистической правдѣ, способенъ былъ пасть такъ низко? Вѣдь это ужасно... Такъ можетъ поступать только дикій безсмысленный звѣрь, нѣтъ — звѣрь не умѣетъ покупать и продавать. А потомъ, какая ужасная расплата за все поведеніе Бургардта. Что онъ будетъ теперь дѣлать съ опозоренной любимой дѣвушкой? Бургардтъ точно услышалъ его мысль и съ твердостью заявилъ:

— Раньше я колебался, жениться или нѣтъ, а теперь колебанія не можетъ быть — я долженъ жениться...

— Чтобы отравить и себѣ и ей всю жизнь?

— Этого никто не долженъ знать. Каждый, кто только смѣетъ пикнуть, будетъ имѣть дѣло уже со мной... Я гдѣ-то читалъ, что у оренбургскихъ казаковъ существуетъ такой обычай: если жена провинится предъ мужемъ въ его отсутствіи и если мужъ при возвращеніи домой прикроетъ ее полой своей казацкой шинели — все прощается, и станица не смѣетъ пикнуть. Это прекрасный обычай... Я тоже прикрываю свою любовь, свое счастье, свою жизнь!.. Я имъ всѣмъ покажу, что есть еще порядочные люди на свѣтѣ... Не прими это за игру въ благородство. Я дѣлаю только то, что долженъ сдѣлать. А какія мы, мужчины, свиньи, если разобрать.

— Знаешь, что, Егоръ Захарычъ, — заговорилъ Шипидинъ, барабаня пальцами по одѣялу.— Я завтра утромъ съѣзжу къ Красавину. Вѣдь онъ не женатъ, слѣдовательно... Однимъ словомъ, я ему все объясню...

Бургардтъ захохоталъ. О, sancta simplicitas!.. Онъ, этотъ бородатый младенецъ, объяснить негодяю, что онъ негодяй...

— Нѣтъ, этого уже я не позволю, — горячо заговорилъ Бургардтъ, угрожающе поднимая руку.— Онъ не долженъ даже подозрѣвать, что у него имѣетъ родиться ребенекъ... Никто этого не долженъ знать!.. Понимаешь: она — моя...

XXIX

Шипидинъ хотѣлъ уѣзжать домой, потому что при настоящихъ условіяхъ съ Красавинымъ не могло быть никакихъ дѣлъ. Но онъ остался ради Бургардта, потерявшаго окончательно голову. Приглядываясь со стороны, Шипидинъ все таки не могъ понять истиннаго настроенія своего друга. Да, конечно, непріятно, но есть вещи, о которыхъ просто не говорятъ. Чистота человѣка, конечно, вещь громадная, но требовать ее можетъ тоже только совершенно чистый человѣкъ. Почему мужчина, глубоко испорченный въ большинствѣ случаевъ, требуетъ въ дѣвушкѣ прежде всего ея чистоты, и чѣмъ испорченнѣе этотъ мужчина, тѣмъ строже это требованіе?

— Представимъ себѣ такой случай, слѣдовательно... резонировалъ Шипидинъ.— Да, случай, и самый простой притомъ, и такихъ случаевъ ты и я знаемъ сотни. Слѣдовательно, женятся на вдовахъ, у которыхъ есть свое прошлое и результаты этого прошлаго въ видѣ дѣтей. Отчего же дѣвушки съ прошлымъ ставятся точно внѣ закона?.. Я не желаю сказать, что всякая дѣвушка должна имѣть прошлое — храни, Богъ! нѣтъ, я останавливаюсь на исключительныхъ случаяхъ, какъ данный.

— А развѣ я этого не понимаю? — отозвался Бургардтъ, въ отчаяніи ломая руки. — Развѣ я не передумалъ этого тысячи разъ?! Но то, что выходитъ такъ просто и ясно въ теоріи, на практикѣ заставляетъ мучиться и страдать... Меня будетъ вѣчно преслѣдовать эта мысль о прошломъ! Это отравитъ всю жизнь и сдѣлаетъ обоихъ несчастными...

— Слѣдовательно, это уже звѣрство... да!.. Тѣмъ болѣе, что, насколько я понимаю, эта дѣвушка является въ данномъ случаѣ только жертвой. Самое большое, въ чемъ ее можно обвинить, это — непониманіе того, что она дѣлала. Какъ она росла? Какое воспитаніе получила? Что видѣла кругомъ себя? Ты видѣлъ только одну ея молодую красоту, а не человѣка, не душу, не равнаго съ собой. Мы здѣсь дѣло имѣемъ съ простой физической ошибкой съ одной стороны, а съ другой — съ карающимъ формализмомъ... Да, мы беремъ на себя смѣлость осудить ее, а, вѣдь, это тоже самое, какъ въ библейскія времена такихъ дѣвушекъ забрасывали камнями. Неужели въ одной, и то полусознательной ошибкѣ весь человѣкъ?

Бургардтъ ничего не понималъ, а только слышалъ отдѣльныя слова и удивлялся, что Шипидинъ продолжаетъ доказывать ему то самое, что онъ не передумалъ, а переболѣлъ. Боже мой, какихъ простыхъ вещей вотъ такіе безусловно добрые и глубоко честные люди не понимаютъ! Шипидинъ видѣлъ, что его слова не достигаютъ цѣли, и тоже началъ волноваться.

— Слѣдовательно, если говорить откровенно... да...— заговорилъ онъ съ непривычной быстротой. — Да, откровенно... Что тебя удерживаетъ отъ рѣшительнаго шага? Я тебѣ скажу откровенно то, въ чемъ ты боишься признаться самому себѣ. Тебя не столько убиваетъ самъ по себѣ фактъ, а то, что о немъ знаютъ или подозрѣваютъ другіе, какъ какой-нибудь Красавинъ или Ольга Спиридоновна. Да, это такъ. Я убѣжденъ, что не будь этого страха, ты завтра же женился бы на миссъ Мортонъ...

Голова Бургардта опустилась. Другъ дѣтства попалъ въ самое больное мѣсто.

— Скажу больше, — продолжалъ Шипидинъ. — Ты даже въ состояніи игнорировать самого Красавина, въ скромности котораго можно eo ipso быть увѣреннымъ...

Бургардтъ какъ-то замычалъ отъ боли и закрылъ лицо руками. О, какъ друзья умѣютъ быть жестокими... Вѣдь это была настоящая пытка. А расходившійся Шипидинъ все не унимался, развивая свою тему все шире.

— Слѣдовательно, представимъ себѣ такую картину: родится ребенокъ....

— О, довольно, довольно! взмолился Бургардтъ.

— Да, онъ родится, какъ живой упрекъ физическаго и нравственнаго зверства. Войди въ его положеніе... да... Мы, какъ истинные фарисеи, любуемся дѣтьми, мы ставимъ себѣ даже въ заслугу любовь къ нимъ, а тутъ-же лишаемъ всякихъ правъ и преимуществъ еще не родившееся существо. Развѣ это не звѣрство? Почему ни одно животное не отрекается отъ своихъ дѣтей и единственнымъ исключеніемъ остается вѣнецъ зоологической лѣстницы, человѣкъ? Никто не обязанъ нести кару за преступленія другихъ, а незаконорожденный ребенокъ долженъ искупать всей своей жизнью ошибку своихъ родителей... Мы только притворяемся добрыми и любящими, мой дорогой другъ, а въ сущности хуже всякаго дикаго звѣря, который не щадитъ жизни, защищая своего дѣтеныша. Да, я не вѣрю въ вашу злую цивилизацію, какъ она ни обставляй себя послѣдними словами науки, всѣми чудесами техники и гипнотизирующимъ радужнымъ туманомъ искусства. Мы не умѣемъ любить, мой дорогой другъ, потому что въ насъ нѣтъ истинной любви...

Бургардтъ подавленно молчалъ и чувствовалъ себя виноватымъ. Шипидину сдѣлалось его жаль, какъ жалѣютъ провинившагося ребенка. Но онъ не могъ удержаться.

— Почему нѣтъ истиннаго могучаго искусства? Нѣтъ истинной любви... За любовь принимается простая похоть и наше искусство, за рѣдкими исключеніями, является служеніемъ именно этой похоти, ея разжиганіемъ...

— Ты повторяешь мысли Саханова, — замѣтилъ Бургардтъ.

— Нѣтъ, Сахановъ затронулъ только шкурный вопросъ въ искусствѣ, роль мецената въ немъ, а я беру всего художника, помимо всякаго мецената. Конечно, я профанъ въ техникѣ вашего искусства, но говорю о его духѣ, о той его подводной части, которая обыкновенно не принимается во вниманіе. Посмотри, какая прелесть даже наивные и глубоко условные образцы средневѣковыхъ художниковъ. А почему? Они умѣли вѣрить и умѣли любить... Тамъ творилъ цѣльный человѣкъ, который оставался великимъ даже въ своихъ ошибкахъ. Да, ошибки всегда были, онѣ неизбѣжны, но онѣ покрываются только однимъ чувствомъ истинной любви. Вотъ чего вамъ всѣмъ не достаетъ... Истинно любящій человѣкъ — это большой человѣкъ, это та гора, къ которой постепенно подходитъ Магометъ. А мы жалко теряемся, когда намъ нужно дѣйствовать, дѣйствовать просто и обыкновенно. Представь себѣ такую простую вещь, что пройдетъ тридцать-сорокъ лѣтъ и отъ Сахановыхъ, Васяткиныхъ и компаніи не останется даже слѣда, какъ отъ маленькихъ сквѣрныхъ животныхъ, которыхъ изъ приличія даже не называютъ по имени.

— Но они кусаются?

— Это ихъ право, слѣдовательно...

— Мнѣ не нравится, что ты сердишься, Григорій Максимычъ. Вѣдь это тоже проявленіе злой цивилизаціи... Ты мнѣ дѣлаешь больно, потому что живьемъ разнимаешь на части...

— Для твоей-же пользы. Тебѣ много дано и съ тебя потребуется больше. Обыкновенно вы, гг. художники, ставите себя на особую полочку и руководствуетесь въ жизни своей спеціальной моралью, т. е. никакой моралью, позволяя себѣ рѣшительно все.

— Теперь наступаетъ день возмездія?

— Нѣтъ, ты не понимаешь меня, Егоръ Захарычъ... Можетъ быть, я не умѣю объяснить тебѣ. Ты охотно обвиняешь всѣхъ другихъ, а самого себя оставляешь въ сторонѣ, какъ существо привилегированное.

Бургардтъ поморщился и съ больной улыбкой проговорилъ:

— Ты въ этомъ случаѣ, пожалуй, правъ... Раньше сахановская статья о меценатѣ мнѣ не нравилась, а сейчасъ я могу думать о ней съ одобреніемъ. Дескать, такъ и надо, катай его. Вѣроятно, это въ природѣ вещей, что люди обращаютъ охотнѣе и свое вниманіе и свои симпатіи на выгодныя въ данный моментъ для нихъ вещи.

Между друзьями происходили горячіе споры, чуть не доводившіе до серьезной размолвки и заканчивавшіеся взаимными рѣзкостями. Шипидина возмущала больше всего какая-то роковая раздвоенность Бургардта, который все медлилъ, колебался и переходилъ постоянно отъ одного настроенія къ другому. Онъ нѣсколько разъ давалъ честное слово, что завтра-же поѣдетъ къ миссъ Мортонъ и такъ или иначе покончитъ дѣло. Но наступало это завтра, и Бургардтомъ овладѣвала нерѣшительность. Въ одинъ изъ такихъ моментовъ Шипидинъ спокойно заявилъ.

— Давай мнѣ адресъ миссъ Мортонъ, я самъ съѣзжу и объяснюсь съ ней... Я кое-что еще помню по англійски.

Бургардтъ въ первый моментъ принялъ это за шутку, но Шипидинъ съ особенной настойчивостью повторилъ тоже самое.

— Что же ты будешь говорить съ ней? продолжалъ удивляться Бургардтъ.

— Слѣдовательно, это мое дѣло...

Послѣ нѣкотораго колебанія онъ получилъ адресъ, причемъ Бургардтъ замѣтилъ:

— Я впередъ знаю, что изъ этого ровно ничего не выйдетъ...

Оба друга не подозрѣвали, конечно, что за ними былъ устроенъ самый строгій надзоръ и что Анита выслѣживаетъ каждый ихъ шагъ. Она теперь окончательно убѣдилась, что дѣло идетъ о Бачульской и что Шипидинъ отправляется къ ней въ Озерки. Дѣвочка возненавидѣла стараго друга, который съ такимъ упорствомъ непремѣнно хотѣлъ погубить папу.

XXX

Адресъ миссъ Мортонъ былъ на Морской, но тамъ ее Шипидинъ не засталъ.

— Онѣ выписались, значитъ, въ Озерки, — довольно сухо объяснилъ солидный швейцаръ.— Дача No 117. Недалеко отъ кіятра. Я и вещи ихнія отвозилъ...

— Слѣдовательно, я поѣду въ Озерки, — подумалъ Шипидинъ вслухъ.

Швейцаръ проводилъ его презрительнымъ взглядомъ, какъ человѣка, который не можетъ даже на чай дать. "Надо полагать отъ кого-нибудь подосланъ", — рѣшилъ швейдаръ.

Одна неудача не приходитъ. Когда Шипидинъ пріѣхалъ на финляндскій вокзалъ, поѣздъ ушелъ у него на глазахъ. Пришлось ждать цѣлый часъ. Отъ нечего дѣлать Шипидинъ принялся читать объявленія и на афишѣ театра въ Озеркахъ встрѣтилъ фамилію Бачульской. Пріѣхавъ въ Озерки, онъ на дачѣ No 117 миссъ Мортонъ не нашелъ, и дачный дворникъ особенно подозрительно оглядѣлъ его съ ногъ до головы, когда Шипидинъ началъ объяснять, что барышня по русски не говоритъ, потому что нѣмая.

— Такихъ не примѣчали, баринъ...

Шипидинъ во время вспомнилъ про Бачульскую и отправился въ театръ узнать ея адресъ. Она жила недалеко. Поднимаясь по лѣстницѣ во второй этажъ, Шипидинъ издали слышалъ чей-то крикливый женскій голосъ. Бачульская на звонокъ сама вышла въ переднюю и въ первый моментъ его не узнала.

— Слѣдовательно, я пріѣхалъ узнать у васъ адресъ миссъ Мортонъ, — объяснялъ Шипидинъ, когда Бачульская протянула ему руку.

Притворивъ за собой дверь въ гостиную, Бачульская вполголоса проговорила:

— Она гоститъ у меня... Извините нескромный вопросъ: вы отъ Егора Захаровича?

— Слѣдовательно, самъ отъ себя, сударыня. Мнѣ необходимо переговорить объ одномъ дѣлѣ съ миссъ Мортонъ серьезно...

Вспомнивъ, что Шипидинъ знакомъ съ Ольгой Спиридоновной, Бачульская ввела его въ гостиную, гдѣ та сидѣла съ краснымъ отъ слезъ лицомъ.

— Вѣдь вы знакомы, господа, — представила хозяйка гостей.

— Еще бы, даже очень, — грубовато отвѣтила Ольга Спиридоновна, поправляя прическу:— У Бургардта познакомились...

Очевидно, Шипидинъ прервалъ какую-то горячую сцену, потому что Ольга Спиридоновна сначала посмотрѣла на него злыми глазами, а потомъ, сдѣлавъ рѣшительный жестъ, проговорила:

— А я сейчасъ кончу, Мариночка... Сердце горитъ.

Бачульская молча показала глазами на гостя.

— Э, не все-ли равно? отвѣтила Ольга Спиридоновна.— Божій человѣкъ, какъ назвалъ его Сахановъ. И подлеца Красавина знаетъ... И Шурку тоже. Вѣдь вы ихъ знаете?— обратилась она уже прямо къ Шипидину.

— Да, встрѣчалъ...

— Нѣтъ, вы были у Красавина, я знаю. У васъ съ нимъ какія-то дѣла. Ну да это все равно... Онъ — негодяй! Вы этого вѣроятно не подозрѣвали?

— Ольга, г. Шипидинъ совершенно не знаетъ вашихъ дѣлъ, — попробовала остановить ее Бачульская.

— А вотъ я возьму и скажу!— горячилась Ольга Спиридоновна, совершенно забывая правила драматическаго искусства.— Пусть всѣ знаютъ, какой негодяй этотъ Красавинъ...

183

Положеніе Шипидина получалось самое неловкое, и онъ даже посмотрѣлъ на дверь. Очевидно, дѣло шло о миссъ Мортонъ, что уже совершенно не входило въ разсчеты его дипломатической миссіи. А вдругъ вотъ эта самая Ольга Спиридоновна возьметъ да и ляпнетъ все "своими словами". Довольная произведеннымъ эффектомъ, Ольга Спиридоновна сама подошла къ Шипидину, взяла его за рукавъ поддевки и заговорила съ вызывающимъ видомъ:

— А вы какъ понимаете на счетъ нашихъ бабьихъ дѣловъ, Божій человѣкъ? Вы думаете, что Ольга Спиридоновна умѣетъ только ногами дрыгать?.. Нѣтъ. Извините-съ... И мы кое-что можемъ понимать. Вѣдь вотъ Красавинъ мнѣ обѣщалъ подарить домъ, а оказывается, что онъ подарилъ мой-то домъ Шурѣ... Это какъ по вашему?

Шипидинъ очутился въ положеніи эксперта и рѣшительно не зналъ, что ему отвѣтить. Получилась пресмѣшная сцена, такъ что Бачульская кусала губы, чтобы не расхохотаться. А Ольга Спиридоновна вошла въ ражъ и не желала ничего замѣчать.

— Я ничего, батюшка, не скрываю, — продолжала она.— Дѣйствительно, Красавинъ обѣщалъ мнѣ, а вышло такъ, что и дуру своляла. Ужъ извините за выраженіе... Не до выраженій мнѣ! Ужъ если на то пошло, такъ подари онъ лучше этой нѣмушкѣ. Все таки доброе дѣло бы сдѣлалъ... А эта Шурка прикинулась тихоней и обработала дѣльце.

— Ольга Спиридоновна, вѣдь это только слухи, — вступилась Бачульская.— Еще ничего опредѣленнаго неизвѣстно... Можетъ быть, никакого дома и нѣтъ, и вы волнуетесь совершенно напрасно.

— А я вотъ поѣду въ Павловскъ и глаза ему выцарапаю!.. Если на то пошло, такъ и мы постоимъ за себя...

Ольга Спиридоновна, когда Шипидинъ подался, чтобы уходить, поняла, что зашла слишкомъ далеко, и по какой-то особенной логикѣ сочла нужнымъ раскланяться. Бачульская глазами показала Шипидину, что Ольга Спиридоновна сейчасъ уѣдетъ.

— А мнѣ чортъ съ нимъ и съ его домомъ, — заговорила Ольга Спиридоновна уже другимъ тономъ, надѣвая перчатки.— А только обидно... Вы вотъ, Божій человѣкъ, даже совсѣмъ не понимаете нашей бабьей обиды, потому что и на людей-то насъ не считаете. Лучше и не спорьте, я все понимаю...

Шипидинъ совсѣмъ не имѣлъ ни малѣйшаго желанія спорить, но именно это и возмущало Ольгу Спиридоновну

больше всего. Этакъ-то всего можно "намолчать" на человѣка...
По пути Ольга Спиридоновна обозлилась и на Маринку, предъ
которой хотѣла вылить душу. Хитрая полька всегда умѣла
остаться въ сторонѣ, предоставляя другимъ расхлебывать кашу.

Ольга Спиридоновна распрощалась со всѣми довольно
холодно и ушла величественной походкой театральной
королевы.

— Вы не обращайте вниманіе на ея болтовню, — говорила
Бачульская, проводивъ гостью.— Какъ всѣ очень добрые люди,
она отличается нѣкоторой вспыльчивостью...

— Меня это не касается, Марина Игнатьевна, и, право, я
рѣшительно ничего не понялъ изъ того, что она говорила.

— Вы давно видѣли Бургардта?

— Сегодня утромъ чай вмѣстѣ пили. Я по обыкновенію
остановился у него...

— Онъ здоровъ?

— Да, ничего особеннаго.

Ей очень хотѣлось поподробнѣе разспросить о Бургардтѣ,
но гость отвѣчалъ съ видимой неохотой, и она ушла въ комнату
миссъ Мортонъ. Дѣвушка испугалась, когда Бачульская
сказала, что ее желаетъ видѣть одинъ господинъ по какому-то
дѣлу.

— Ольга Спиридоновна уѣхала?— знакомъ спросила миссъ
Мортонъ, спрятавшаяся отъ балерины въ своей комнаткѣ.

— Да, уѣхала, уѣхала, — съ улыбкой знакомъ отвѣтила
Бачульская и по неизвѣстной причинѣ поцѣловала дѣвушку въ
лобъ.— Пока вы у меня — ничего не бойтесь.

Шипидину пришлось подождать, пока миссъ Мортонъ
одѣлась и пригласила его въ свою комнату. Она сразу узнала
его. Какъ у всѣхъ глухо-нѣмыхъ, память лицъ у нея была
замѣчательно развита. По розовымъ пятнамъ, выступившимъ
на лицѣ миссъ Мортонъ, Шипидинъ видѣлъ, что она сильно
волнуется, и невольно залюбовался ея красотой, особенно
тревожно-ласковымъ выраженіемъ ея чудныхъ, какихъ-то
дѣтскихъ глазъ. Бачульская осталась въ гостиной, и они могли
говорить съ глазу на глазъ. Миссъ Мортонъ достала свою
записную книжку и положила ее на столъ предъ Шипидинымъ.

— Слѣдовательно, я плохо маракую по-англійски, —
заговорилъ Шипидинъ, забывая, что его собесѣдница не
можетъ его слышать.

Объясненіе происходило на трехъ языкахъ, и въ записной
книжкѣ получались удивительные отвѣты. Шипидинъ
предварительно объяснилъ, что Бургардтъ другъ его дѣтства,

185

что онъ его очень любитъ и уважаетъ и на этомъ основаніи рѣшился пріѣхать въ Озерки, чтобы переговорить съ миссъ Мортонъ.

— Знаетъ ли Бургардтъ о послѣднемъ?— спрашивала миссъ Мортонъ и сдѣлала недовольное лицо, получивъ утвердительный отвѣтъ.

— Мы — друзья, между нами нѣтъ тайнъ, — прибавилъ Шипидинъ, давая понять, что ему все извѣстно.

Миссъ Мортонъ посмотрѣла на него испугавными глазами, но сдержала себя и отвѣтила:

— Тѣмъ лучше... Мнѣ нечего скрывать.

— Вы его любите?

Миссъ Мортонъ задумалась, посмотрѣла на Шипидина съ удивленіемъ и быстро написала отвѣтъ:

— Да, любила... Но теперь все кончено. Я его не желаю больше видѣть, и вы знаете, почему.

— Онъ любитъ васъ...

— Онъ очень добръ, и я не желаю его губить.

Помолчавъ немного, она съ рѣшительнымъ видомъ прибавила:

— Онъ знаетъ все и пойметъ меня... Есть вещи, которыхъ самый добрый джентльмэнъ никогда — никогда не проститъ дѣвушкѣ.

— Но, вѣдь, вы вѣроятно и не понимали, что дѣлали?..

— Позвольте не отвѣтить на вашъ вопросъ... Вы понимаете, какъ мнѣ больно говорить объ этомъ... Могу сказать, что я никогда не имѣла въ виду обманывать мистера Бургардта и хотѣла разсказать ему все, когда мы ѣхали на Иматру, но это оказалось излишнимъ. А сейчасъ намъ не о чемъ говорить...

— Что же вы думаете дѣлать?

— Не знаю...

Дѣтскіе глаза посмотрѣли на Шипидина такъ просто и такъ кротко, что ему сдѣлалось жутко. На дальнѣйшій допросъ онъ не рѣшился. Несчастная дѣвушка и безъ того достаточно измучилась...

— Можетъ быть вы имѣете что нибудь передать Бургардту? написалъ Шипидинъ.

Она отрицательно покачала головой, а когда онъ выходилъ — догнала его въ дверяхъ и сунула въ руки сорванную вѣточку резеды.

— Это ему... объяснила она знаками...— Онъ меня забудетъ прежде, чѣмъ этотъ цвѣтокъ завянетъ. Прощайте...

Шипидинъ стоялъ въ дверяхъ и вертѣлъ въ рукахъ

сорванную резеду. Ему, кажется, еще никогда не было совѣстно такъ, какъ сейчасъ. Зачѣмъ онъ вмѣшался въ чужое дѣло и заставилъ страдать бѣдную дѣвушку...

Бачульская ждала его, сидя на диванѣ съ ролью въ рукахъ. Ему показалось, что у нея было торжествующе-насмѣшливое выраженіе лица.

— Присядьте, — предложила она.— Не хотите-ли чаю?

Ему совсѣмъ не хотѣлось оставаться, но изъ вѣжливости онъ согласился выпить стаканъ чаю. Бачульская все время наблюдала его, съуживая глаза.

— Слѣдовательно, вы здѣсь живете?— ни къ селу, ни къ городу замѣтилъ Шипидинъ.

— "Вотъ такъ postillon d'amour..." подумала Бачульская, сдерживая улыбку.— "Егорушка его поблагодаритъ, что онъ забрался ко мнѣ и попалъ на глаза Ольгѣ Спиридоновнѣ, которая, конечно, сообразила сразу, зачѣмъ онъ приплелся сюда".

Шипидинъ выпилъ чай, котораго совсѣмъ не хотѣлъ, и, распростившись, ушелъ. Бачульская въ окно видѣла, какъ онъ перешелъ дорогу и, тяжело шмыгая крестьянскими сапогами, скрылся за угломъ. Прислонившись къ косяку, она захохотала.

XXXI

Бургардтъ не повѣрилъ, когда Шипидинъ разсказалъ ему свой разговоръ съ миссъ Мортонъ.

— И только? растерянно спрашивалъ онъ.

— Слѣдовательно, и только...

— Этого не можетъ быть!.. Я ее увижу, я долженъ ее видѣть...

Его взволновало главнымъ образомъ не то, что Шипидинъ встрѣтился у Бачульской съ Ольгой Спиридоновной, а то, что миссъ Мортонъ поселилась именно у Бачульской, чего онъ меньше всего желалъ. Положимъ, у него съ Бачульской никогда и ничего серьезнаго не было, но онъ инстинктивно почувствовалъ то, чего Шипидинъ не понималъ. Да, теперь Марина Игнатьевна торжествовала, и Бургардтъ возненавидѣлъ ее за это преждевременное торжество. Вѣроятно она намѣренно перетащила къ себѣ миссъ Мортонъ, чтобы насладиться муками его поруганнаго чувства. При всей своей откровенности съ Шипидинымъ онъ, однако, скрылъ отъ него свои подозрѣнія.

— Ну, какъ ты ее нашелъ? спросилъ онъ, чтобы сказать что нибудь.

— Миссъ Мортонъ? Слѣдовательно, чудная дѣвушка, и я ее вполнѣ понимаю. Однимъ словомъ, ты не стоишь ея мизинца. Да... Это дѣвушка съ твердымъ характеромъ, прежде всего. Да...

Бургардтъ ничего не отвѣтилъ и только поднялъ плечи.

— Ты предъ ней пигмей, — продолжалъ Шипидинъ, припоминая дѣтское выраженіе глазъ миссъ Мортонъ.— Слѣдовательно, ты ничтожность...

Изъ за этой поѣздки Шипидина, друзья дѣтства окончательно разсорились.

— И какъ я только могъ согласиться?!. возмущался Бургардтъ.— Ну, скажи, пожалуйста, зачѣмъ ты ѣздилъ?

— Слѣдовательно, было нужно...

— Ничего не нужно!.. Понимаешь: ничего...

Въ концѣ концовъ, Бургардтъ сдѣлалъ именно то, чего не долженъ былъ дѣлать. Онъ написалъ письмо Бачульской, вызывая ее въ Петербурѣ. Она сейчасъ-же отвѣтила, но поставила условіемъ, что они встрѣтятся на нейтральной почвѣ. Онъ заказалъ кабинетъ въ Малоярославцѣ, гдѣ такъ удобно войти съ Мойки. Въ назначенный часъ Бачульская была тамъ.

— Какъ я васъ давно не видала... проговорила она, подавая холодную, какъ ледъ, руку.— Ну, какъ вы поживаете, Егорушка?

Бургардтъ хотѣлъ принять довольно безпечный видъ, какъ дѣлалъ съ дамами, но это ему не удалось. Внутреннее безпокойство сказывалось во всемъ.

— Ничего, такъ себѣ, — фальшивымъ тономъ отвѣтилъ онъ. Она тоже говорила какимъ-то фальшивымъ тономъ и проявляла совсѣмъ несоотвѣтствовавшее ея характеру оживленіе. Они сидѣли въ кабинетѣ, ожидая наказаннаго ужина, и говорили совсѣмъ не о томъ, что ихъ интересовало. Сцена получалась самая фальшивая и оба наблюдали другъ друга, какъ враги. Бургардтъ никакъ не могъ заговорить о томъ, для чего вызвалъ Бачульскую.

Когда подали закуску и Бачульская хотѣла налить Бургардту рюмку его любимой англійской горькой, онъ остановилъ ее.

— Не принимаю этого состава, Марина Игнатьевна.

— Простой водки?

— Ничего не принимаю. Бросилъ...

— Ну, со мной-то можно, а то мнѣ пить одной будетъ совѣстно.

— А вы развѣ пъете?

— По совѣту доктора, Егорушка.

Бургардтъ пытливо посмотрѣлъ на нее и покачалъ головой.

— Это опасный совѣтъ, и я бы никогда его не далъ. Пить, вообще, не хорошо, а для женщины это страшный ядъ.

Бачульская засмѣялась и отодвинула свою рюмку. Она смотрѣла на Бургардта теперь такими ласковыми, улыбающимися глазами и, схвативъ его за руку, проговорила.

— Ахъ, какъ давно я васъ не видала, Егорушка. Цѣлую вѣчность... Смерть соскучилась и даже хотѣла сама вамъ написать, чтобы вы какъ нибудь собрались и пріѣхали ко мнѣ въ Озерки.

— Миссъ Мортонъ у васъ?

— Да. Я ее силой перетащила къ себѣ... Кстати, какой смѣшной этотъ вашъ другъ... Впрочемъ, я его очень люблю, и миссъ Мортонъ онъ понравился.

— Вы не подумайте, что это я его посылалъ. Онъ захотѣлъ ѣхать самъ, и я жалѣю, что не удержалъ его.

— И напрасно. Такіе люди иногда необходимы. Онъ какой-то такой... чистый... Знаете, каждое слово, самое обыкновенное, у такихъ людей получаетъ какой-то особенный смыслъ. Вы это замѣчали, конечно?

— Да, онъ чудный человѣкъ, хотя мы съ нимъ и ссоримся.

— Да? И вы, конечно, всегда не правы?

— Ну, положимъ, не всегда. Онъ — ригористъ и любитъ проповѣдывать.

— Однимъ словомъ читаетъ вамъ нотаціи. Такъ и слѣдуетъ...

Бачульская засмѣялась неизвѣстно чему и посмотрѣла на Бургардта такими блестящими глазами. Ее охватило безпричинное оживленіе, и ей хотѣлось смѣяться и плакать. Ужинъ прошелъ, благодаря этому настроенію, весело и даже оживился Бургардтъ, особенно когда выпилъ шампанскаго. Онъ тожс смотрѣлъ на Бачульскую блестящими глазами и думалъ про себя: "Какая она славная... Отчего мужчины ее не любятъ? Вѣдь именно такая женщина можетъ сдѣлать счастливымъ".

Она пересѣла рядомъ, обняла его и прошептала, блестя глазами:

— Егорушка, женитесь на ней... Не отталкивайте отъ себя своего собственнаго счастья. Вѣдь она вся хорошая и душа у ней такая красивая. Я тогда умру спокойно, Егорушка. Каждый человѣкъ плохо себя самого знаетъ, а со стороны виднѣй... А я говорю вамъ со стороны.

Бургардтъ что-то хотѣлъ возражать, но она зажала ему ротъ рукой, засмѣялась и, прижавшись всѣмъ тѣломъ, продолжала шептать:

— Да, да, вы женитесь... Вы сами себя не понимаете. "О, какъ умные люди бываютъ глупы!", — говоритъ въ "Свадьбѣ Фигаро" служанка Сусанна. И она глубоко права... Мужской умъ какой-то угловатый, односторонній и совершенно неспособенъ понимать женщину. Вѣдь какая прелесть эта миссъ Мортонъ. Я въ нее влюблена. У ней все какъ-то по хорошему выходитъ, какъ у кровнаго породистаго животнаго. Ахъ, какая она милая, когда развеселится... Настоящій котенокъ. И какая ласковая... Нѣтъ, мужчины рѣшительно ничего не понимаютъ! Да, вѣдь, вы будете совершенно другимъ человѣкомъ, когда около васъ будетъ такая женщина...

— А моя Анита?

— Анита? Я думаю, что въ ея интересахъ, чтобы отецъ былъ счастливъ. Знаете, я научу васъ, что нужно сдѣлать... Конечно, по нѣкоторымъ причинамъ, вамъ неудобно оставаться въ Петербургѣ, т. е. на первое время. Средства у васъ есть, купите гдѣ нибудь въ глуши маленькое имѣньице и перѣзжайте туда съ молодой женой. Понимаете? Тамъ никто и ничего не будетъ знать, и вы будете счастливы... Ахъ, и я когда-то мечтала о такомъ уголкѣ, о жизни съ любимымъ человѣкомъ, о маленькомъ, маленькомъ счастьѣ... Да, вы будете тамъ жить. Анита будетъ прѣзжать къ вамъ лѣтомъ, и все устроится само собой. Когда я буду старушкой, и я прѣду, чтобы приласкать вашихъ дѣтокъ и погрѣть старую кровь у чужого семейнаго очага. Егорушка, милый, не мямлите и рѣшайтесь. Что касается настоящаго положенія миссъ Мортонъ, то, право, это даже не имѣетъ названія. Во всякомъ случаѣ, она является только потерпѣвшей... Бѣдная, милая дѣвушка, что она должна переживать сейчасъ!..

— А знаете, Марина, я чувствую, какъ иногда ненавижу эту бѣдную, милую дѣвушку. Странное, но жестокое чувство. Мнѣ кажется, что я даже въ состояніи былъ бы убить ее... Она мнѣ слишкомъ дорого стоитъ... Я даже боюсь думать на эту тему.

— Милый вы эгоистъ-мужчина... Развѣ можно такъ думать? Ну, да это такъ, глупости.

И она продолжала шептать, рисуя одну картину за другой будущей, обновленной жизни Бургардта. Это былъ какой-то любовный бредъ, который захватывалъ, баюкалъ и уносилъ въ невѣдомую даль. Бургардтъ чувствовалъ, какъ ему дѣлается легко, какъ то, что его мучило, въ сущности такъ просто; въ его душѣ происходило то же, какъ бываетъ въ природѣ, когда ненастье начинаетъ проясняться, и все кругомъ оживаетъ радостными красками и ликующими свѣтовыми бликами.

— Марина, какая вы милая, чудная...— шепталъ онъ, цѣлуя Бачульскую въ лобъ.

— Да, чудная, хотя только для одной себя, — отвѣтила она со слезами на глазахъ.

Бургардтъ поѣхалъ провожать ее на финляндскій вокзалъ. Дорогой Бачульская какъ-то вся притихла, точно сдѣлалась меньше и, только подъѣзжая къ вокзалу, проговорила усталымъ голосомъ, точно отвѣчая на внутренній вопросъ:

— Да, и Анитѣ будетъ лучше. Она растетъ городской дѣвочкой и по неволѣ дѣлается эгоисткой, а въ деревнѣ увидитъ настоящую жизнь. Да чего лучше, поселись гдѣ нибудь недалеко отъ Шипидина.

— А, вѣдь, это мысль!— схватился Бургардтъ.

Когда поѣздъ отходилъ, Бачульская долго смотрѣла въ окно вагона на махавшаго ей шляпой Бургардта. Ее душили слезы, но она была счастлива переживаемыми муками.

XXXII

Разговоръ съ Бачульской произвелъ въ душѣ Бургардта настоящій переворотъ. Ему сдѣлалось все такъ ясно, просто и хорошо. Вѣдь самъ Шипидинъ говорилъ въ сущности тоже самое, что и Бачульская, но не умѣлъ придумать соотвѣтствующей комбинаціи, чтобы все устроилось "само собой". Въ воображеніи Бургардта уже рисовались картины тихой семейной жизни въ настоящей русской глуши, гдѣ должно произойти великое чудо, именно, превращеніе миссъ Мортонъ въ настоящаго русскаго человѣка, какимъ былъ и самъ Бургардтъ. Боже мой, какое это счастье... Какъ онъ будетъ работать въ своемъ уголкѣ, осѣненный близостью любимой женщины. Вѣдь любовь — все, она творитъ чудеса.

Бургардтъ едва дождался утра, когда проснется Шипидинъ, который по деревенски вставалъ рано. Шипидинъ былъ крайне

191

изумленъ, когда утромъ въ мастерскую пришелъ Бургардтъ такъ рано, молча обнялъ и расцѣловалъ его.

— Что съ тобой?— спрашивалъ Шипидинъ, не привыкшій къ нѣжностямъ.

Опять крѣпкія объятія, поцѣлуи и "стыдливая слеза на глазу".

— Гриша, милый, я счастливъ...— шепталъ Бургардтъ.— Понимаешь: счастливъ.

— Слѣдовательно, ты видѣлъ ее?

— Вотъ въ томъ-то и дѣло, что не видѣлъ! И все-таки счастливъ, счастливъ, счастливъ. Между прочимъ, и ты входишь въ кругъ этого счастья! Гриша, милый, если бы ты зналъ, какъ я люблю тебя, всѣхъ, весь міръ...

— Слѣдовательно, нужно выпить холодной воды.

Шипидинъ еще разъ очутился въ объятіяхъ друга.

— Слѣдовательно, это лишнее...— началъ сердиться онъ, освобождаясь отъ объятій.— Что случилось? Вѣроятно, встрѣтилъ новую женщину и снова полюбилъ въ первый разъ?

— Ахъ, не то.. Все такъ просто, ясно, такъ хорошо... Вотъ что, когда ты думаешь уѣзжать домой?

— На дняхъ уѣду.

— И я съ тобой. Да... Вѣдь гдѣ нибудь въ сосѣдяхъ продается какое нибудь маленькое имѣньице? Совсѣмъ маленькое, но чтобы былъ непремѣнно садъ... понимаешь? И если возможно — рощица...

— Даже сколько угодно продается. Всю губернію можно купить.

— Мнѣ всю губернію не нужно, а чтобы въ сосѣдствѣ съ тобой.

— Такъ это ты хочешь покупать?

— Я, я, я!.. Брошу Петербургъ и переселюсь въ деревню. Да, въ настоящую русскую деревню. Вѣдь я мужикъ, и это глубокая ошибка, что я живу неизвѣстно для чего въ городѣ. По зимамъ я могу пріѣзжать сюда. А работать въ деревнѣ будетъ еще лучше. Понимаешь? Выстрою себѣ небольшую мастерскую и буду работать... У меня есть много готовыхъ темъ. Къ чорту Петербургъ!.. Разведу такой же огородъ, какъ, помнишь, былъ у моего отца... Парники, тепличку, ягодникъ... Да, нѣтъ, ты только подумай, какъ это все будетъ хорошо?!.. О, безчувственный человѣкъ, вообрази, представь себѣ, возьми въ башку...

Шипидинъ рѣшительно ничего не понималъ.

— Лошадку деревенскую куплю, — мечталъ .Бургардтъ.—

Знаешь, самую деревенскую — лохматую, съ брюшкомъ, лопоухую... Ахъ, какъ будетъ хорошо! Собственно ничего барскаго мнѣ не нужно, а просто — хорошая деревенская изба... И чтобы русская печь была... на дворѣ цѣпная собака, курицы, своя коровка — тоже самая простая, деревенская, какая-нибудь пестрянка... Ночью будетъ пѣтухъ пѣть... Ахъ, какъ хорошо!.. Да, вѣдь, я буду совершенно другимъ человѣкомъ, ты меня не узнаешь... Ну, къ чему мнѣ весь этотъ хламъ, которымъ загромождена вся квартира, точно лавка старьевщика? Все вонъ, все къ чорту... Все это глупо до послѣдней степени. У другихъ художниковъ обстановка, ну, значитъ, и давай и мнѣ обстановки... Ха-ха!.. Единственный разумный человѣкъ въ домѣ — это мой Андрей, который давно рѣшилъ, что все это пустяки и только разводитъ пыль... Совершенно вѣрно!.. Могу даже устроить аукціонъ и продамъ всѣ рѣдкости съ молотка... Охотниковъ найдется достаточно. А, вѣдь, по вашей деревенской ариѳметикѣ получается цѣлое состояніе... Да?.. Крахмальныя рубашки къ чорту, буду ходить вотъ въ такой-же поддевкѣ, какъ ты. Нѣтъ, ты только подумай, идолище милѣйшее...

— Слѣдовательно, постой...

— Нѣтъ, дай вылить душу... Вѣдь это обновленіе, я рожусь во второй разъ, а все старое останется навсегда здѣсь. Вѣдь лично мнѣ всегда нужно было такъ немного... А такъ, тянулся за другими, потому что какъ же иначе — другіе дѣлаютъ глупости, и я дѣлаю глупости. Вѣдь вся жизнь на этомъ выстроена, и не можетъ быть иначе. Я понимаю, какими глазами ты смотрѣлъ на меня, и какъ тебѣ было противно и гадко. Довольно! Будетъ... Начнемъ совершенно новую жизнь. Если-бы ты зналъ, какъ мнѣ сейчасъ легко и хорошо... Просто, хочется плакать отъ радости.

— Однако, откуда это все пришло?

— Разскажу потомъ, да это и не важно. Вѣдь важна идея, а остальное вздоръ... Одобряешь меня?

— Дай сообразить... Очень ужъ какъ-то быстро. Надо подумать...

— Голубчикъ, ради Бога, не думай и не разстраивай меня! Удивительные люди: имъ говорятъ настоящее, хорошее, честное, а они: "надо подумать". И думать нечего, и чѣмъ меньше думать — тѣмъ лучше. Когда ты ѣдешь?

— Надо еще, слѣдовательно, сходить къ одному человѣку. А тамъ увидимъ. Торопиться некуда.

— Гриша, хочешь, на колѣни стану: брось твоего одного человѣка и поѣдемъ... Завтра-же поѣдемъ!..

Лицо у Бургардта горѣло, глаза блестѣли, онъ точно помолодѣлъ на десять лѣтъ. А Шипидинъ старался не смотрѣть на него и даже нѣсколько разъ подавлялъ невольный вздохъ. Онъ все еще не могъ понять этого потока словъ и точно боялся ихъ понять. А если это только слова? Было-бы и больно, и обидно повѣрить въ пустое мѣсто... Боже мой, сколько на Руси говорится хорошихъ словъ, мертвыхъ и пустыхъ, какъ палый осенній листь...

— Слѣдовательно, ты разскажи все по порядку, — говорилъ Шипидинъ своимъ спокойнымъ тономъ.— А то, ей Богу, ничего не пойму.

— Отъ сотворенія міра?

— Слѣдовательно, отъ сотворенія міра...

Бургардту было не легко справиться съ этой задачей, и онъ, разсказывая про свой ужинъ съ Бачульской въ "Малоярославцѣ", дѣлалъ постоянныя уклоненія въ сторону. Шипидинъ только поморщился, когда узналъ, откуда сыръ-боръ загорѣлся. Да, слѣдовательно, нужно отдѣльный кабинетъ въ кабакѣ, даму, которая пьетъ водку, любовный разговоръ — и въ результатѣ получится совершенно новая жизнь... Шипидину еще никогда не было такъ грустно, какъ сейчасъ, когда онъ слушалъ бредъ друга. Ему невольно припомнились библейскія слова о рѣкѣ, которая беретъ начало изъ мутнаго источника. И вездѣ женщина, т. е. даже не женщина въ собственномъ смыслѣ слова, а только одушевленное орудіе желаній другого.

— Ну, что-же ты молчишь?— съ огорченіемъ спрашивалъ Бургардтъ, закончивъ свой разсказъ.— Кажется, все ясно...

— Очень ясно... согласился Шипидинъ, не желая возражать.

Эта тяжелая для Шипидина сцена была прервана Анитой, которая пришла приглашать завтракать. Бургардтъ обнялъ дочь и крѣпко поцѣловалъ ее въ лобъ. Анита густо покраснѣла отъ неожиданной ласки и растерянно посмотрѣла на Шипидина. Ей показалось, что отецъ на веселѣ, и она даже оглядѣла мастерскую, отыскивая причину.

Возбужденное настроеніе Бургардтъ сохранялъ и все время завтрака, такъ что миссъ Гудъ нѣсколько разъ вопросительно посмотрѣла на Аниту.

— Да, да, мы еще поживемъ, — повторялъ Бургардтъ, хлопая Шипидина по плечу.

— Слѣдовательно, поживемъ...

— Я даже могу сдѣлаться вегетаріанцемъ, т. е. не вполнѣ вегетаріанцемъ, только не ѣсть мяса. Отъ рыбы, голубчикъ, никакъ не могу отказаться. Вѣдь у васъ есть рѣка или озеро? Да? И навѣрно тамъ есть и раки, и караси, и налимы...

— Рѣчонка есть, а въ ней ребята деревенскіе удятъ пискарей...

— Ну, это все равно: если есть пискари, значитъ, можетъ быть и другая рыба. Мы ее разведемъ...

Сдѣлавъ соусъ изъ горчицы и сои, Бургардтъ нарисовалъ имъ на своей тарелкѣ будущее жилище, т. е. простую деревенскую избу въ три окна, съ шатровыми воротами и рѣзнымъ конькомъ.

— Ничего лишняго, понимаешь? — объяснялъ онъ, показывая свой рисунокъ.— Чтобы ничто не напоминало нашъ дачный стиль... Ахъ, какъ я его ненавижу!.. Самая простецкая деревенская изба, и такой-же дворъ, и огородъ...

— Слѣдовательно, нужно нарисовать и нашу русскую, деревенскую непролазную грязь, — замѣтилъ Шипидинъ, любуясь рисункомъ, который начиналъ уже сливаться и пропадать, какъ, вѣроятно, будетъ и съ радужными планами самого художника.

Анита прислушивалась къ этому разговору и не могла понять, о чемъ идетъ рѣчь, пока отецъ не спросилъ ее:

— Анита, хочешь въ деревню?

— Въ какую деревню?

— Ну, въ русскую деревню, а всѣ русскія деревни одинаковы...

Дѣвушка посмотрѣла на отца, потомъ на Шипидина и отрицательно покачала головой. Бургардтъ засмѣялся и проговорилъ, придавая голосу тонъ, какимъ говорятъ съ маленькими дѣтьми:

— Ахъ, ты, глупенькая дочь петербургскаго художника... Погоди, мы изъ тебя сдѣлаемъ совсѣмъ другого человѣка. Не такъ-ли, Григорій Максимычъ?

— Да, конечно... отчего-же, — бормоталъ Шипидинъ, наблюдая исчезавшій на тарелкѣ рисунокъ.

Изъ этихъ словъ отца Анита поняла одно, именно, что онъ хочетъ купить гдѣ-то имѣнье. и это ей впередъ не понравилось. Для нея міръ заключался въ одномъ Петербургѣ, и ничего лучшаго она не желала. Остальная Россія была только придаткомъ къ этому ея Петербургу, какъ дачныя петербургскія мѣста, безъ которыхъ можно и совсѣмъ обойтись.

Послѣ завтрака Бургардтъ потащилъ Шипидина къ себѣ въ

кабинетъ и принялся набрасывать на листѣ ватмановской бумаги планъ будущаго имѣнья, причемъ сдѣлалъ акварелью очень красивый эскизъ старинной русской избы въ новогородскомъ стилѣ, — съ сѣнями на улицу, съ подклѣтью, съ свѣтелкой наверху, съ повалушами и переходами.

— Понимаешь, въ каждомъ дѣлѣ самое главное: идея, — объяснялъ Бургардтъ сдѣланный набросокъ.— Вѣдь русская изба создавалась вѣками и въ своемъ родѣ — идеальное жилье для нашего климата. Обрати вниманіе на эти сѣни, которыя прилѣплены къ избѣ снаружи, а не выходятъ во дворъ, какъ у московской избы. Отсюда и пѣсня "Ахъ, вы, сѣни мои, сѣни"... Да. Потому что "выходила молода" именно на такія наружныя сѣни, съ которыхъ видъ на всю улицу.

Шипидинъ внимательно разсмотрѣлъ рисунокъ и сдѣлалъ только одно замѣчаніе:

— Слѣдовательно, очень красиво... да... Только бѣда въ томъ, что у насъ совсѣмъ нѣтъ лѣса.

— Какъ нѣтъ лѣса?

— Очень просто: давно сведенъ... Если хочешь, строй изъ березы, осины, липы, а сосны не найдешь. Хоть выписывай ее изъ за границы...

XXXIII

Бургардту было очень тяжело встрѣтить въ лучшемъ другѣ молчаливое недовѣріе. Что-то было не досказано, что-то не выяснилось, что-то осталось неизвѣсгнымъ. Шипидинъ держалъ себя крайне странно, точно былъ чѣмъ-то обиженъ. Онъ уѣхалъ, не простившись съ Бургардтомъ и оставивъ лаконическую записку:

"Вѣрую, Господи... Помоги моему невѣрію"!

"Твой Шипидинъ".

Это было почти бѣгство, и Бургардтъ испытывалъ то горькое и тяжелое чувство, какое оставляютъ послѣ себя только обманувшіе старые друзья.

— Что съ нимъ сдѣлалось? удивлялся Бургардтъ.— Что такое я ему сдѣлалъ?

Отвѣта не было.

Анита тоже какъ-то держалась съ отцомъ неестественно. Не было прежней дѣтской откровенности, того довѣрія, которое согрѣваетъ душу. Она точно береглась отца и оставалась посторонней наблюдательницей. Бургардтъ чувствовалъ, что и самъ онъ дѣлается какимъ-то фальшивымъ въ ея присутствіи и говоритъ съ ней совсѣмъ не тѣми словами, какими слѣдовало бы говорить. Да, жизнь состоитъ изъ мелочей, какъ всякая ткань, съ той разницей, что у каждой ткани свой рисунокъ. Приходилось играть маленькую домашнюю комедію, и Бургардтъ дѣлалъ видъ, что онъ ничего не замѣчаетъ. Сейчасъ ему приходилось раскаиваться въ своей исключительной любви къ дѣтямъ — дѣвочкамъ, которыя слишкомъ рано начинаютъ понимать именно мелочи жизни.

Несмотря на свою твердую рѣшимость разомъ перемѣнить весь образъ свой жизни, Бургардту было очень трудно рѣшиться ѣхать въ первый разъ въ Озерки. Его точно удерживала какая-то невидимая рука. Ему и хотѣлось видѣть миссъ Мортонъ, и онъ чего-то боялся, вѣрнѣе сказать — больше всего боялся самого себя, боялся за свое чувство, за все будущее. Онъ сознавалъ, что сейчасъ она не пойметъ и сотой доли того, что онъ переживаетъ и за что готовъ отдать всю жизнь, и все таки требовалось молчаливое одобреніе этихъ чудныхъ глазъ, пожатіе руки, близость любимаго человѣка.

Свиданіе произошло гораздо проще и прозаичнѣе, чѣмъ можно было предполагать. Еще подъѣзжая къ Озеркамъ, Бургардтъ чувствовалъ какую-то усталость, точно онъ израсходовалъ весь запасъ энергіи. Бачульская, какъ всегда, была дома и нисколько не удивилась, когда вошелъ Бургардтъ.

— Я васъ ждала, — коротко объяснила она, не поднимая глазъ.

— Да, я пріѣхалъ... въ томъ же безучастномъ тонѣ отвѣталъ Бургардтъ.

Ждали его или не ждали — трудно было опредѣлить. Миссъ Мортонъ вышла, кутаясь въ оренбургскій платокъ, Она закрывала даже нижнюю часть лица, — оставались одни глаза, чудные, дѣтскіе, испытующіе глаза. Бачульская хотѣла выйти, чтобы оставить ихъ однихъ, но Бургардтъ разсчитанно серьезнымъ тономъ проговорилъ:

— Марина Игнатьевна, прошу васъ: останьтесь... Между нами не должно быть тайнъ.

Бургардтъ засмѣялся первый нелѣпости послѣдней фрацы, потому что ихъ разговоръ по записной книжкѣ никто не могъ подслушать. Вмѣстѣ съ тѣмъ, у него явилось какое-то жуткое ощущеніе, какъ у человѣка, который начинаетъ замерзать. Онъ чувствовалъ на себѣ наблюдающій взглядъ дѣтскихъ сѣрыхъ глазъ, а самъ не смѣлъ взглянуть на нее, какъ виноватый. Въ книжкѣ быстро появился слѣдующій діалогъ:

— Милая, дорогая, я пріѣхалъ спросить въ послѣдній разъ, любите-ли вы меня? Знаю, что дѣлаю глупый вопросъ, но я чего-то боюсь...

— Милый, да, люблю...

— Навсегда?

— О, навсегда. Я слишкомъ счастлива и слишкомъ несчастна... Я все время думаю о смерти...

— Нѣтъ, мы будемъ жить!.. Будемъ жить, милая...

Ихъ глаза встрѣтились. Она печально улыбалась. Боже мой, сколько хорошихъ, ласковыхъ, любящихъ словъ онъ хотѣлъ ей сказать и какъ ненавидѣлъ сейчасъ лежавшую между ними на столѣ записную книжку, которая не могла передать тона его голоса. Ему казалось, что онъ разговариваетъ только съ тѣнью любимой женщины, какъ на спиритическомъ сеансѣ.

— Вамъ разсказывала Марина Игнатьевна что нибудь? спрашивалъ Бургардтъ.

— О, все...

Она опять улыбнулась своей больной улыбкой и нарисовала въ записной книжкѣ маленькій домикъ. Рисунокъ получился по дѣтски неумѣлый, и Бургардтъ сдѣлалъ набросокъ своей новгородской избы. Миссъ Мортонъ пришла въ дѣтскій восторгъ и подписала подъ избой: "Коттэджъ".

— Мы будемъ въ немъ жить, милая, — объяснялъ Бургардтъ, счастливый ея радостью.— Уѣдемъ далеко — далеко отъ Петербурга... Тамъ люди лучше и добрѣе, и мы сами тоже будемъ лучше и добрѣе. Да?

— О, да, да...

— Мы сдѣлаемся фермераіи, — старался объяснить понятнѣе Бургардтъ.— Т. е. не собственно фермерами, а сельскими джентльмэнами...

Лицо миссъ Мортонъ вдругъ нахмурилось, и она посмотрѣла вопросительно на Бачульскую. Бургардтъ понялъ этотъ взглядъ и написалъ:

— Она будетъ пріѣзжать къ намъ въ гости... Она всегда была добрая и хорошая, и мы ее будемъ любить.

Бачульская поняла, о чемъ идетъ разговоръ, и вышла изъ комнаты. Ее душили слезы. Вѣдь она своими руками устраивала ихъ счастье...

XXXIV

Наступила осень... Установился чуть не обычай бранить петербургскую осень, но Бургардтъ особенно любилъ именно это время, потому что только осенью Петербургъ дѣлался Петербургомъ, втягивая въ себя живую силу со всѣхъ сторонъ. Конечно, и дождъ, и слякоть, и холодъ, но со всѣмъ этимъ можно было примириться во имя той кипучей, неизмѣримо громадной работы, которая вершилась подъ этимъ сѣренькимъ слезливымъ небомъ, подъ шумъ непогоды и при рѣдко появлявшемся солнечномъ свѣтѣ, напоминавшемъ ту рѣдкую улыбку, которая освѣщаетъ серьезное лицо труженика. Да, хорошее, бодрое время, когда хочется работать и когда каждый чувствуетъ, что онъ не можетъ не работать. Это начало настоящей петербургской страды.

Бургардтъ время отъ времени нарочно ходилъ на вокзалы, чтобы посмотрѣть на оживившійся приливъ публики, точно къ Петербургу, какъ къ центру, приливала молодая кровь, напоенная молодой нетронутой силой, освѣженная лѣтнимъ отдыхомъ и полная такой красивой энергіи. Бургардтъ особенно любовался учащейся молодежью, тянувшей въ Петербургъ со всѣхъ концовъ необъятной Россіи. Какія все славныя молодыя лица, какая у всѣхъ хорошая тревога въ глазахъ, какая преждевременная серьезность въ выраженіи этихъ молодыхъ лицъ. Какъ ему хотѣлось подойти къ нимъ и чѣмъ нибудь выразить свое сочувствіе, но такія нѣжности не приняты, и онъ любовался издали, какъ посторонній наблюдатель. Да, это была молодая Россія, полная силы, надеждъ, энергіи и счастливыхъ радужныхъ сновъ юности.

Нынѣшняя петербургская осень походила на всѣ другія. Разъ Бургардтъ встрѣтилъ на вокзалѣ Саханова.

— Вы откуда нибудь пріѣхали?— спросилъ Сахановъ.

— Нѣтъ.

— Куда нибудь ѣдете?

— Нѣтъ. Такъ просто пришелъ...

Они сѣли къ столику, и Бургардтъ имѣлъ неосторожность разсказать Саханову, какое онъ испытываетъ настроеніе.

— Да, да...— согласился Сахановъ, прищуривая глаза.— Я позволю сдѣлать маленькій комментарій. Гмъ... да... На какой-то выставкѣ — не помню, гдѣ, но только не у насъ, конечно, а въ Европѣ — демонстрировали сложную машину, какъ послѣднее слово техники. Дѣло въ томъ, что въ нее впускали живую свинью, а чрезъ полчаса она выходила изъ машины въ формѣ колбасъ, сосисекъ, окороковъ. Конечно, это плодъ газетнаго воображенія, но я имъ воспользуюсь для даннаго случая, именно, мнѣ кажется, что Петербургъ самая сложная и мудреная машина, въ которую входитъ нетронутый, чистый, хорошій, провинціальный бѣдный молодой человѣкъ и въ короткое время выходитъ изъ нея совсѣмъ порядочной свиньей...

Цинизмъ Саханова всегда возмущалъ Бургардта, а сейчасъ возмутилъ въ особенности. Ему хотѣлось сказать, что по себѣ нельзя судить о всѣхъ другихъ, но онъ проговорилъ совсѣмъ другое:

— Мнѣ очень жаль, что мы говоримъ на двухъ разныхъ языкахъ...

Слѣдовало по просту обрѣзать Саханова, а онъ поступилъ, какъ истинный русскій мямля. Бургардту сдѣлалось какъ-то совѣстно за самого себя, за ту непростительную деликатность, къ какой такъ склоненъ русскій человѣкъ. Онъ невольно поставилъ на свое мѣсто новую миссъ Гудъ — вотъ она, навѣрно, лучше-бы съумѣла отвѣтить Саханову, чѣмъ онъ. Вообще, дрянь, какая-то сладкая тряпка и каша-размазня...

Приливъ молодой силы, конечно, чувствовался и въ академіи художествъ, куда въ это время Бургардтъ любилъ заходить, чтобы полюбоваться молоденькими академистами. Съ академіей, кромѣ выставокъ, у него не было отношеній. Бургардтъ держался совершенно въ сторонѣ отъ всѣхъ злобъ академическаго дня. Онъ дорожилъ больше всего собственной независимостью, и ему казалось, что его успѣхи создали ему много маленькихъ тайныхъ враговъ, сильныхъ именно въ массѣ. У него не было никакихъ личныхъ недоразумѣній, но это не мѣшало ему чувствовать какую-то отчужденность. Можетъ быть, это была самая обыкновенная мнительность, присущая всѣмъ людямъ свободныхъ профессій, и онъ это сознавалъ, сознавалъ и все-таки сторонился собратьевъ-профессіоналовъ. Вѣдь никакой успѣхъ не прощается именно собратьями по профессіи, — это въ природѣ вещей.

Это рабочее бодрое настроеніе охватило Бургардта осенью съ особенной силой. Да, онъ хотѣлъ работать и взялся за дѣло съ какой-то особенной жадностью, точно человѣкъ, дни котораго сочтены. Сомнѣнія, волновавшія его раньше, отступили на задній планъ. Да, нужно было работать усиленно, особенно теперь, когда дѣло шло не о немъ одномъ. Человѣкъ Андрей чувствовалъ охватившее барина настроеніе и принялъ строго-дѣловой видъ. Всѣ работы были открыты, кромѣ барельефа Марины Мнишекъ.

— Оставь...— строго сказалъ Бургардтъ, когда Андрей хотѣлъ снять съ барельефа драпировку.

Человѣкъ Андрей только пожалъ плечами. Онъ сильно разсчитывалъ на "Маринку", потому что ее одобрилъ самъ Красавинъ, а каждое слово Красавина все равно, что наличныя деньги.

Гаврюши еще не было. Онъ не считалъ нужнымъ увѣдомить, куда уѣхалъ, и человѣкъ Андрей не безъ ядовитости доложилъ барину:

— Нашъ Гаврило Гаврилычъ на господскомъ положеніи, поѣхали дышать свѣжимъ воздухомъ...

— А тебѣ обидно?

— Обиды никакой, а такъ вообще... Не наше дѣло. Вонъ и нашъ докторъ тоже сколько время глазъ не кажетъ... Тоже, надо полагать, на воздухѣ проклажается.

Бургардтъ какъ-то совсѣмъ позабылъ о миломъ старикѣ, и ему сдѣлалось даже совѣстно. И Анита тоже ничего не знала о старикашкѣ и съ дѣтскимъ эгоизмомъ не интересовалась его участью. Дѣвочка продолжала относиться къ отцу съ сдержаннымъ недовѣріемъ, и Бургардтъ постоянно чувствовалъ на себѣ ея пристальный, наблюдающій взглядъ. Ему иногда хотѣлось ее приласкать, но онъ не могъ этого сдѣлать. Между отцомъ и дочерью точно росла какая то глухая стѣна. Бургардтъ часто думалъ про себя, что еслибы Анита была постарше лѣтъ на пять, онъ разсказалъ бы ей все, а сейчасъ не могъ объяснить даже нелѣпости ея подозрѣній относительно Бачульской. Анита уже умѣла быть несправедливой какъ-то по женски, внѣ предѣловъ логики.

Вмѣстѣ съ наступленіемъ осени начался и съѣздъ художниковъ. Особенно пріятное впечатлѣніе производили пейзажисты, возвращавшіеся съ лѣтнихъ экскурсій. Какую массу этюдовъ привозилъ каждый. Начинался настоящій сѣнокосъ. Оживали въ эту пору даже давно конченные старики, отъ которыхъ публика ужс пе ждала ничего новаго. Въ своей артистической средѣ у Бургардта какъ-то не было особенно близкихъ знакомыхъ, хотя онъ всѣхъ зналъ и со многими былъ "на ты". Его особенно радовали молодые художники, вносившіе въ искусство такую бодрую струю. Да, это были уже совсѣмъ новые люди, освободившіеся отъ многихъ недостатковъ своихъ предшественниковъ по искусству. Народъ былъ все трезвый, разсчетливый, серьезный, работающій. У Бургардта являлось по отношенію къ нимъ что-то вродѣ отцовскаго чувства. Право, все такой милый народъ... Были и крупныя дарованія, обѣщавшія много, были середнячки, не гонявшіеся за большимъ, и были просто хорошіе работники. Все это было въ общемъ такъ мило, хорошо и какъ-то свѣтло.

Въ мастерскую Бургардта частенько приходили начинающіе академисты, смотрѣвшіе на него чуть не съ благоговѣніемъ, какъ на учителя. Они слѣдили за его работой, затаивъ дыханіе. Публика тоже заглядывала въ мастерскую и, конечно, одной изъ первыхъ явилась "благотворительная щука" съ дочерью, чтобы напомнить Бургардту данное имъ обѣщаніе принять участіе въ ея базарѣ. Между прочимъ, завернулъ Васяткинъ, одѣтый въ какой-то необыкновенный смокингъ необыкновеннаго табачнаго цвѣта.

— Какая новость... вы, конечно, знаете?— говорилъ онъ, задыхаясь отъ волненія:— Красавинъ...

— Нельзя-ли меня избавить отъ этого господина...— сухо перебилъ его Бургардтъ.

— Нѣтъ, позвольте... Егоръ Захарычъ, голубчикъ, вѣдь весь Петербургъ сейчасъ кричитъ о немъ. Да... Я былъ у него недѣли двѣ назадъ, и онъ такъ съострилъ... Да. "Она себя неприлично ведетъ"... Ха-ха!.. Помните эту нѣмую англичанку? Она того... да... И теперь опять царитъ Шура, потому что у нея нѣтъ наклонности къ продолженію красавинскаго рода.

Бургардтъ, блѣдный, какъ полотно, крикнулъ:
— Ради Бога, замолчите!..

Васяткинъ отступилъ отъ него и, пятясь къ двери, проговорилъ:

— Не могу, Егоръ Захарычъ... Убейте меня на мѣстѣ, а я не могу. Весь Петербургъ... у Кюба... да... Однимъ словомъ, Красавинъ сошелъ съ ума.

Взбѣшенный до послѣдней степени, Бургардтъ только что хотѣлъ выгнать Васяткина вонъ, но послѣднее извѣстіе его точно ошеломило. Онъ стоялъ посреди мастерской съ раскрытымъ ртомъ и не могъ произнести ни одного слова.

— Да, сошелъ съ ума...— продолжалъ Васяткинъ.— Я самъ видѣлъ... И на чемъ помѣшался — удивительно. Сначала онъ все скупалъ бревна и завалилъ ими всю дачу. Потомъ началъ собирать веревочки отъ покупокъ, рваную бумагу, коробки изъ подъ спичекъ... ѣсть только студень изъ бычачьихъ ногъ, который варитъ самъ, потому что боится отравы. Вообще, очень оригинальное помѣшательство... Я, конечно, сейчасъ же поѣхалъ къ нему. Около него какія-то темныя личности, т. е.

кафтанники... да. Меня не пускаютъ и т. д. А я все-таки видѣлъ его. По наружному виду рѣшительно ничего нельзя сказать... И говоритъ обо всемъ совсѣмъ здраво, пока дѣло не касается веревокъ. Спрашивалъ о васъ, т. е. почемъ вы покупаете глину. А знаете послѣднюю остроту Саханова... Я записываю его выраженія. Онъ сказалъ про миссъ Мортонъ, что она еще красавинскихъ башмаковъ не износила, какъ должна была за неприличное поведеніе уступить мѣсто Шурѣ. И еще Сахановъ сказалъ...

Бургардтъ схватилъ комъ свѣжей глины и запустилъ имъ въ Васяткина. Послѣдній едва успѣлъ уклониться, и комъ влѣпился въ стѣну.

— Уходите, несчастный!!..— кричалъ въ бѣшенствѣ Бургардтъ, отыскивая глазами, чѣмъ бы еще бросить въ гостя.— Я... я васъ убью... Понимаете?!..

Бургардтъ сейчасъ же опомнился, какъ только Васяткинъ исчезъ въ дверяхъ. Господи, что же это такое? До чего онъ дошелъ... У него въ ушахъ еще стояла послѣдняя острота Саханова, и онъ стоналъ, какъ раненый звѣрь.

Раньше онъ какъ-то совсѣмъ не думалъ о Красавинѣ, который въ его глазахъ являлся какимъ-то собирательнымъ лицомъ. Зло было такъ велико, что не поддавалось измѣренію и обыкновенной логикѣ. А сейчасъ оно точно вспыхнуло, какъ пробившійся сквозь золу огонь.

— Вѣдь я долженъ былъ убить этого негодяя, — стоналъ Бургардтъ, хватаясь за голову.

А сейчасъ не оставалось мѣста даже для мести. Сумасшедшій человѣкъ внѣ закона.

XXXV

Что такое ненависть? Въ какихъ неизвѣданныхъ глубинахъ зарождается это чудовище? Какъ оно растетъ, питается и множится, пока не захватитъ всего человѣка? Въ самомъ дѣлѣ, не странно-ли, что для двухъ человѣкъ вдругъ дѣлается тѣсно на свѣтѣ, другіе люди перестаютъ для нихъ существовать, и всякая мысль, всякое чувство, всякое движеніе роковымъ образомъ привязываются къ врагу, котораго не обойдешь и не объѣдешь. Въ сущности, Бургардтъ даже не былъ вполнѣ увѣренъ въ виновности по отношеніи миссъ Мортонъ именно

Красавина, вѣрнѣе сказать — старался не думать объ этомъ, потому что слишкомъ былъ поглощенъ налетѣвшимъ на него шкваломъ. Вѣдь это только въ романахъ пишутъ, что тонущій человѣкъ въ одно мгновеніе переживаетъ всю свою прошлую жизнь, — ничего этого нѣтъ и не можетъ быть, потому что всѣ мысли и всѣ чувства сосредоточивошотся на разстояніи нѣсколькихъ роковыхъ аршинъ и въ этихъ географическихъ предѣлахъ разыгрывается вся драма. Да, одно настоящее, одинъ моментъ и человѣка не стало, вмѣстѣ съ его животнымъ страхомъ за свое драгоцѣнное существованіе. Муха, попавшая въ молоко, раздавленный червякъ, вытащенная изъ воды рыба — развѣ это не трагедія? Когда человѣкъ ненавидитъ другого человѣка — развѣ это не трагедія? Именно ненависть съуживаетъ душевный горизонтъ до послѣдней степени, и человѣкъ гибнетъ подъ напоромъ своего собственнаго душевнаго настроенія. А тутъ, у Бургардта вся ненависть поднялась заднимъ числомъ, когда объектъ этой ненависти очутился въ состояніи невмѣняемости.

— Зачѣмъ я его не убилъ? — повторялъ Бургардтъ въ отчаяніи, вспоминая Красавина, какимъ онъ былъ здоровымъ.

Трагедія и комедія, какъ извѣстно, родныя сестры. На другой день послѣ инцидента съ Васяткинымъ къ Бургардту явился Сахановъ. Онъ имѣлъ какой-то необычный для него дѣловой видъ и озабоченно вертѣлъ въ рукахъ мягкій портфель. Взглянувъ на черный, наглухо застегнутый сюртукъ, Бургардтъ невольно проговорилъ:

— Ужъ вы, Павелъ Васильичъ, не поступили ли куда нибудь на службу?

— Я? Нѣтъ... А къ вамъ, я, Егоръ Захаровичъ, по очень серьезному дѣлу, именно, по порученію моего друга Алексѣя Иваныча Васяткина.

— Вызовъ на дуэль?— предупредилъ его Бургардтъ и засмѣялся.— Ужасно жалко, что вчера не проломилъ табуреткой пустую голову этого негодяя...

— Вы забываете, Егоръ Захаровичъ, что я къ вамъ явился съ требованіемъ удовлетворенія и что въ моемъ присутствіи вамъ придется воздержаться отъ рѣзкихъ выраженій.

Разговоръ происходилъ въ кабинетѣ. Бургардтъ прошелся изъ угла въ уголъ, взъерошилъ волосы и съ кривой улыбкой отвѣтилъ:

— Дѣло принимаетъ настолько серьезный оборотъ, что мнѣ придется прибѣгнуть тоже къ посредничеству какого-нибудь друга... Лично мнѣ трудно говорить о г. Васяткинѣ спокойно, и я даже лишенъ всякой возможности объяснить истинную причину своего вчерашняго поступка, потому что не имѣю нравственнаго права называть третьихъ лицъ.

— Я съ своей стороны не вижу ни малѣйшаго основанія скрывать имена третьихъ лицъ, — проговорилъ Сахановъ сухимъ дѣловымъ тономъ.— Впрочемъ, если хотите, я могу и не называть имени миссъ Мортонъ...

Бургардтъ побѣлѣлъ отъ бѣшенства и, подступивъ къ Саханову, задыхающимся голосомъ отвѣтилъ:

— Если вы еще разъ позволите назвать имя этой дѣвушки, я не ручаюсь, что не выброшу васъ въ окно..

— Это очень любезно съ вашей стороны, т. е. предупредить меня относительно нѣкоторыхъ, не совсѣмъ пріятныхъ для меня послѣдствій, но...

— Я васъ попрошу замолчать...

— И убираться вонъ?

— И убираться вонъ... Я пришлю къ вамъ своего секунданта.

— Не забудьте: нужны двое. Я пріѣхалъ только для предварительныхъ переговоровъ.

— Хорошо, хорошо... Я васъ не задерживаю.

Сахановъ сдѣлалъ дѣловой поклонъ и вышелъ изъ кабинета съ достоинствомъ человѣка, исполнившаго нѣкоторый священный долгъ. Сдѣлавъ нѣсколько шаговъ въ гостиной, онъ остановился и только пожалъ плечами, — изъ кабинета слышался хохотъ Бургардта.

— Для начала недурно, какъ сказалъ турокъ, посаженный на колъ, — подумалъ онъ, шагая въ переднюю.— Это какой-то сумасшедшій.

А Бургардтъ ходилъ по кабинету и хохоталъ.

— Ахъ, негодяй!..— повторилъ онъ.— Дуэль съ Васяткинымъ... Какъ это мило!.. Ха-ха...

Потомъ у ними явилась счастливая мысль проломить голову господину Саханову, съ чѣмъ онъ и выскочилъ въ переднюю, но на его счастье Сахановъ уже ушелъ.

— Они ушли...— объяснилъ человѣкъ Андрей.

— Ну, и чортъ съ нимъ!..

На первомъ планѣ сейчасъ стоялъ вопросъ о секундантахъ. Бургардтъ долго перебиралъ имена своихъ знакомыхъ и остановился на Бахтеревѣ. Онъ теперь подумалъ о модели своего Гамлета даже съ нѣкоторой нѣжностью. Конечно, Бахтеревъ былъ человѣкъ недалекій и, какъ артистъ, даже совсѣмъ "никакой", но на него было можно положиться вполнѣ.

Именно такіе простые и недалекіе люди удобнѣе всего при такихъ нелѣпыхъ обстоятельствахъ. А кто же другой? Бургардтъ перебралъ еще разъ всѣхъ своихъ знакомыхъ и никого не нашелъ. Нѣтъ другого подходящаго человѣка — и конецъ. Можно было бы попросить старика Локотникова, но онъ уже охваченъ старческой трусливостью. Если бы былъ въ Петербургѣ Шипидинъ — нѣтъ, онъ принципіальный человѣкъ и въ секунданты не пойдетъ. Бургардтъ даже вскрикнулъ отъ радости, когда вспомнилъ про милѣйшаго доктора Гаузера. Да, для полнаго комплекта комедіи не доставало только его. Въ юности по обычаю нѣмецкихъ буршей онъ, конечно, бывалъ и секундантомъ, и самъ дрался на студенческихъ дуэляхъ.

— Милый старикашка...— вслухъ думалъ Бургардтъ.

Не откладывая дѣла въ долгій ящикъ, Бургардтъ сейчасъ же отправился къ Пяти Угламъ. Осенній день былъ и дождливый, и вѣтренный. По тротуарамъ сновали съежившіеся пѣшеходы, извозчики закрылись непромокаемыми накидками, дома казались какъ-то особенно непривѣтливыми и смотрѣли на улицу точно заплаканными окнами. Погода, вообще, располагала къ мрачнымъ мыслямъ, и у Бургардта явилась мысль, ужъ не умеръ ли милый докторъ у своихъ Пяти-Угловъ, умеръ безвѣстно, какъ умираютъ старые холостяки. Эта мысль перешла почти въ увѣренность, когда Бургардтъ подъѣзжалъ къ квартирѣ доктора. Конечно, умеръ, а то иначе онъ далъ бы о себѣ знать. Бургардтъ торопливо вбѣжалъ на третій этажъ, и ему отворилъ самъ докторъ. Онъ посмотрѣлъ на гостя черезъ очки, нерѣшительно протянулъ руку и довольно сухо проговорилъ:

— Очень радъ... Да, радъ...

— Докторъ, вы были больны?

— Я? Нисколько...

— Вы куда-нибудь уѣзжали?

— Опять нисколько...

— Значитъ, вы забыли о нашемъ существованіи?

Докторъ вмѣсто отвѣта только пожевалъ губами. Бургардтъ понялъ, что старичокъ чѣмъ-то обиженъ.

— Да, давненько я васъ лишенъ былъ видѣть, — говорилъ докторъ, стараясь быть любезнымъ.— И все собирался... каждый день...

— Вотъ этого и не слѣдовало дѣлать, т. е. собираться, а просто выйти на улицу и взять извозчика, который васъ и довезъ бы на Васильевскій островъ.

— У васъ кто-нибудь боленъ? — сухо спросилъ докторъ.

— Нѣтъ, слава Богу, всѣ здоровы... Право, я пріѣхалъ къ вамъ, не какъ къ доктору, а какъ къ хорошему старому другу, въ совѣтѣ котораго сейчасъ очень нуждаюсь.

Поднятыя брови доктора Гаузера выразили полную готовность оказать дружескую услугу. Но Бургардтъ постѣснялся высказать прямую цѣль своего визита и началъ издалека, причемъ путался, подбиралъ слова и держалъ себя, какъ виноватый человѣкъ. Гаузеръ слушалъ его съ истиннымъ нѣмецкимъ терпѣніемъ и только спросилъ:

— Васяткинъ... это такой сѣрый?

— Да, совершенно сѣрый...

— Вы учились фехтовать?

— Не много...

— А... Русскіе не умѣютъ фехтовать вообще, хотя и не трусы.

Старикъ принесъ изъ передней двѣ палки и показалъ Бургардту, какъ нужно фехтовать, но изъ этого ничего не вышло.

— У васъ нѣтъ способностей къ фехтованію, — учительскимъ тономъ рѣшилъ Гаузеръ.— Вы торопитесь, а тутъ самое главное — выдержка характера. А стрѣляете хорошо?

— Такъ себѣ...

У доктора на лбу всплыли морщины. Потомъ онъ посмотрѣлъ на Бургардта поверхъ очковъ и проговорилъ:

— Тогда г. Васяткинъ застрѣлитъ васъ, какъ куропатку...

— Очень можетъ быть, докторъ, но я не могу отказаться отъ дуэли...

— Совершенно не можете... Дуэль сама по себѣ, конечно, нелѣпость, но бываютъ случаи, когда ничего другого не остается... Я въ молодости тоже дрался... да... Одному молодому барону я отрубилъ полъ уха, и онъ гордился этимъ всю жизнь.

Воспоминанія молодости настолько взволновали стараго доктора, что онъ еще сбѣгалъ въ переднюю за палкою и показалъ наглядно, какъ отрубилъ ухо молодому нѣмецкому барону. Потомъ онъ прочелъ цѣлую лекцію о разныхъ типахъ ранъ и сопровождающихъ ихъ послѣдствіяхъ. Въ заключеніе старикъ поднялъ брови и строго спросилъ:

— А кто ваши секунданты?

— Пока еще никого нѣтъ...

— О, это весьма важный вопросъ. Нужны люди опытные и хладнокровные... Если вы ничего не будете имѣть, я согласенъ буду быть вашимъ секундантомъ, потому что весьма понимаю это дѣло.

— Я буду очень радъ, если только это не стѣснитъ васъ, докторъ...

— А кто другой секундантъ?

— Я думаю пригласить Бахтерева. Вы его встрѣчали у меня.

— Да, да, помню... Такая внушительная наружность. Да, хорошо...

Старикъ сразу размякъ и даже улыбнулся. О, онъ отлично понимаетъ, что такое дуэль, и съ удовольствіемъ отрубилъ бы нѣмецкому барону и другое ухо. Воспользовавшись хорошимъ настроеніемъ старика, Бургардтъ откровенно его спросилъ, почему онъ такъ долго не былъ у нихъ и чѣмъ обиженъ.

— Я? Обиженъ? — повторилъ докторъ вопросъ.— Нѣтъ, меня никто не обидѣлъ, но мнѣ было больно...

Сразу онъ все-таки не сказалъ, въ чемъ дѣло, и только потомъ объяснилъ, что "больно" получилось отъ Аниты, которая передала его стихи Саханову.

— Я не сержусь на нее, потому что она еще ребенокъ, — объяснялъ онъ торопливо, — и все-таки больно...

Бургардтъ не оправдывалъ Аниту, а только старался успокоить огорченнаго старика.

— О, я все понимаю, — соглашался Гаузеръ.— И все-таки больно...

— Не обращайте вниманія на глупую дѣвчонку — и только, — совѣтовалъ Бургардтъ.— Развѣ она что нибудь понимаетъ?

— Извините, г. художникъ, все понимаетъ, и даже весьма...

Только дорогой отъ Гаузера Бургардтъ понялъ, въ чемъ дѣло, именно, что старикъ былъ влюбленъ въ миссъ Гудъ, и Анита съ дѣтскимъ безсердечіемъ задѣла его больное мѣсто. Предполагаемый второй секундантъ Бахтеревъ жилъ на Гороховой. Когда Бургардтъ объяснилъ цѣль своего пріѣзда, Бахтеревъ обнялъ его и разцѣловалъ.

— Вы — благородный человѣкъ, — повторилъ онъ нѣсколько разъ трагическимъ тономъ, принимая театральную позу.

— Ну, кажется, благородства тутъ не много, а одна вопіющая глупость... Принципіально я, конечно, противъ дуэли и меньше всего желаю проливать кровь г. Васяткина.

XXXVI

Когда Бургардтъ пріѣхалъ въ Озерки, гдѣ Бачульская оставалась до начала зимняго сезона — тамъ уже все было извѣстно. Миссъ Мортонъ пожала ему руку особенно горячо, а Бачульская, видимо, волновалась.

— Ахъ, все это глупости, — говорилъ Бургардтъ.— Я убѣжденъ, что Васяткинъ въ рѣшительную минуту просто сбѣжитъ. Помните тогда въ Павловскѣ, какъ онъ струсилъ?

— Да, но есть храбрость отчаянія...

Бургардтъ разсказалъ ей подробно весь инцидентъ. Конечно, съ его стороны было гадко бросать въ этого негодяя мокрой глиной, но онъ вывелъ его изъ терпѣнія своей нахальной болтовней...

— Вѣдь онъ и забѣжалъ ко мнѣ съ цѣлью оскорбить меня, — увѣрялъ Бургардтъ.— Сумасшествіе Красавина служила только предлогомъ... Я и Саханова прогналъ.

— Ахъ, Егорушка, Егорушка... У васъ все такъ: вѣчный порывъ и раскаяніе заднимъ числомъ. Ни малѣйшей выдержки характера... И обидно, и больно за васъ. Вѣдь всѣхъ негодяевъ на свѣтѣ не перестрѣляешь...

— Однимъ меньше — и то прибыль.

— Это вы такъ говорите сейчасъ. Гдѣ вамъ стрѣлять въ живого человѣка... Боюсь, чтобы Бахтеревъ не испортилъ дѣла, потому что очень ужъ горячо взялся за него. Я его случайно встрѣтила въ Петербургѣ... Такъ гоголемъ и ходитъ. А Васятинъ только и повторяетъ одно слово: "къ барьеру!"

— Вотъ видите, Марина, какъ все вышло глупо, а отказаться нельзя.

Этотъ визитъ въ Озерки подѣйствовалъ на Бургардта самымъ успокоительнымъ образомъ. Миссъ Мортонъ, кажется, еще никогда не была такъ мила, и Бургардтъ чувствовалъ, какъ безгранично ее любитъ и какъ все остальное не имѣетъ никакого значенія, даже если бы Васяткинъ убилъ его. Что значитъ смерть одного человѣка? А тутъ смерть за свою любовь... Кто-то и гдѣ-то сказалъ, что только тотъ достоинъ жизни и свободы, кто не боится смерти. Но тутъ же рядомъ лѣзли въ голову самыя нелѣпыя мысли. Бургардтъ припомнилъ прочитанныя въ романахъ описанія дуэлей, гдѣ главный герой всегда является храбрымъ, благороднымъ и великодушнымъ, а его противникъ низкимъ и трусливымъ негодяемъ. Такая схема всегда коробила Бургардта, потому что такихъ людей, строго говоря, не существуетъ на бѣломъ свѣтѣ. Примѣняя эту схему къ данному случаю, Бургардтъ по совѣсти не могъ принять на себя роль праведника. Конечно, предстоявшая дуэль — колоссальная глупость, но она только логическій результатъ нелѣпой жизни. Кто заставлялъ его знаться съ гг.

Васяткиными, Сахановыми и тому подобными темными личностями? Сейчасъ приходилось только расплачиваться за это удовольствіе.

Дома Бургардтъ, конечно, ничего не говорилъ ни Анитѣ, ни миссъ Гудъ, но онѣ, какъ оказалось, все уже тоже знали, благодаря неожиданно появившемуся Гаврюшѣ. Болтливость этого молодого человѣка взбѣсила Бургардта, и онъ сдѣлалъ ему строгое замѣчаніе, но Гаврюша и бровью не повелъ, а только проговорилъ:

— Тогда вы обвиняли меня, Егоръ Захарычъ, что я ударилъ Васяткина, а сами бросили въ него глиной...

— Это ужъ мое дѣло, и оно васъ не касается.

Бургардтъ испугался, что извѣстіе о дуэли встревожитъ Аниту, но послѣдняго не было. Дѣвочка отнеслась къ нему почти равнодушно, потому что не могла повѣрить, чтобы папа могъ кого нибудь убить, а тѣмъ болѣе Васяткина. Она даже пошутила:

— Папа, развѣ можно быть такимъ кровожаднымъ?

Миссъ Гудъ молчала. Она тоже не вѣрила въ возможность дуэли и была убѣждена, что все происходитъ изъ за какой нибудь безнравственной женщины.

Поведеніе Гаврюши за послѣднее время окончательно не нравилось Бургардту. Онъ дѣлался дерзкимъ, и въ его глазахъ часто появлялся злобный огонекъ. Между прочимъ, онъ бросилъ своего Гамлета и началъ самостоятельную работу, именно, лѣпилъ бюстъ человѣка Андрея. Бургардтъ наблюдалъ за этой работой и еще разъ убѣждался, что изъ Гаврюши вышла полная пустышка. Съ своей стороны Гаврюша время отъ времени, слѣдя за работой Бургардта, дѣлалъ свои замѣчанія тономъ спеціалиста. А разъ онъ забылся до того, что хотѣлъ самъ поправить что-то въ работѣ учителя.

— Гаврюша, да вы, кажется, съ ума сошли?!..— удивлялся Бургардтъ.

— Пока еще нѣтъ, Егоръ Захарычъ.

Бургардту больше всего не нравилось то, что Гаврюша, очевидно, дѣйствовалъ по внушенію со стороны и повторялъ только чужія слова. Какъ оказалось, онъ бывалъ у Саханова и тамъ пропитывался художественными истинами и, главное, тономъ. У Бургардта нѣсколько разъ являлось желаніе прогнать Гаврюшу, но на такой подвигъ у него не хватало рѣшимости. Онъ такъ привыкъ къ нему, съ одной стороны, а съ другой — чувствовалъ передъ нимъ что-то вроде отвѣтственности.

Переговоры о дуэли велись цѣлую недѣлю. Докторъ

Гаузеръ и Бахтеревъ пріѣзжали по нѣскольку разъ въ день, порознь и вмѣстѣ. Васяткинъ проявилъ большую кровожадность, съ одной стороны, а съ другой — предусматривалъ впередъ всякую мелочь. Дуэль въ проектѣ предполагалась на разстояніи двадцати шаговъ и непремѣнно "до первой крови".

— Какъ хотите, мнѣ все равно, — говорилъ Бургардтъ.— Только ради Бога, нужно покончить эту глупость поскорѣе, такъ или иначе... Мнѣ надоѣло быть героемъ.

Васяткина почему-то больше всего интересовало самое мѣсто дуэли, и онъ съ своими секундантами объѣхалъ всѣ окрестности, пока не остановился на Шуваловскомъ паркѣ, гдѣ-то за Каболовкой или Заманиловкой. Назначенъ былъ даже и день, а наканунѣ Васяткинъ устроилъ у Кюба легкій прощальный ужинъ en trois. Вторымъ секундантомъ у него былъ какой-то штабсъ-ротмистръ. Бургардтъ относился ко всему какъ-то безучастно. Ему надоѣла эта дурацкая комедія. О томъ, какъ все кончится — онъ даже не думалъ. Духовное завѣщаніе было составлено раньше, и по нему Анита была совершенно обезпечена. Наканунѣ дуэли принято писать чувствительныя письма, но Бургардту некому было писать. Въ сущности, у него былъ единственный близкій человѣкъ — это Шипидинъ, но и ему писать, послѣ размолвки, было неудобно. Все-таки наканунѣ дуэли Бургардтъ чувствовалъ себя въ надлежащую мѣру скверно и глупо.

Къ вечернему чаю явились оба секунданта, бывшіе на верху своего положенія. Докторъ Гаузеръ, бывая у Бургардта, замѣтно сторонился Аниты и если говорилъ, то какъ говорятъ съ человѣкомъ, до котораго нѣтъ никакого дѣла. Это очень огорчало Бургардта, и онъ напрасно старался ихъ помирить. Анита упрямилась и не хотѣла идти на примиреніе первой. Но наканунѣ дуэли старый Гаузеръ точно размякъ и проявилъ къ Анитѣ свои прежнія добрыя чувства. Бургардту какъ-то непріятно было видѣть такую перемѣну именно сейчасъ, потому что ея истинной подкладкой являлась мысль о возможномъ сиротствѣ Аниты.

Въ окна смотрѣлъ глухой осенній вечеръ. Всѣ старались говорить о разныхъ постороннихъ предметахъ, а Бахтеревъ шагалъ по гостиной, по наполеоновски сложивъ руки на груди. Получалось такое впечатлѣніе, какъ наканунѣ отъѣзда дорогого человѣка куда-то далеко, когда всѣ говорятъ совсѣмъ не о томъ, что нужно. Бургардтъ сдерживалъ зѣвоту, выдерживая эту пытку. Да, это были истинные друзья, которыхъ, въ сущности, онъ недостаточно цѣнилъ и любилъ. Не доставало еще Бачульской и у Бургардта являлось какое-то нехорошее чувство къ дочери, упорно не желавшей быть справедливой. Развлекалъ всѣхъ старикъ Гаузеръ, съ трогательной наивностью развивавшій планы своего будущаго. Анита кусала губы, сдерживая смѣхъ и переглядываясь съ миссъ Гудъ, дѣлавшей строгое лицо.

— Да, я поѣду въ Германію, на родину, — говорилъ Гаузеръ.— Хочется посмотрѣть мѣста, гдѣ прошла молодость... Меня ничто не держитъ въ Петербургѣ, но вотъ пятнадцать лѣтъ я собираюсь и все не могу собраться. О, родина — это все... Въ зрѣлыхъ годахъ какъ-то забываешь о ней, а подъ старость не можешь не думать. Анита, вы не думайте, что я уже такой глубокій старикъ... У меня еще есть свои желанія. Да... Самое лучшее въ жизни человѣка — это невѣдѣніе. Я дѣлаю маленькій мысленный скачекъ, потому что есть связь между мыслью о родинѣ и мыслью о смерти. Я часто думалъ о ней... И представьте себѣ, если бы наука когда нибудь достигла такого совершенства, что могла бы опредѣлить вполнѣ точно годъ, мѣсяцъ, недѣлю, день и часъ вашей смерти, — вѣдь это было-бы ужасно!

Старикъ говорилъ совсѣмъ не то, о чемъ хотѣлъ говорить, а слово: смерть — вырвалось какъ-то само собой. Спохватившись, докторъ неловко замолчалъ. Бургардтъ разсматривалъ сборную обстановку своей гостиной и думалъ о томъ, какъ все это глупо нагромождено, а между тѣмъ каждая вещь пріобрѣталась съ любовью и несла на себѣ отпечатокъ вкуса хозяина.

— Надо все продать... думалъ Бургардтъ.— Къ чему? Точно мало глупостей и безъ того...

Общее молчаніе было нарушено появившимся въ дверяхъ гостиной человѣкомъ Андреемъ, который съ смущеннымъ видомъ держалъ въ рукахъ визитную карточку.

— Сегодня я никого не принимаю, заявилъ Бургардтъ, отмахиваясь рукой.— Меня нѣтъ дома... Скажи, что ты не видѣлъ, какъ я вышелъ.

— Никакъ невозможно, баринъ... бормоталъ вѣрный слуга, подавая карточку.— Они въ передней и непремѣнно желаютъ васъ видѣть.

Бургардтъ взялъ карточку и передалъ доктору.

— Сахановъ?!.. возмутился тотъ.— Еще что такое? И почему онъ непремѣнно желаетъ видѣть именно васъ? Кажется, всѣ наши переговоры кончены...

— Проси, — коротко сказалъ Бургардтъ.

Сахановъ вошелъ въ гостиную, наклонившись немного впередъ и держа шляпу на отлетъ, какъ входятъ на сцену отвергнутые друзья дома. Бахтеревъ всталъ въ углу, принявъ окончательно наполеоновскій видъ.

— Господа, я знаю, что вы меньше всего ожидали моего появленія именно сегодня, — заговорилъ Сахановъ, повторяя сложенную дорогой фразу.— Скажу больше: вамъ просто непріятно меня видѣть. Но я не могъ не придти... Дѣло въ томъ, что мой другъ Васяткинъ скрылся сегодня самымъ позорнымъ образомъ.

Всѣ молчали. Бургардтъ поднялся и, идя на встрѣчу гостю и протягивая руку, отвѣтилъ:

— Я очень радъ, что эта глупая исторія кончилась, Павелъ Васильевичъ... Самое лучшее, если мы сейчасъ-же забудемъ о ней.

— Нѣтъ, г. Бургардтъ, я не согласенъ, — перебилъ его докторъ.— Такъ порядочные люди не поступаютъ...

— Я съ вами совершенно согласенъ, докторъ, — подтвердилъ Бахтеревъ глухимъ трагическимъ голосомъ.— Нельзя-же заставлять порядочныхъ людей играть дурацкую и смѣшную роль...

Анита поняла, что мужчинамъ нужно остаться однимъ, и увела миссъ Гудъ въ столовую. Сахановъ оставался посреди комнаты, не выпуская руки Бургардта.

— Вы меня оскорбили, Егоръ Захаровичъ, — говорилъ онъ.— Но я знаю, что вы совсѣмъ не желали этого сдѣлать, а такъ вышло... На вашемъ мѣстѣ, вѣроятно, и я поступилъ бы такъ-же, если не хуже. Мнѣ не слѣдовало брать роль посредника и вмѣшиваться въ чужія дѣла...

Произошла довольно нелѣпая сцена, причемъ Бургардту пришлось чуть не умолять секундантовъ позабыть все. Старикъ Гаузеръ даже впалъ въ неистовство и наговорилъ дерзостей.

XXXVII

По окончаніи глупаго инцидента съ Васяткинымъ у Бургардта явилось то бодрое рабочее настроеніе, которое обыкновенно охватывало его осенью. Онъ проводилъ теперь цѣлые дни въ своей мастерской, чтобы закончить къ весенней выставкѣ начатыя работы. Прежде всего ему хотѣлось закончить бюстъ Ольги Спиридоновны. Послѣдняя почему-то дулась на него и не хотѣла заглядывать къ нему въ мастерскую. Бургардту пришлось ѣхать къ ней самому. Ольга Спиридоновна неизмѣнно жила на Офицерской и встрѣтила его довольно неласково.

— Слышала, слышала, какъ вы хотѣли вымазать Васяткина глиной, — говорила она, пожимая руку Бургардту.— Думаю, пріѣдешь къ нему, а онъ и меня обмажетъ глиной. Нечего сказать, хорошъ...

— Хочется вамъ повторять чужія глупости, Ольга Спиридоновна?

— Слухомъ земля полнится, отецъ...

Ольга Спиридоновна за лѣто какъ-то обрюзгла и пріобрѣла привычку говорить: отецъ. Послѣднее у нея выходило какъ-то особенно мило, потому что она говорила всегда такимъ тономъ, точно сердилась. Ласковыя слова имѣютъ особенную цѣну у сердитыхъ людей. Замѣтивъ на себѣ наблюдающій взглядъ Бургардта, Ольга Спиридоновна съ грубоватой откровенностью отвѣтила:

— Постарѣла, да? Состарилась?.. Ничего не подѣлаешь, отецъ. Нынче кончаю дрыгать ногами... На подножный кормъ поступаю и за генерала замужъ выйду. Будетъ болтаться-то зря... Всѣ другія-то вонъ какъ пристроились, а одна я осталась неприкаянная душа. На что ваша Шурка глупа, а и та собственный домъ отъ Красавина получила. Вмѣстѣ кофе-то пили, а домъ получила она...

Бургардтъ только теперь припомнилъ разсказъ Бачульской, какъ Ольга Спиридоновна бунтовала по поводу этого дома, и невольно разсмѣялся.

— Кажется, Ольга Спиридоновна, вы и меня подозрѣваете въ этой исторіи?

— Охъ, отецъ, все мнѣ равно!.. Говорю: состарилась. Не бойсь, опять хотите меня мучить своими сеансами въ мастерской?

— Да, имѣлъ такое намѣреніе.

— Не понимаю, къ чему я вамъ нужна... Не стало развѣ молодыхъ, ну, съ нихъ и лѣпите, а старуха кому нужна. Да еще на выставку потащите такую старую кожу...

— Мнѣ очень немного осталось докончить...

— Знаю, знаю... Насидѣлась я, кажется, достаточно въ вашей мастерской.

Небольшая квартира Ольги Спиридоновны походила на бомбоньерку. Въ свое время она пользовалась большимъ успѣхомъ, и всѣ стѣны были декорированы разными подношеніями тароватыхъ "поклонничковъ", какъ называла Ольга Спиридоновна завзятыхъ балетомановъ. Въ сущности, она терпѣть не могла всѣхъ этихъ вѣнковъ, лиръ и разныхъ букетовъ и предпочитала подарки по хозяйственной части. То-ли дѣло серебряный сервизъ, а эти вѣники только пыль разводятъ. Сама по себѣ Ольга Спиридоновна была самая "простецкая баба", какъ она называла себя, и относилась къ своей профессіи иронически, какъ къ дѣлу самому пустому, ненужному и грѣшному. Тоже въ другой разъ и стыдно голой-то передъ биноклями прыгать. Положимъ, не совсѣмъ голая, а въ томъ родѣ, если не хуже. Бургардтъ именно любилъ ее за то, что она была простая женщина, въ которой ничего балетнаго не было, просто хорошій человѣкъ, попавшій въ балетъ по игрѣ глупаго случая.

Прежде Бургардтъ бывалъ у Ольги Спиридоновны довольно часто и одно время даже немного ухаживалъ на ней. Но она его предупредила съ своей грубоватой откровенностью:

— Оставьте это дѣло, Егоръ Захарычъ...

— Почему?

— А такъ, неподходящее... Не тотъ коленкоръ. Миндальности разныя я не умѣю разводить, а сварливой бабой быть не хочу, да и вамъ не сладко бы пришлось. Ужъ лучше такъ, останемтесь пріятелями... Мнѣ и свои-то поклнички до смерти надоѣли...

Ольга Спиридоновна принадлежала къ тѣмъ женщинамъ, которыя не любятъ мужчинъ. Театральные сплетники разсказывали про нее, что въ свое время и у нея были какіе-то романы, но Бургардтъ этому не вѣрилъ.

— Мнѣ бы самое настоящее быть попадьей, — шутила Ольга Спиридоновна надъ самой собой.— Страсть люблю огурцы солить, а на дачѣ цыплятъ развожу.

Сидя сейчасъ въ ея гостиной, Бургардтъ припоминалъ сравнительно недавнее прошлое и неожиданно спросилъ:

— А Сахановъ бываетъ у васъ, Ольга Спиридоновна?

— Охъ, отецъ, надоѣлъ... Смертынька!.. Придетъ и сидитъ, какъ идолъ. Я ему прямо говорю: "Дѣла, что-ли, у васъ нѣтъ, коли торчите у меня?" Онъ такой, прилипчивый... Бываютъ такіе мужчинки. Не отвяжешься... И что ему надо — ума не приложу. За генерала выйду замужъ и прогоню.

Бургардту показалось что-то неискреннее въ словахъ Ольги Спиридоновны, и что она притворно старалась говорить грубѣе обыкновеннаго. Они уговорились относительно сеанса, и когда Бургардтъ началъ прощаться, Ольга Спиридоновна проговорила:

— Ну, а какъ у васъ тамъ, въ Озеркахъ?

Этотъ простой вопросъ немного смутилъ Бургардта, и Ольга Спиридоновна, не дожидаясь отвѣта, прибавила:

— Знаете, отецъ, я давно бы завернула къ вамъ, да только боюсь новой англичанки... Говорятъ, строгая.

— Перестаньте ребячиться, Ольга Спиридоновна. Пріѣдете и увидите ее.

— И то, видно, пріѣду...

Черезъ два дня Ольга Спиридоновна пріѣхала въ назначенный часъ. Она отличалась вообще аккуратностью.

— Нашей сестрѣ, казенной бабѣ, иначе нельзя, — объясняла она.— А то сейчасъ: штрафъ.

Анита очень ей обрадовалась и не проявила ни малѣйшей тѣни хитрости, что съ ней случалось. Миссъ Гудъ старалась быть любезной и привѣтливой, и въ то же время наблюдала гостью какъ-то смѣшно округлившимися глазами, точно Ольга Спиридоновна вотъ-вотъ выскочитъ изъ своего платья и примется танцовать. Англійская строгая миссъ видѣла такъ близко настоящую балерину въ первый разъ. Разговоръ происходилъ при помощи Аниты, потому что Ольга Спиридоновна не знала хорошенько даже русскаго языка.

Сеансъ въ мастерской продолжался часа два. Нужно было поправить шею, зародыши будущихъ мѣшковъ на нижней челюсти, зажирѣвшія линіи овала лица, едва замѣтно собиравшіяся морщинки у наружныхъ угловъ глазъ — такъ называемыя "гусиныя лапки", но ничего не выходило, какъ Бургардтъ ни старался поймать переходный моментъ въ жизни красиваго женскаго лица. Ольга Спиридоновна въ теченіе одного лѣта постарѣла годовъ на пять, и Бургардтъ чувствовалъ, какъ его охватывало молчаливое отчаяніе, знакомое всѣмъ истиннымъ художникамъ, когда лучшая работа валится изъ рукъ. А тутъ еще Гаврюша, который молча и со злобой слѣдилъ за каждымъ неудачнымъ штрихомъ. Ольга Спиридоновна чувствовала, что дѣло не клеится, и сдерживала зѣвоту.

— Долго вы меня будете мучить?, взмолилась она наконецъ, когда Бургардтъ уничтожалъ сдѣланныя поправки.

— Сегодня я васъ освобождаю, — отвѣтилъ онъ съ грустью.— Ничего не выходитъ...

Ольга Спиридоновна долго разсматривала свой бюстъ и только покачала головой. Какъ будто она и какъ будто совсѣмъ

216

даже не она. Бургардтъ замѣтилъ, какъ Гаврюша смотрѣлъ на нее улыбавшимися глазами. Ему вдругъ сдѣлалось точно холодно, и въ головѣ застучала забытая мысль о своей конченности.

— Да, конченъ, конченъ... Больше ничего не будетъ.

— Ничего я не понимаю, — проговорила Ольга Спиридоновна, пожимая плечами.— И кому все это нужно? Вы ужъ меня извините, Егоръ Захарычъ, что говорю прямо... По моему, это одно баловство, т. е. разныя картины и статуи.

— Вы забываете одно, Ольга Спиридоновна, что бываютъ очень хорошія картины и статуи, — замѣтилъ съ улыбкой Бургардтъ.

— А по моему, всѣ картины и статуи одинаковы, отецъ... Такъ, для богатыхъ людей.

— Вы повторяете слова Саханова?..

— А что же, Павелъ Васильичъ умный человѣкъ. Статей-то я его, положимъ, не читаю, а изъ разговоровъ больше... Охъ, ужъ и разговоръ у него: какъ гусь по водѣ плыветъ, такъ онъ на словахъ.

Когда Ольга Спиридоновна собралась уходить, Анита шепнула ей:

— Зайдите ко мнѣ въ комнату... Мнѣ нужно съ вами переговорить очень-очень серьезно.

— Отлично, крошка, — согласилась Ольга Спиридоновна, удивляясь, что нынче у грудныхъ младенцевъ какіе-то серьезные разговоры.

Анюта увела ее въ свою комнату, прикрыла за собой дверь и, краснѣя, спросила:

— Я хотѣла узнать... вы меня извините... Вы давно видѣли Бачульскую?

— Не особенно давно... А что?

— Вы меня еще разъ извините за нескромный вопросъ... Въ какомъ она сейчасъ положеніи?

— Какъ въ какомъ положеніи? Въ самомъ обыкновенномъ... Будетъ зиму играть гдѣ-то въ клубѣ.

— Нѣтъ, не то... Я хотѣла сказать... да, хотѣла спросить совсѣмъ о другомъ, т. е. о положеніи, въ какомъ бываютъ замужнія женщины... Я слышала, что она... что у нея скоро будетъ ребенокъ.

Ольга Спиридоновна расхохоталась, что еще сильнѣе сконфузило Аниту.

— Голубчикъ, да какъ къ тебѣ это могло пртдти въ голову?!.. продолжала смѣяться Ольга Спиридоновна.—

Бачульская — и вдругъ въ интересномъ положеніи... Ха-ха!.. Охъ, крошка, уморила на смерть!..

Анита поблѣднѣла и проговорила серьезно:

— У меня есть основаніе такъ говорить, Ольга Спиридоновна... И вы напрасно смѣетесь.

Она достала изъ кармана скомканную бумажку и подала ее Ольгѣ Спиридоновнѣ.

— Вотъ прочитайте...

По печатному Ольга Спиридоновна еще читала съ грѣхомъ пополамъ, а писанное разбирала съ трудомъ. Но поданная Анитой записка была написана настолько четко, что она ее разобрала. Анонимный авторъ писалъ:

"Милая Анита, скоро я буду имѣть удовольствіе поздравить васъ съ новорожденнымъ".

Подъ этой запиской никакой подписи не было. Ольга Спиридоновна прочитала ее нѣсколько разъ, пожала плечами и проговорила всего одно слово:

— Негодяй!..

Анита подавленно молчала, кусая губы, чтобы не расплакаться.

— Откуда у тебя, крошка, эта дурацкая записка?

— Я получила по почтѣ. Письмо было адресовано на гимназію...

— Ахъ, негодяй. Ну, я тебѣ не могу объяснить всего, но только это скверная ложь, и больше ничего. Марина Игнатьевна тутъ рѣшительно не причемъ, какъ и твой отецъ. Даю тебѣ честное и благородное слово, что это такъ... Не волнуйся и забудь все. Дрянные люди всегда найдутся на свѣтѣ. Отцу до поры до времени ничего не говори... У него достаточно и друзей, и враговъ.

Анита расплакалась и, обнимая Ольгу Спиридоновну, шептала:

— Вѣдь я одна и совершенно одна... Вы не можете себѣ представить, какъ я тоскую о прежней мисссъ Гудъ.

Бургардтъ былъ очень доволенъ, что Ольга Спиридоновна все время ни однимъ словомъ не заикнулась о Красавинѣ.

XXXVIII

Въ Озеркахъ время тянулось ужасно медленно, и наступившая осень чувствовалась здѣсь гораздо сильнѣе, чѣмъ въ городѣ. Бачульская каждый день заставляла миссъ Мортонъ гулять по нѣскольку часовъ, и сама ходила съ ней. Вѣчное молчаніе англичанки наводило теперь на нее какую-то особенную тоску, какъ и эти сѣрые осенніе дни, оголенныя деревья, почернѣвшая въ озерѣ вода.

Предполагавшаяся дуэль съ Васяткинымъ очень волновала Бачульскую, и она расплакалась, когда въ Озерки пріѣхалъ Бахтеревъ, чтобы излить свое негодованіе на трусость Васяткина.

— Вы должны радоваться, а не сердиться, — раздраженно замѣтила ему Бачульская.— Ахъ, какъ я боялась... Мало-ли какія могутъ быть случайности. Знаете, мнѣ просто хочется расцѣловать васъ, милѣйшій, дорогой, единственный Евстратъ Павловичъ. Мнѣ кажется, что вы самый добрый человѣкъ въ мірѣ...

— А все-таки Васяткинъ — трусъ, — упрямо повторялъ Бахтеревъ, дѣлая мрачное лицо.

Миссъ Мортонъ отнеслась какъ-то безучастно къ этому извѣстію, что огорчало Бачульскую до глубины души. Изъ за нея Бургардтъ хотѣлъ стрѣляться, рисковалъ жизнію, а ей рѣшительно все равно. Бачульская не хотѣла замѣчать, что у миссъ Мортонъ все чаще и чаще стали проявляться полосы какой-то мертвой апатіи. Дѣвушка могла цѣлые дни лежать гдѣ нибудь на диванѣ съ книгой въ рукахъ, и стоило большого труда расшевелить ее. Всего равнодушнѣе миссъ Мортонъ относилась къ самой себѣ и своему будущему.

Даже когда Бургардтъ пріѣхалъ самъ, миссъ Мортонъ не проявила особенной радости и если не много оживилась, то скорѣе по привычкѣ.

— Знаете, Марина Игнатьевна, я ѣду къ вамъ и вдругъ дорогой испугался, — разсказывалъ Бургардтъ съ веселой улыбкой.— Говорю совершенно серьезно... Вы подумайте: быть убитымъ какимъ-то дуракомъ?

— Да, но и вы были не правы, Егорушка...

— Ну, это, положимъ, не правда, но рѣшительно все равно... Вообще, не стоитъ говорить.

Сохраняя тотъ же веселый тонъ, Бургардтъ въ смѣшномъ

видѣ разсказывалъ свой визитъ къ Ольгѣ Спиридоновнѣ и ея сеансъ у него, а въ заключеніе прибавилъ:

— Знаете, Анита спрашивала меня сегодня, почему вы перестали бывать у насъ?

Бачульская смутилась, покраснѣла и посмотрѣла на Бургардта полными ласковаго укора глазами.

— Я пріѣду, какъ нибудь... нерѣшительно отвѣтила она.— Только для того, чтобы Анита убѣдилась, какъ она несправедливо относится ко мнѣ...

— Хочется вамъ обращать вниманіе на дѣвчонку, которая ничего не понимаетъ... Какъ нибудь пріѣзжайте. Знаете, когда я почти выгналъ Саханова, мнѣ сдѣлалось ужасно скучно. Вѣдь, въ сущности, въ нашемъ кружкѣ это самый интересный человѣкъ.

— И все-таки, лучше быть отъ него подальше. Такіе люди способны каждую минуту подарить самымъ непріятнымъ сюрпризомъ...

— Вы преувеличиваете, моя хорошая...

Бачульская была очень рада веселому настроенію Бургардта, хотя и замѣтила, что онъ все время точно наблюдаетъ ее и точно чего-то не договариваетъ. На прощаньѣ онъ тихо спросилъ ее, точно миссъ Мортонъ могла ихъ услыхать:

— А скоро мы получимъ новаго человѣка?

— Къ вашей весенней выставкѣ по моимъ разсчетамъ... отвѣтила Бачульская, дѣлая серьезное лицо.

Съ этой мыслью о "новомъ человѣкѣ" Бурчардъ вернулся домой. Онъ всю дорогу думалъ объ этомъ неизвѣстномъ пришельцѣ, который уже впереди являлся обреченнымъ на разныя непріятности. Кто родится: мальчикъ или дѣвочка? Лучше-бы, конечно, дѣвочка. Ея незаконное происхожденіе покрылось-бы въ свое время замужествомъ, а мальчикъ долженъ нести наказаніе за грѣхи родителей всю жизнь. Мысль о будущемъ ребенкѣ все разросталась въ головѣ Бургардта, и онъ въ одно и тоже время любилъ его и не любилъ. Какой онъ будетъ? Что онъ принесетъ съ собой въ міръ? Что его ожидаетъ? А если вдругъ родится какой нибудь уродъ, рахитикъ, идіотъ, эпилептикъ? Вся обстановка способствовала именно какому-нибудь уклоненію отъ нормальнаго типа. Думая о ребенкѣ, Буріардтъ на время забывалъ о самомъ себѣ и точно дѣлался лучше. Вѣдь забота о дѣтяхъ умѣряетъ нашъ эгоизмъ, прежде всего, а тутъ эта работа окрашивалась совершенно исключительными условіями, и Бургардта впередъ охватывала такая хорошая мужская жалость, требовавшая приложенія здоровой мужской силы, покровительства и покрывающей мужской ласки.

Миссъ Мортонъ, какъ мать этого будущаго ребенка, рисовалась ему въ какомъ-то радужномъ свѣтѣ. Кому какое дѣло, что ребенокъ будетъ незаконный? А онъ еще волновался именно по поводу этого нелѣпаго по существу вопроса. Да, пусть будетъ незаконный, а я его буду любить и буду любить его мать можетъ быть лучше и чище, чѣмъ любятъ матерей законныхъ дѣтей.

Подъѣзжая къ Финляндскому вокзалу, Бургардтъ припомнилъ, какъ Бачульская разспрашивала его о работѣ и точно присматривалась къ нему, какъ присматриваются къ больному. Можетъ быть ничего подобнаго и не было, можетъ быть это только показалось, но... Веселое настроеніе Бургардта быстро измѣнилось, и онъ вернулся домой нахмуреннымъ. Конечно, Марина Игнатьевна безконечно добра и прямо ничего не покажетъ, но очевидно она уже кое что замѣтила.

Полосы бодраго настроенія у Бургардта нынче быстро смѣнялись полосами унынія и подозрительности. Онъ это зналъ и начиналъ мучительно слѣдить за самимъ собой. Напримѣръ, человѣкъ Андрей и тотъ проявлялъ что-то особенное, и Бургардту казалось, что онъ даже пальто подаетъ не такъ, какъ подавалъ прежде. И Анита слѣдитъ за нимъ съ хитростью молодой обезьяны...

— Э, всѣ вы жестоко ошибаетесь! повторялъ Бургардтъ про себя съ какимъ-то озлобленіемъ.

Ему начинало казаться, что онъ даже не начиналъ еще работать, а только еще начинаетъ.

Мысль о ребенкѣ проникла въ домъ Бургардта, и онъ былъ страшно пораженъ, когда Анита спросила его въ упоръ:

— Папа, ты желалъ-бы имѣть ребенка?

— Т.-е. какъ ребенка?

— Маленькаго...

— Ты говоришь глупости, Анита... Какія могутъ быть у меня дѣти?

— А если взять чужого, т.-е. не совсѣмъ чужого, а какого-нибудь знакомаго ребенка...

— Ребенокъ не игрушка. Кто за нимъ будетъ у насъ ходить? Ты утромъ въ гимназіи, вечеромъ у тебя уроки... Вообще, нелѣпость.

— Совсѣмъ маленькаго ребеночка, папа...

— Отстань, пожалуйста...

221

Бургардтъ никакъ не могъ понять, откуда подобная мысль могла попасть въ голову Анитѣ. Можно было подумать, что она все знаетъ и предрѣшаетъ вопросъ. Онъ и не подозрѣвалъ, что мысль о неизвѣстномъ ребенкѣ совершенно поглощала Аниту, и она думала о немъ день и ночь. Объясненія Ольги Спиридоновны совершенно ее удовлетворили, и дѣвочка съ нетерпѣніемъ ждала, когда пріѣдетъ Бачульская, предъ которой чувствовала себя виноватой. Анита рѣшила про себя, что спроситъ ее откровенно, гдѣ тотъ новорожденный, о которомъ ей писалъ неизвѣстный авторъ. Ольга Спиридоновна, очевидно, скрывала что-то. Папа тоже замѣтно смутился, когда она разговаривала о ребенкѣ, значитъ, онъ знаетъ и тоже скрываетъ. Между тѣмъ, Анита чувствовала своимъ дѣтскимъ сердцемъ, что этотъ неизвѣстный ребенокъ какъ-то ея касается, и что онъ не чужой ей.

Бачульская пріѣхала только черезъ недѣлю, съ какой-то репетиціи, усталая и немного взволнованная. Анита встрѣтила ее съ повышенной любезностью и горячо расцѣловала.

— Какая вы, Анита, выросли большая... удивлялась Бачульская.

— Говорите мнѣ ты, Марина Игнатьевна, — предупредила Анита, краснѣя.— Для васъ я всегда, вѣдь, буду маленькой...

Почему-то Анитѣ именно теперь Бачульская показалась красавицей. Да, настоящая красавица, какой должна быть каждая женщина. Какое чудное женское лицо, какой голосъ, глаза, улыбка, фигура — все такъ было хорошо. Миссъ Гудъ, наоборотъ, отнеслась къ Бачульской сдержанно и даже холодно, и Анита, служавшая переводчицей, должна была смягчить нѣкоторыя выраженія.

— Ахъ, какая вы милая... шепнула Анита гостьѣ.— А на миссъ Гудъ вы не обращайте вниманія. Я ее не люблю. Она вся какая-то безцвѣтная. Только и дѣлаетъ, что цѣлый день моется.

Даже человѣкъ Андрей и тотъ былъ радъ Бачульской, какъ старой знакомой, и изъ усердія оборвалъ даже вѣшалку у ея ротонды. Бургардтъ тоже былъ радъ, когда Бачульская въ сопровожденіи Аниты вошла въ его мастерскую.

— Мы такъ, не будемъ мѣшать вамъ, — предупреждала Бачульская.— Посмотримъ и уйдемъ.

Бюстъ Ольги Спиридоновны стоялъ прикрытый мокрыми тряпками. Бургардтъ работалъ надъ барельефомъ преподобнаго Сергія, гдѣ начинали выдѣляться лица Пересвѣта и Осляби. Работа подвигалась впередъ съ необычной быстротой. Бачульская посмотрѣла на барельефъ непонимающими глазами и рѣшительно не знала, что ей сказать. Бургардтъ въ шутливомъ тонѣ разсказалъ ей, какъ Ольга Спиридоновна раскассировала все искусство, и Бачульская такъ мило разсмѣялась.

— Я прибавила-бы къ ея словамъ, что и я понимаю столько-же, — проговорила она.— Въ сущности, я очень люблю и живопись, и скульптуру, но это еще не значитъ понимать...

— Въ отдѣльности можно встрѣтить очень рѣдко такого понимающаго человѣка, — объяснялъ Бургардтъ.— А въ массѣ публика судитъ почти безошибочно. Это необъяснимое, по моему, проявленіе массовой мысли... Вѣдь публика создаетъ имена, репутаціи и то, что принято называть славой.

Анита уговорила Бачульскую остаться обѣдать и затащила ее къ себѣ въ комнату.

— Вы такъ давно не были у насъ, — повторяла она.— Я соскучилась по васъ... У насъ нынче почти никто не бываетъ. Папа какой-то странный... Мнѣ кажется, что онъ прежде былъ добрѣе.

— Ты ошибаешься, Анита, папа все такой-же добрый, какимъ былъ всегда.

Анитѣ показалось, что Бачульской у нихъ скучно и что она смотритъ на нее съ сожалѣніемъ. Но это было не такъ. Бачульская, дѣйствительно, испытывала жуткое чувство, которое она испытывала и раньше... О, вѣдь, ея сердце давно уже билось вотъ въ этихъ комнатахъ, и ей дѣлалось жаль самой себя, жаль того чувство, которое не нашло отвѣта, — вообще, она чувствовала себя вотъ въ этихъ стѣнахъ собственной тѣнью.

Анита какъ ни храбрилась раньше, никакъ не могла спросить Бачульскую о таинственномъ новорожденномъ. Слова застывали у нея на языкѣ. Когда горничная пришла сказать, что обѣдъ готовъ, Анита еще задержала Бачульскую въ своей комнатѣ и все-таки ничего не могла сказать.

Когда онѣ вышли въ столовую, за обѣденнымъ столомъ "на своемъ мѣстѣ" уже сидѣлъ докторъ Гаузеръ, завѣшанный салфеткой. Старикъ очень некстати поднялъ разговоръ о нссостоявшейся дуэли и въ пылу негодованія заявилъ, что самъ вызоветъ г. Васяткина и заставитъ драться.

— Если онъ честный и порядочный человѣкъ, — прибавилъ старикъ, поднимая брови.

Потомъ старикъ проговорилъ совсѣмъ другимъ тономъ:

— О, время доктора Гаузера прошло и теперь уже никому не нужно вызывать его и на дуэль, чтобы убивать. Всему свое время... да!..

XXXIX

Доктора Гаузера мучила старческая безсонница, особенно въ переходные періоды между временами года. Когда падалъ первый снѣгъ, старикъ ходилъ по своему кабинету до самаго утра и успокоивался только съ появленіемъ дневного свѣта. Именно въ такое утро въ началѣ октября, когда Гаузеръ только хотѣлъ ложиться спать, горничная подала ему визитную карточку Бачульской.

— Не принимать! рѣзко отвѣтилъ Гаузеръ.— Я не практикую...

— Онѣ непремѣнно желаютъ васъ видѣть, баринъ...

Старикъ затопалъ на горничную ногами, но надѣлъ тужурку и вышелъ въ гостиную, гдѣ сидѣла Бачульская.

— Я, сударыня, не практикую, — заговорилъ онъ, сухо здороваясь.— Вы это хорошо знаете... Потомъ, я не спалъ цѣлую ночь...

— Милый, дорогой докторъ, ради Бога, — умоляла Бачульская, не выпуская его руки.— Къ другимъ я не могу обратиться... Она умираетъ... Помните нѣмую дѣвушку англичанку? Докторъ, вѣдь, вы такой добрый...

— А что съ ней такое?

— Кажется, будетъ... какъ это вамъ объяснить... Она была въ такомъ положеніи, но до срока еще далеко...

— Ага...

— Понимаете: дѣвушка... Она такъ мучится и умоляетъ пріѣхать... Она стѣсняется другихъ врачей и довѣряетъ только вамъ... Ради Бога, докторъ, каждая минута дорога.

— Ага...

— Умоляю васъ, хорошій, милый докторъ. Мы поспѣемъ какъ разъ къ поѣзду...

Старикъ молча повернулся и пошелъ переодѣваться. Десять минутъ ожиданія показались Бачульской цѣлой вѣчностью. Развѣ можно такъ медлить, когда человѣкъ умираетъ. Она ломала руки, прислушиваясь къ докторскимъ шагамъ въ кабинетѣ. Наконецъ, онъ одѣлся и вышелъ.

— Куда вы меня повезете? спросилъ старикъ капризнымъ голосомъ.

— Въ Озерки, докторъ...

— Въ Озерки?.. Не поѣду.

Онъ съ рѣшительнымъ видомъ сѣлъ и повторилъ, что не поѣдетъ.

224

— Я самъ боленъ... да... Есть другіе доктора, въ Петербургѣ десять тысячъ докторовъ... Я умру самъ до вашихъ Озерковъ.

Это упрямство старика заставило Бачульскую пустить въ ходъ спеціально театральный пріемъ. Она подошла къ нему, смѣло взяла за руку и проговорила рѣшительнымъ тономъ:

— Нѣтъ, вы поѣдете... да. Вы не можете не ѣхать... Понимаете: не можете.

— Не могу?!.

Докторъ махнулъ рукой и покорно пошелъ за ней въ переднюю. Дальше ему не понравился дрянной извозчикъ, который ихъ ждалъ у подъѣзда, потомъ онъ капризничалъ на вокзалѣ, потомъ ворчалъ все время, пока поѣздъ шелъ до Озерковъ. Паровозъ тащился ужасно медленно, точно онъ сговорился съ докторомъ.

— Миленькій, хорошій... шептала Бачульская, хватая доктора за руку.— Хотите, я стану предъ вами на колѣни, буду цѣловать ваши руки... Милый, хорошій...

Докторъ заявилъ, что финляндская желѣзная дорога самая скверная въ цѣломъ мірѣ, что Озерки какой-то лягушатникъ, что лѣстница въ квартиру Бачульской одно безобразіе, что горничная не умѣетъ принять пальто и роняетъ палку, что онъ самъ долженъ послать за докторомъ для себя и т. д. Войдя въ гостиную, докторъ столкнулся лицомъ къ лицу съ Бургардтомъ.

— Это вы!..— удивился онъ и холодно прибавилъ:— А... понимаю...

Бургардтъ ничего ему не отвѣтилъ. Онъ былъ блѣденъ, но спокоенъ. Только глаза блестѣли лихорадочно. Бачульская вызвала его срочной телеграммой, и онъ пріѣхалъ съ первымъ поѣздомъ. замѣчаніе доктора заставило его горько улыбнуться, и онъ только посхотрѣлъ на старика.

— Да, понимаю...— повторилъ Гаузеръ, не обращаясь ни къ кому.

Больная лежала въ своей комнатѣ съ закрытыми глазами. Когда Бачульская вошла къ ней, акушерка въ бѣломъ балахонѣ молча показала ей глазами на корзинку изъ-подъ бѣлья, гдѣ лежалъ мертвый семимѣсячный ребенокъ. На нѣмой вопросъ Бачульской акушерка только покачала головой.

Когда докторъ ушелъ въ комнату больной, Бургардтъ началъ ходить по гостиной. Онъ уже зналъ о мертворожденномъ... Вотъ тебѣ и будущій ребенокъ, и заботы о немъ, и любовь къ нему. Ему по ассоціаціи идей пришелъ въ голову разговоръ Аниты. Онъ понялъ сейчасъ, о какомъ ребенкѣ она говорила. Да, этотъ ожидаемый невѣдомый гость точно самъ устранилъ себя изъ среды бытія. Онъ точно не хотѣлъ быть лишнимъ, не хотѣлъ никому мѣшать и ушелъ въ невѣдомый міръ загадкой.

Осмотрѣвъ больную, докторъ Гаузеръ вернулся въ гостиную. Онъ имѣлъ суровый видъ и старался не смотрѣть на Бургардта. За нимъ вышла Бачульская, и по ея заплаканному лицу Бургардтъ понялъ, что все кончено. Да, все... Ему захотѣлось крикнуть, что они ошибаются, хотѣлось броситься въ комнату больной, схватить въ объятія безконечно дорогого человѣка и вырвать изъ рукъ смерти.

— Мнѣ здѣсь нечего дѣлать...— коротко и сухо проговорилъ Гаузеръ, не обращаясь ни къ кому.

Бургардтъ бросился къ нему, схватилъ на руки и задыхавшимся голосомъ заговорилъ:

— Докторъ, ради всего святого, не уѣзжайте... Можетъ быть во всякомъ дѣлѣ ошибка... Бываютъ случаи, когда являются невозможныя комбинаціи...

— Если вы хотите, то я могу остаться, — сухо отвѣтилъ Гаузеръ, отвертываясь къ окну.

Потомъ онъ заговорилъ сдержаннымъ, ровнымъ тономъ, чеканя слова:

— Мы знали раньше, что есть жертвы общественнаго темперамента, а теперь приходится имѣть дѣло съ жертвой артистическаго темперамента... да. О, я все понимаю...

— Нѣтъ, вы ошибаетесь!!..— горячо вступился Бургардтъ, бросаясь къ нему.— Вы... вы... вы...

Только вмѣшательство Бачульской предупредило серьезное столкновеніе. Бургардтъ былъ блѣденъ, какъ смерть, и повторялъ:

— Я ее люблю... понимаете? Да, люблю... Боже, если бы кто нибудь могъ меня понять?

Бачульская увела Бургардта въ свою комнату и, вернувшись, объяснила доктору, что во всей этой исторіи Бургардтъ рѣшительно не причемъ, кромѣ того, что принялъ участіе въ судьбѣ несчастной дѣвушки.

— Но онъ ее любитъ?— спрашивалъ Гаузеръ.

— Да, но любовью брата, но больше...

Старый Гаузеръ засмѣялся.

— Да, поменьше мужа, побольше брата, какъ говоритъ принцъ Гамлетъ.

Больная все время лежала съ закрытыми глазами и никого не узнавала. Бургардту показалось, что она одинъ разъ взглянула на него, но онъ не былъ увѣренъ и въ этомъ. Гаузеръ сидѣлъ въ гостиной и терпѣливо дождался, когда дѣйствительно все было кончено. Онъ пришелъ, посмотрѣлъ издали на мертвую и отвернулся. Бургардтъ стоялъ у нея въ изголовьяхъ и думалъ о томъ, что чего-то не сдѣлалъ, что долженъ былъ сдѣлать. А у покойной на лицѣ было такое выраженіе, точно она что-то спрашивала. Да, каждый человѣкъ уходитъ изъ этого міра съ такимъ неразрѣшеннымъ вопросомъ, и кажется, что онъ чего-то не досказалъ и чего-то не сдѣлалъ, что долженъ былъ сказать и сдѣлать.

XL

Въ день похоронъ миссъ Мортонъ неожиданно пріѣхалъ Шипидинъ. Онъ привезъ съ собой на кладбище Аниту, что не понравилось Бургардту. Зачѣмъ было тащить дѣвочку, которая не должна была знать этой темной и грустной исторіи. Потомъ оказалось, что Анита уѣхала съ Шипидинымъ на кладбище, не предупредивъ миссъ Гудъ.

— Ахъ, Анита, Анита...— упрекнулъ ее Бургардтъ.— Развѣ такъ можно?

— Папа, меня пригласилъ Григорій Максимычъ, — оправдывалась Анита. — А потомъ, папа... да... Я, вѣдь, ужъ совсѣмъ большая.

Бургардтъ только пожалъ плечами, особенно, когда Шипидинъ прибавилъ:

— Слѣдовательно, нужно знать и оборотную сторону жизни... Да, полезно.

Анита точно прильнула къ Бачульской и не отходила отъ нея. Она была въ восторгѣ отъ Марины Игнатьевны, къ которой такъ шелъ трауръ, а заплаканное лицо было еще красивѣе. Изъ знакомыхъ пріѣхалъ одинъ докторъ Гаузеръ, но онъ гордо держался все время въ сторонѣ и едва раскланялся съ Шипидинымъ. Не смотря на объясненія Бачульской, старикъ остался при убѣжденіи, что въ смерти миссъ Мортонъ виноватъ все-таки Бургардтъ. Онъ дождался конца похоронъ и уѣхалъ домой, ни съ кѣмъ не простившись.

— Старикъ совсѣмъ спятилъ съ ума, — шепнула Бургардту огорченная поведеніемъ доктора Бачульская.

— Я ничего не могу подѣлать, — отвѣтилъ Бургардтъ,

который даже не могъ разсердиться на старика.— Мнѣ кажется, что я, дѣйствительно, виноватъ...

— Егорушка, что вы говорите?!..

— Нравственно виноватъ... Кто знаетъ, что было бы, если бы не наша роковая встрѣча.

Въ самомъ дѣлѣ, кто можетъ опредѣлить границы физической и духовной жизни, ихъ взаимодѣйствіе и тѣ моменты, когда является перевѣсъ одной стороны надъ другой. Бургардтъ почти былъ убѣжденъ, что, не вмѣшайся онъ совершенно случайно въ жизнь миссъ Мортонъ, она осталась бы жива. Вопросъ шелъ о неизвѣданныхъ душевныхъ глубинахъ, куда, вѣроятно, не проникаетъ никогда самый пытливый человѣческій умъ. Есть тайны, которыя каждый человѣкъ уноситъ съ собой въ могилу, и только ученое самодовольство тѣшитъ себя полузнаніемъ. Да, каждое рожденіе — величайшая тайна, которая въ зародышѣ несетъ другую тайну — смерть... Это два полюса, между кормый вращается наша жизнь.

Съ кладбища Бургардтъ возвращался домой на одномъ извозчикѣ съ Шипидинымъ. Оба молчали. Бургардтъ зналъ, о чемъ думаетъ его другъ, и сердился, что онъ не вѣритъ его планамъ относительно переселенія въ деревню.

— А Красавинъ, слѣдовательно, того, — неожиданно заговорилъ Шипидинъ и сейчасъ же сообразилъ, что не долженъ былъ упоминать этой фамиліи именно сейчасъ.— Вообще, никакой надежды...

Къ его удивленію, Бургардтъ отнесся къ этому совершенно равнодушно и не вспылилъ.

— Красавинъ?— повторилъ онъ фамилію, точно напрасно старался что-то припомнить.— Ахъ, да... Онъ меня избавилъ отъ удовольствія убить его.

Бачульская хотѣла ѣхать домой, къ себѣ въ Озерки, но Анита ни за что не хотѣла ее отпустить и потащила къ себѣ. Бачульской оставалось только удивляться наслѣдственной передачѣ недостатковъ, — Анита своей порывистостью и смѣной настроеній такъ напоминала отца. Такая же ласковость, милое добродушіе и вспышки негодованія, переходившія въ усталость и полное равнодушіе. Дорогой онѣ говорили все время о старикѣ Гаузерѣ, который держалъ себя невозможно, и Анита напрасно выпытывала, въ чемъ дѣло.

— Вѣроятно, у него отъ безсонницы голова болитъ, — по дѣтски объясняла Бачульская.

— Нѣтъ, я его хорошо знаю, — сказала Анита.— Онъ серьезно сердится...

— Право, не знаю, Анита. Богъ съ нимъ...

Миссъ Гудъ было очень непріятно, что Бачульская опять начала бывать у нихъ, и что Анита льнетъ къ ней. Строгая англійская дѣвушка никакъ не могла понять, почему отецъ допускаетъ такое сближеніе подростка-дѣвочки съ какой-то очень сомнительной артисткой. Когда она узнала, что Анита ѣздила на похороны еще болѣе подозрительной миссъ Мортонъ, ея негодованію не было границъ.

— Я должна отказаться отъ мѣста, — заявила она Бургардту прямо.— Я вижу, что мое присутствіе въ вашемъ домѣ совершенно лишнее, а куклой быть не желаю.

— Ахъ, миссъ, мы поговоримъ объ этомъ потомъ!— взмолился Бургардтъ.— Могу сказать только одно, что настоящаго поступка Аниты я совершенно не оправдываю, хотя, съ другой стороны, она уже не такъ виновата.

— Вы хотите сказать о вашемъ другъ, который увезъ ее на кладбище? Могу только удивляться странному выбору друзей съ вашей стороны...

— Да, да, вы правы, но, ради Бога, поговоримте объ этомъ не сегодня. Мнѣ, право не до того...

Бачульская, впрочемъ, пробыла очень недолго и уѣхала подъ какимъ-то предлогомъ. Анита смотрѣла на миссъ Гудъ вызывающими глазами, готовая отвѣтить какой-нибудь дерзостью. Но миссъ Гудъ поняла ея настроеніе и не подняла исторіи.

— О, Боже мой, какъ только эти русскіе люди живутъ?!..— возмущалась про себя миссъ Гудъ.

Миссъ Гудъ не знала еще другого факта, который убилъ-бы ее окончательно и о существованіи котораго она даже не подозрѣвала. Дѣло въ томъ, что осенью она ѣздила съ Анитой два раза въ Михайловскій театръ, и Анита рѣшила про себя, что непремѣнно сдѣлается актрисой. Она находила, что фигура для сцены у нея будетъ самая подходящая, а гримъ исправитъ недочеты въ красотѣ. Свое рѣшеніе Анита тщательно скрывала ото всѣхъ и страшно боялась, какъ-бы кто нибудь не открылъ ея секрета.

Шипидинъ, по обыкновенію, сдѣлалъ подробный обзоръ мастерской и остался доволенъ. Бургардтъ много работалъ, а это было самое главное. Особенно двинулся впередъ барельефъ съ преподобнымъ Сергіемъ. Только у себя въ мастерской, за своей работой Бургардтъ дѣлался самимъ собой, тѣмъ Бургардтомъ, котораго Шипидинъ такъ любилъ и цѣнилъ.

Гаврюша, лѣпившій бюстъ человѣка Андрея, долго не рѣшался показать свою работу Шипидину.

— Ничего, похоже, — одобрилъ Шипидинъ.

Гаврюшѣ показалось, что онъ смѣется надъ нимъ. Онъ переживалъ тѣ моменты отчаянія, которые неизбѣжно связаны съ творчествомъ.

— Да, похоже, — продолжалъ Шипидинъ, разсматривая бюстъ.— И знаете, это хорошо, что вы выбрали первой темой именно человѣка Андрея... Вѣдь это громадный классъ людей, остатокъ былого рабства, и вся задача уловить именно это рабство. Счастливая тема, вообще...

Бургардтъ переживалъ ужасное положеніе. Онъ мучился и тѣмъ, что не могъ высказать всего, что сейчасъ переживалъ. Да, Шипидинъ его другъ, котораго онъ искренно любилъ, но этотъ другъ, все равно, не пойметъ его. Шипидинъ, съ своей стороны, смутно догадывался, въ чемъ дѣло, но въ то же время понималъ, что не можетъ быть другомъ. Между друзьями выросла точно громадная пропасть и выросла именно въ тотъ моментъ, когда они были нужны другъ другу. Они дѣлали попытку разговориться откровенно, какъ случалось прежде, но изъ этого рѣшительно ничего не вышло.

— Слѣдовательно, надо подождать, — рѣшилъ Шипидинъ.

Дня черезъ три послѣ похоронъ Бургардтъ получилъ съ посыльнымъ отъ Бачульской записную книжку миссъ Мортонъ. На послѣдней страницѣ тонкимъ почеркомъ миссъ Мортонъ было написано всего одно слово: Farewell... Это "прости" точно прилетѣло съ того свѣта, и Бургардтъ еще въ первый разъ заплакалъ обидными, безсильными слезами.

— Милая, милая, милая!..— шепталъ онъ, цѣлуя написанное, можетъ быть холодѣвшей рукой, слово.

XLI

Шипидинъ пріѣхалъ въ Петербургъ ненадолго, недѣли на двѣ. У него были хлопоты по устройству какой-то рабочей артели. Но время шло быстро, какъ оно идетъ только за работой, и онъ убѣдился, что всякіе сроки слишкомъ условная вещь. Его безпокоилъ главнымъ образомъ Бургардтъ, въ поведеніи котораго проявлялись нѣкоторыя странности самаго непріятнаго свойства. Одна исторія съ Васяткинымъ чего стоила... Положимъ, Бургардтъ всегда отличался неровностью характера, но раньше это объяснялось неосторожнымъ обращеніемъ съ напитками, а сейчасъ и этого не было. Смерть любимой дѣвушки тоже отразилась въ жизни Бургардта какъ-то странно. Не было даже того бурнаго горя, которое отвѣчало бы его характеру. Онъ ничего не говорилъ о покойной, а тосковалъ какъ то молча. Шипидинъ чувствовалъ, что и по отношенію къ нему Бургардтъ тоже держится какъ-то равнодушно и даже больше — точно ждетъ, когда онъ, наконецъ, уѣдетъ домой. Но, въ то же время, Шипидинъ чувствовалъ, что онъ не долженъ уѣзжать именно теперь и что видимое равнодушіе Бургардта опаснѣе случавшихся раньше вспышекъ.

— Слѣдовательно, я еще останусь на недѣльку, — говорилъ Шипидинъ, откладывая отъѣздъ день за днемъ.

— Что-же, поживи, — соглашался Бургардтъ.— Въ деревнѣ сейчасъ тебѣ нечего дѣлать, все равно...

— Дѣло-то всегда есть, а только, слѣдовательно, такъ... Да, нужно еще недѣльку пожить.

Одна недѣля шла за другой, и Шипидинъ даже не сталъ откладывать, а такъ, жилъ, пока живется. Бургардтъ усиленно работалъ, какъ не работалъ, кажется, никогда. Шипидинъ слѣдилъ за его работой издали, стараясь не вмѣшиваться. Онъ чувствовалъ себя профаномъ и не рѣшался дѣлать никакихъ замѣчаній, даже когда Бургардтъ его спрашивалъ о чемъ-нибудь. Въ тѣхъ случаяхъ, когда Шипидину хотѣлось получить объясненіе чего-нибудь, чего онъ не понималъ въ работѣ Бургардта, онъ обращался къ Гаврюшѣ. Молодой человѣкъ съ величайшей готовностью давалъ такія объясненія, причемъ главнымъ образомъ останавливался на недостаткахъ работы учителя.

— Вотъ это совершенно мертвая линія, — объяснялъ онъ, разбирая лицо Ольги Спиридоновны.— И подбородокъ тоже весь мертвый... Лобъ живой, а нижняя часть лица, какъ у трупа. У Марины Мнишекъ совершенно деревянная нога... да. Пересвѣтъ и Ослябя точно вросли въ землю... планы не выдержаны... движеніе массъ совершенно условно... Вотъ эти казаки, которые бросаются къ Маринѣ — развѣ это живые люди?

Шипидину не нравился тонъ, который являлся у Гаврюши при такихъ объясненіяхъ, точно онъ радовался находимымъ недостаткамъ. А между тѣмъ этотъ начинающій неудачникъ въ большинствѣ случаевъ былъ правъ, и Шипидинъ начиналъ видѣть деревянную ногу у Марины Мнишекъ и мертвый подбородокъ у Ольги Спиридоновны.

Разъ, когда Шипидинъ съ Гаврюшей занимались критикой работъ Бургардта, въ мастерскую неожиданно вошелъ Сахановъ. Онъ въ послѣднее время являлся довольно часто, но не засиживался по прежнему. У него былъ какой-то таинственный видъ, точно онъ что-то желалъ сказать и не договаривалъ. Присутствіе Саханова всегда было непріятно Шипидину, а нынче въ особенности, точно онъ что-то высматривалъ. Затѣмъ, Шипидину не нравилось то преувеличенное вниманіе, съ какимъ Сахановъ относился къ Гаврюшѣ.

— Ну, какъ дѣла, маэстро?— спрашивалъ Сахановъ, разсматривая бюстъ человѣка Андрея.— Ничего, начинаетъ вытанцовываться...

Въ присутствіи Саханова Гаврюша какъ-то совсѣмъ терялся и краснѣлъ, какъ дѣвушка, отъ каждаго его замѣчанія. Шипидина Сахановъ игнорировалъ съ самой обидной вѣжливостью и смотрѣлъ на него такими глазами, какъ смотрятъ на манекенъ. Въ этотъ разъ было все такъ же, какъ всегда, и Шипидину сдѣлалось обидно за Бургардта, когда Сахановъ полусловами дѣлалъ характеристики его работъ. Собственно, обиденъ былъ самый тонъ, которымъ высказывались самыя простыя вещи.

— Слѣдовательно, вы глумитесь!— вспылилъ Шипидинъ совершенно неожиданно.

— Нѣтъ, гораздо проще: я пользуюсь правомъ высказывать свое мнѣніе, — отвѣтилъ Сахановъ.

— Я, вѣдь, понимаю, что вы говорите, хотя и не художникъ, — продолжалъ Шипидинъ, краснѣя отъ волненія.— Слѣдовательно, понимаю... и... и удивляюсь нѣкоторой безцеремонности съ вашей стороны, чтобы не сказать больше.

— Ну, послѣднее — дѣло личнаго вкуса, а о вкусахъ не спорятъ.

— Нѣтъ, тутъ дѣло не во вкусѣ!.. Да... Слѣдовательно, вы просто развращаете молодого человѣка... да!..

Сахановъ оказался невозмутимымъ и отвѣтилъ совершенно спокойно:

— Вотъ это ужъ вы совершенно напрасно изволите говорить. Гаврюша не маленькій, и самъ кое-что понимаетъ въ искусствѣ и даже понимаетъ гораздо больше, чѣмъ вы думаете. А затѣмъ, я, вообще, на охотникъ кому нибудь навязывать свои мнѣнія...

Выдержка Саханова произвела то, что Шипидинъ смутился и неловко замолчалъ. Давно ли онъ обличалъ Бургардта за его вспыльчивость и несдержанность, а самъ дѣлаетъ то же самое.

Сахановъ, вообще, занималъ какое-то особенное мѣсто въ домѣ Бургардта, и Шипидина огорчало, что онъ имѣлъ вліяніе и на Аниту, которая съ жадностью ловила каждое его слово. Ѣдкое остроуміе Саханова производило свое дѣйствіе. Даже самъ Бургардтъ, не смотря на свое неуваженіе къ Саханову, какъ-то поддавался его вліянію и оживлялся въ его присутствіи. Когда Шипидинъ начиналъ бранить Саханова, Бургардтъ отвѣчалъ:

— Я его тоже не люблю, а поэтому считаю долгомъ относиться къ нему съ особенной осторожностью, т. е. чтобы не быть несправедливымъ. Конфуцій сказалъ такъ: "да не ослѣпляетъ ни дружба насчетъ недостатковъ твоего друга, ни ненависть насчетъ хорошихъ качествъ твоего врага". Видишь, какъ опытъ жизни дѣлаетъ человѣка осторожнымъ...

— Слѣдовательно, можно оправдать этимъ путемъ всякаго негодяя... У каждаго мерзавца найдется свое китайское оправданіе. Ты даже и цитаты начинаешь приводить à la Сахановъ...

— Ахъ, милый другъ, я боюсь, что ты въ одно прекрасное утро будешь правъ... Есть словесная зараза, какъ существуютъ заразы физическія.

У Бургардта въ послѣднее время явилось какое-то пристрастіе къ отдѣльнымъ выраженіямъ, не смотря даже на ихъ полную внутреннюю пустоту. Сахановскія остроты оставались въ его мозгу, какъ заноза остается въ пальцѣ. Онъ цѣлыхъ три дня повторялъ характеристику артистокъ, сдѣланную миссъ Гудъ:

— Женщины съ рискованными жестами... ха-ха!.. Вѣдь это очень мило... Не правда ли? Собственно говоря, такой женщиной является одна милѣйшая Ольга Спиридоновна... Очень недурно сказано! Кстати, представь себѣ, я ни разу не видалъ ее на сценѣ... Все собирался, лѣтъ десять, а скоро она оставляетъ сцену, съ пенсіей, конечно, за выслугу лѣтъ и предѣльный возрастъ.

— Да, спеціальность не дурная, — ядовито соглашался Шипидинъ.

Ольга Спиридоновна пріѣзжала раза два на сеансы и каждый разъ сталкивалась съ Шипидинымъ, который не уходилъ изъ дому только изъ вѣжливости. А между тѣмъ она чувствовала какое-то тяготѣніе именно къ нему и старалась проявить самую изысканную любезность. Бургардтъ задыхался отъ смѣха, глядя на это ухаживанье старой балерины, принимавшей въ присутствіи Шипидина какой-то виноватый видъ. Разъ, когда Шипидинъ не выдержалъ и ушелъ, Ольга Спиридоновна проводила его глазами до дверей и со вздохомъ проговорила:

— Не любитъ меня угодничекъ божій...

<h1 style="text-align:center">XLII</h1>

Бачульская, послѣ смерти миссъ Мортонъ, переѣхала въ Петербургъ и поселилась въ меблированныхъ комнатахъ на Невскомъ. Опредѣленнаго ангажемента на зимній сезонъ она не имѣла, а играла по клубнымъ сценамъ и въ любительскихъ спектакляхъ, гдѣ случится. Бургардтъ бывалъ у нея время отъ времени и жаловался на преслѣдовавшую его тоску. Бачульскую удивляло только то, что онъ почти ничего не говорилъ о покойной миссъ Мортонъ, что ее искренно огорчало.

Зима уже наступила. Петербургъ переживалъ свое самое оживленное время. Особенно чувствовалось это сезонное оживленіе по вечерамъ, когда зажигалось электричество.

— Развѣ мы прокатимся на острова по старой памяти?— предложилъ Бургардтъ.— Падаетъ снѣжокъ, въ воздухѣ чувствуется какая-то раздражающая свѣжесть...

Бачульской совсѣмъ не хотѣлось ѣхать, но она согласилась, чтобы поддержать, въ Бургардтѣ его бодрое настроеніе. Она не бывала на островахъ съ того роковаго вечера, когда Бургардтъ встрѣтился съ миссъ Мортонъ. Это воспоминаніе отравляло ей поѣздку.

— Да, необходимо взять воздуху, — повторилъ нѣсколько разъ Бургардтъ.— Зимой нѣтъ лучше города, какъ Петербургъ.

— Да, хорошій городъ, — машинально соглашалась Бачульская.— Особенно, когда на душѣ хорошо...

— Само собой разумѣется...— согласился Бургардтъ тоже машинально.

Когда они вышли на улицу, Бачульской передалось настроеніе ея кавалера. По панели Невскаго двигалась почти сплошная толпа. Электрическій свѣтъ черезъ живую сѣтку падавшаго снѣга сквозилъ радужными тонами. Мимо неслись вихремъ "свои" экипажи.

— Вѣдь хорошо?— шепталъ Бургардтъ, крѣпко прижимая къ себѣ руку своей дамы.

— Да...

У Аничкова моста они взяли тройку. Кучеръ посмотрѣлъ на Бургардта съ особеннымъ вниманіемъ и, улыбаясь, проговорилъ:

— Знакомый баринъ...

— Ты меня знаешь?

— Помилуйте, какъ не знать: съ Васильевскаго острову, изъ художествъ.

Это объясненіе вышло очень смѣшно, и господа засмѣялись, усаживаясь въ сани. Да, хорошо прокатиться на острова... Бачульская какъ-то совсѣмъ спряталась въ своей ротондѣ, и показалась Бургардту такой маленькой, почти дѣвочкой. Тройка понеслась по Невскому, весело погромыхивая бубенчиками. Ѣзда съ знакомыми господами особенная, а баринъ "изъ художествъ" меньше пяти рублей на водку не давалъ. Неслись мимо пятиэтажные дома, электрическіе фонари, ярко освѣщенныя окна магазиновъ, вереницы экипажей, живая лента пѣшеходовъ, и точно все это старалось остаться позади.

Осталась и Нева позади. Тройка вихремъ понеслась по Каменноостровскому проспекту. Послѣ яркаго освѣщенія на Невскомъ здѣсь фонари едва мигали. Попалось нѣсколько встрѣчныхъ троекъ. Сзади слышался звонъ бубенчиковъ нагонявшихъ троекъ. Бургардтъ обнялъ Бачульскую и заговорилъ:

— Мнѣ совѣстно, Марина Игнатьевна, что я все говорю при нашихъ встрѣчахъ только о себѣ... Это ужъ глупый эгоизмъ. Какъ вы живете?

Этотъ вопросъ заставилъ ее вздрогнуть. Освободившись отъ его объятій, — она могла говорить, только глядя прямо въ лицо — она повторила вопросъ:

— Какъ я живу? Очень просто: играю въ жизнь на своихъ театральныхъ подмосткахъ. Я все забываю вамъ сообщить, что у меня есть другъ, который заботится обо мнѣ самымъ трогательнымъ образомъ: это Бахтеревъ... Онъ не то что ухаживаетъ за мной — мы слишкомъ стары для этого, — а такъ, по хорошему. Доставляетъ мнѣ роли, хлопочетъ о рецензіяхъ, ведетъ переговоры съ антрепренерами — словомъ, несетъ самую черную работу. Недавно, Егорушка, меня похвалили въ одной газетѣ и даже нашли талантъ... Ей Богу, не лгу!.. Вѣдь нравится, когда хвалятъ... Знаешь, что все это вздоръ и неправда, а какъ-то пріятно. А тутъ еще кругомъ непріятности, кажется, всѣ дѣвушки рѣшились сдѣлаться актрисами и прогнать насъ, старухъ. Есть и таланты... Пора, значитъ, закрывать лавочку.

У обоихъ сразу явилась мысль объ Анитѣ, но оба промолчали. Бачульская догадывалась объ истинной причинѣ теперешней нѣжности къ ней Аниты, а Бургардтъ объяснялъ это институтскимъ обожаніемъ.

Кучеръ зналъ, куда везти господъ, и осадилъ взмыленную тройку у ярко освѣщеннаго подъѣзда "Кружала", надъ которымъ горѣлъ электрическій "глазъ". Было часовъ десять вечера, въ сущности самое раннее время, когда настоящая публика еще не показывалась. Еще въ передней охватила специфическая атмосфера загороднаго кабака. Бургардтъ взялъ ложу въ бэль-этажѣ, гдѣ можно было сидѣть не на глазахъ у публики. Залъ, уставленный столиками, былъ еще на половину пустъ. Пѣвцы и пѣвицы слонялись безъ дѣла по корридорамъ. На эстрадѣ довольно скверно игралъ какой-то дамскій оркестръ. У входа въ ложу Бургардта догнала молоденькая цыганка и проговорила:

— Хорошій баринъ, позолоти ручку...

Бачульская спряталась въ глубинѣ ложи и шепнула Бургардту:

— Напротивъ насъ, въ ложѣ Шура и Васяткинъ.

— Что-же, они намъ не мѣшаютъ, — равнодушно отвѣтилъ Бургардтъ.

Шура была одѣта, какъ кокетка — пестро и вызывающе. Она раскланивалась съ кѣмъ-то изъ офицеровъ въ ложѣ напротивъ, прикрывая нижнюю часть лица вѣеромъ. Брильянты горѣли у нея въ ушахъ, въ волосахъ, на шеѣ, на рукахъ. Сахановъ не безъ основанія съ острилъ по ея адресу, что природа сдѣлала ошибку, не давъ ей двѣ шеи и по шестому пальцу на каждой рукѣ. Васяткинъ узналъ Бургардта и напрасно старался разсмотрѣть его даму, прятавшуюся въ глубинѣ ложи. Бургардтъ случайно занялъ знаменитую красавинскую ложу, куда со сцены посылались самые любезные поклоны и воздушные поцѣлуи. Недавніе красавинскіе прихлебатели еще не теряли надежды, что въ этой ложѣ въ одинъ прекрасный вечеръ опять появится меценатъ.

Послѣ дамскаго оркестра на сценѣ начался дивертисментъ, и публика сразу оживилась. Бургардтъ давно не бывалъ въ общественныхъ мѣстахъ и, глядя сверху на кабацкую публику, почувствовалъ приливъ гнетущей тоски.

— Что-же это такое?!— вслухъ возмущался онъ.— Прежде всего — неприлично... И публика, и артисты, и вся обстановка — все неприлично. И тоска, тоска, тоска...

Бачульская испытывала приблизительно такое-же настроеніе и отвѣтила:

— Поѣдемте домой, Егорушка.

— Отлично. Мы поужинаемъ у Палкина.

Они вздохнули свободнѣе, когда вышли изъ "Кружала". Въ ушахъ Бургардта еще стоялъ неистовый визгъ и дикое уханье цыганскаго хора. А, вѣдь, когда-то все это нравилось и даже очень нравилось, какъ нравится сейчасъ оставшейся публикѣ.

А какъ было хорошо, когда отдохнувшая тройка вихремъ полетѣла обратно. Поднялся легкій вѣтерокъ и засыпалъ снѣжной пылью, садившейся на лицо ледяной паутиной. Навстрѣчу летѣли другія тройки, забрасывая комьями снѣга. Бургардтъ вдыхалъ морозный воздухъ всей грудью, точно хотѣлъ сбросить съ себя кабацкую тяжесть.

— Марина Игнатьевна, вамъ хорошо?

— Да...

Онъ сдѣлалъ паузу и прибавилъ:

— И мнѣ тоже... И хорошо, и какъ-то страшно. У меня ныньче чувства двоятся... да... И мнѣ кажется иногда, что я схожу съ ума. Да...

— Перестаньте, Егорушка... Просто нервы.

— Нѣтъ, побольше, чѣмъ нервы. Представьте себѣ, какой недавно случай со мной вышелъ. Вотъ вы давеча сказали о Бахтеревѣ, а мнѣ это было непріятно. Вы тутъ совсѣмъ не причемъ... Онъ какъ-то пріѣхалъ ко мнѣ... вечеромъ... Я его люблю вообще, какъ порядочнаго и добраго человѣка, но особенно близкихъ отношеній у насъ не было никогда. А тутъ, представьте себѣ, сидимъ мы въ кабинетѣ, и я открываю ему душу, да такъ, какъ никому-бы не открылъ. Онъ слушаетъ меня и, видимо, ничего не понимаетъ... А когда онъ ушелъ, я его возненавидѣлъ, возненавидѣлъ за собственную истеричную болтливость.

Сдѣлавъ паузу, Бургардтъ прибавилъ:

— Знаете, у меня бываетъ такое ужасное душевное настроеніе, что я не знаю, что съ собой дѣлать. Нѣсколько разъ пробовалъ даже напиться, и ничего изъ этого не вышло. Не могу даже пить...

XLIII

Когда сани остановились у палкинскаго подъезда, Бургардтомъ овладела нерешимость, но онъ совладалъ собой и вошелъ. Швейцаръ узналъ его и раскланялся, какъ съ старымъ знакомымъ. Бургардта это кольнуло непріятно, — его преследовала трактирная известность. Они заняли въ общей зале угловой столикъ. Неистовое гуденье трактирной машины заставило Бургардта поморщиться. Бачульская поймала это движеніе и пожалела, что согласилась ехать ужинать, темъ более, что могли встретиться общіе знакомые, которыхъ совсемъ не желательно было видеть. Старичекъ оффиціантъ узналъ Бургардта и сообщилъ, что у нихъ сегодня есть на кухне "особеннаго".

Когда ужинъ былъ заказанъ, Бургардтъ неожиданно заявилъ:

— Марина Игнатьевна, простите меня, но я больше не могу оставаться здесь... Мне просто противно. Пойдемте лучше къ вамъ и по просту напьемтесь чаю...

Бачульская, конечно, согласилась, но ей было жаль бросить ужинъ, оплаченный по счету Бургардтомъ. Старичекъ оффиціантъ былъ прямо обиженъ.

Бургардтъ вздохнулъ свободно только на панели и проговорилъ уже совсемъ весело:

— Знаете, мы сегодня покутимъ по студенчески... Я сейчасъ зайду и возьму у Филипова пирожковъ, потомъ купимъ сыру и колбасы... да?

— Нужно еще масла, — въ тонъ прибавила Бачульская.

Черезъ полчаса они сидели въ комнате Бачульской въ ожиданіи самовара. На столе въ бумажкахъ лежала разная дешевая закуска. Когда Бачульская хотела переложить ее на тарелки, Бургардтъ запротестовалъ.

— Нетъ, прямо изъ бумажки... Въ этомъ есть стиль.

— У меня есть бутылка белаго вина.

— Ради Бога, не нужно... Эта несчастная бутылка испортигъ все, т. е. стиль. Да у меня къ тому-же нынче физическое отвращеніе къ вину.

— Сейчасъ поздно, и портера нельзя достать.

— Зачемъ портеръ? Я давно ничего не пью...

Пока номерная горничная подавала самоваръ, Бургардтъ съ особеннымъ вниманіемъ осматривалъ комнату, обставленную съ приличной бедностью всехъ меблированныхъ

238

комнатъ. Раньше онъ какъ-то не обращалъ вниманія на эту обстановку, а теперь проговорилъ съ завистью:

— Какъ хорошо, Марина... Вотъ именно въ такихъ мѣщанскихъ комнаткахъ и живется хорошо. Главное, все такъ просто, и ничего лишняго. Мнѣ это напоминаетъ мою молодость, когда такъ хорошо жилось...

Замѣтивъ пристальный взглядъ горничной, Бургардтъ сообразилъ, что своимъ позднимъ визитомъ компрометтируетъ Бачульскую, и сказалъ горничной:

— Вы не затворяйте дверь... Мнѣ кажется, что здѣсь мало воздуха.

Бачульская поняла эту любезность и посмотрѣла на Бургардта улыбавшимися благодарными глазами. Бургардтъ какъ-то особенно умѣлъ быть такимъ милымъ и безобидно предупредительнымъ. Онъ былъ въ восторгѣ, что нашелся лимонъ, который забыли купить.

— Отлично, — повторялъ онъ, прихлебывая чай.— Въ сущности, много-ли человѣку нужно? А всё мы громоздимъ какую-то дурацкую обстановку и дѣлаемся ея рабами. Мнѣ, напримѣръ, моя quasi художественная обстановка въ послѣднее время прямо сдѣлалась противной, и я только не знаю, какъ отъ нея избавиться.

— Вы забываете, Егорушка, что у васъ есть Анита, которая можетъ на это и не согласиться.

— Анита?!..

— Да, Анита. Она уже большая дѣвочка, и съ ея мнѣніемъ вамъ приходится считаться.

— Въ самомъ дѣлѣ, а я про нее совершенно забылъ... Пожалуй, вы и правы.

— Она отлично понимаетъ цѣну всѣхъ этихъ художественныхъ бездѣлушекъ, и вы не захотите ее огорчать, выбрасывая ихъ на улицу рѣшительно безъ всякаго основанія, по простой прихоти. Кромѣ того, нарушеніе привычекъ въ нашемъ съ вами возрастѣ очень нехорошая примѣта...

— Именно?

— Спросите докторовъ, они лучше вамъ объяснятъ.

— Да, да, понимаю... Еще разъ: вы правы. Но у меня это началось уже давно... Ну, да это все равно, а у васъ хорошо. Вѣдь жизнь состоитъ изъ пустяковъ, а тѣ пустяки, которые насъ окружаютъ, имѣютъ свое значеніе... Да, кстати, вы давеча сказали, что у васъ часто бываетъ Бахтеревъ.

— Не часто, но бываетъ, когда есть какое-нибудь дѣло.

— Да, это все равно... Я говорю только о фамиліи и о томъ, что сказалъ вамъ дорогой.

— Вы его ненавидите?

— Если хотите — да... Онъ, прибавьте, ни въ чемъ не виноватъ, а я его ненавижу за собственную болтливость. И, знаете, я еще никому не говорилъ того, что высказалъ ему, совершенно постороннему для меня человѣку. У меня есть другъ, старый и хорошій другъ, котораго я люблю отъ всей души...

— Григорій Максимычъ?

— Да... И, представьте себѣ, что именно ему я и не могъ открыть всего, что накипѣло въ душѣ. Больше: мнѣ казалось, что онъ точно подкрадывается ко мнѣ, а я все сжимался, ежился и прятался. А вотъ Бахтеревъ... Ахъ, какъ я презираю себя!.. Если-бы вы это знали въ десятую долю, то доставили бы мнѣ величайшее наслажденіе однимъ тѣмъ, что выгнали-бы меня на улицу... И какъ некрасиво все то, что я говорю вамъ сейчасъ, точно выхвачено изъ какого-нибудь дрянного романа, гдѣ дѣйствующія лица изъ папье-маше. Вы скажете: нервы... Не говорите этого, ради Бога!.. Мы сваливаемъ на нервы всю нашу дрянность, всю непригодность къ жизни, всю безпорядочность...

— Что же такое вы сказали Бахтереву?— тихо спросила Бачульская.

— Я?!...

Онъ поднялся и забѣгалъ по комнатѣ.

— Вы хотите знать?— спросилъ онъ, останавливаясь.

— Это не простое любопытство, а даже нѣкоторое право... Да, именно, право. Вѣдь есть права и неписанныя мужчинами. Не все же вамъ, господамъ мужчинамъ. Вы снисходите до насъ, какъ бога...

— Такъ вы хотите знать? Хорошо... Я никогда не любилъ миссъ Мортонъ.

Въ меблированной комнатѣ наступила какая-то мертвая пауза, Бачульская откинулась на спинку дивана и закрыла глаза, точно по ней выстрѣлили. Бургардтъ шагалъ по комнатѣ и ерошилъ волосы.

— Егорушка, опомнитесь...— умоляющимъ голосомъ прошептала Бачульская.— Что вы говорите?.. Мнѣ дѣлается страшно за васъ... Такъ нельзя...

Онъ остановился передъ ней и проговорилъ, чеканя слова:

— Это гораздо ужаснѣе, чѣмъ вы думаете, Марина... да. О, я столько перестрадалъ за это время... Мнѣ тяжело все это говорить, но меня неотступно преслѣдуетъ мысль именно объ этомъ. Предъ вами стоитъ жалкій человѣкъ... полное ничтожество... Развѣ такъ любятъ? Любовь Данте — вотъ это идеалъ, потому что тамъ и любовь, и жизнь — одно цѣлое. Тамъ любовь пронесена черезъ всю жизнь, какъ святыня... Да, я понимаю, что я дрянной человѣкъ, и это сознаніе меня убиваетъ. Такіе дрянные люди и должны исповѣдываться передъ Бахтеревыми. Иначе и быть не можетъ!..

Бачульская молчала, подавленная этими безумными признаніями. Да и что она могла сказать этому безумцу, рвавшему собственное сердце на части?

— Любовь — это самое святое, что только есть въ человѣкѣ, — продолжалъ Бургардтъ.— Она освѣщаетъ всю нашу жизнь, она роняетъ послѣднія слезы надъ свѣжей могилой, она свѣтитъ путеводной звѣздой, она одна — единственный источникъ всякаго творчества... Разъ въ душѣ человѣка погасъ этотъ священный огонь — онъ погибъ... Развѣ такъ любятъ, какъ я любилъ миссъ Мортонъ? Это была иллюзія, миражъ, несбыточная мечта, самогипнозъ...

Теперь для Бачульской сдѣлалось ясно, о чемъ говорилъ Бургардтъ. Онъ подошелъ къ ней, обнялъ и долго цѣловалъ ея глаза, на которыхъ выступили слезы.

— О, вы одна понимаете меня!..— стоналъ онъ.— Да, одна, одна...

Когда Бургардтъ уходилъ, и Бачульская провожала его съ заплаканными глазами, номерная горничная поняла, что баринъ съ барыней поссорились.

XLIV

Присутствіе Шипидина начало стѣснять Бургардта и даже раздражало до извѣстной степени. И чего торчитъ человѣкъ въ Петербургѣ? Ѣхалъ бы къ себѣ въ деревню, давно пора. Бургардтъ не могъ не чувствовать, что Шипидинъ внимательно слѣдить за нимъ, и это его злило. Но больше всего Бургардтъ волновался, когда Шипидинъ какимъ-то деревяннымъ голосомъ заводилъ рѣчь объ Анитѣ.

— Слѣдовательно, ты думалъ о ней?

— Объ Анитѣ? Да...

— Ну, и что же?

— Ничего... Дѣвочка, какъ дѣвочка. Ничего особеннаго...

241

— Слѣдовательно, ты, дѣйствительно, ничего не понимаешь! Ты не даешь себѣ труда войти даже приблизительно въ ея маленькую жизнь, и дѣвочка растетъ, какъ крапива подъ заборомъ. Ты никогда и ничѣмъ не займешься съ ней, не поговоришь по душѣ — вообще, держишь себя какимъ-то дальнимъ родственникомъ.

— Представь себѣ, что ты правъ... Ну, и что же изъ этого слѣдуетъ?

— А ты не сердись... Я съ тобой говорю серьезно. Не знаю, о чемъ ты думаешь, но поступаешь не хорошо. Русская апатія ко всему, азіатщина, обломовщина... Да, не сердись.

— Отстань ты отъ меня, ради Бога!.. Не безпокойся, Анита за насъ обоихъ подумаетъ... Дѣвица себѣ на умѣ и въ обиду не дастся.

— Ну, это такъ, пустыя слова и отговорка.

На эту тему между друзьями происходили крупныя размолвки, причемъ Бургардтъ бѣсновался и кричалъ, а Шипидинъ оставался совершенно невозмутимымъ.

— Ты представь только себѣ, что дѣвочкѣ просто холодно жить... Да, душѣ бываетъ такъ-же холодно, какъ и тѣлу. А у дѣвочекъ этого формирующагося возраста особенная чувствительность къ такому душевному холоду...

— Ты правъ, мой другъ, и я тебя именно за это ненавижу, потому что и не умѣю, и не могу быть другимъ! Да, ненавижу...

— Слѣдовательно, я тутъ не причемъ...

Анита серьезно занимала Шипидина, и онъ подолгу велъ съ ней душевные разговоры, когда вечеромъ она кончала свои уроки. Бойкая и умная дѣвочка нравилась Шипидину, но его огорчало въ ней одно, — именно, было что-то затаившееся и хитрое, какъ у маленькаго хищнаго звѣрька, который прячетъ когти. Шипидинъ развивалъ общіе взгляды на жизнь, на счастье, на цѣль жизни, и его мысли неизмѣнно уходили въ далекую отъ столицы Россію, въ тѣ глухіе деревушки, гдѣ прозябалъ настоящій и единственный русскій человѣкъ. Народъ для Аниты составлялся изъ дворниковъ, извозчиковъ, швейцаровъ и кухонныхъ мужиковъ, а тутъ оказывалось, что все это только отбросы настоящей деревни, потерянные для настоящей жизни люди. Анита узнала, наконецъ, что если для чего стоитъ жить на свѣтѣ, такъ это именно для этого великаго въ своей исторической бѣдности народа, гиганта въ лохмотьяхъ. Шипидинъ говорилъ такъ просто и вмѣстѣ съ тѣмъ такъ увлекательно, что Анита невольно заинтересовалась.

— Что-же я могу сделать для этого народа?— спросила она однажды съ отчаяніемъ въ голосѣ.

— О, очень много!

Личико Аниты приняло брезгливое выраженіе. Развѣ она могла быть сельской учительницей, фельдшерицей или сестрой милосердія, чтобы похоронить свою молодость въ какомъ-нибудь медвѣжьемъ углу?

— Слѣдовательно, это кажется страшнымъ только издали, — невозмутимо продолжалъ Шипидинъ.— Вѣдь самое важное, чтобы жизнь была полна, важно сознаніе, что каждый день прошелъ не безслѣдно... Развѣ это жизнь, какъ живутъ въ большихъ городахъ, умирая со скуки? Развѣ это работа, которая никому не нужна и которая тяготитъ работающаго, какъ ярмо?

Шипидинъ задался цѣлью черезъ Аниту подѣйствовать на Бургардта и увезти его въ деревню во что-бы то ни стало. Самому Бургардту не доставало рѣшимости, а для Аниты онъ могъ пойти на все. Только-бы увезти его изъ Петербурга, и онъ проснулся-бы, ожилъ и началъ-бы работать съ удвоенной энергіей. Шипидину начало казаться, что Анита понемногу сдается, и въ ней начинаетъ пробуждаться аппетитъ къ настоящему и серьезному. Но эта иллюзія была разбита самымъ безжалостнымъ образомъ, когда Анита неожиданно призналась ему, что желаетъ поступить на сцену.

— Да, я буду на сценѣ, — упрямо заявила дѣвочка.

— Слѣдовательно...да... слѣдовательно...— бормоталъ Шипидинъ, не вѣря собственнымъ ушамъ...— Да, я понимаю... Это результатъ знакомства съ Бачульской и Бахтеревымъ. Слѣдовательно... да...

— Что-же, они хорошіе люди...

— Я не говорю про нихъ ничего дурного, но мнѣ жаль васъ, Анита... Если бы мнѣ сказала моя дочь то, что вы сейчасъ мнѣ сказали, я заплакалъ бы...

Анита испугалась и торопливо прибавила:

— Григорій Максимычъ, пожалуйста, ничего не говорите папѣ. Онъ пока еще ничего не знаетъ и не долженъ знать...

Въ глазахъ Шипидина послѣднее являлось прямымъ слѣдствіемъ отношеній Бургардта къ дочери, и Анита, строго говоря, не была виновата. Она шла своей дорогой, руководствуясь примѣрами, какіе были у нея передъ глазами: Бачульская, Ольга Спиридоновна, Бахтеревъ — вѣдь это цѣлая школа. Особенно вознегодовалъ Шипидинъ на Бачульскую, которая пользовалась въ послѣднее время особеннымъ вниманіемъ Аниты.

Когда Бачульская пріѣхала, Шипидинъ воспользовался отсутствіемъ Аниты и заявилъ ей прямо свое неудовольствіе, что она сбиваетъ подростка дѣвочку.

— Я?!..— удивилась Бачульская.— Даю вамъ честное слово, что я слышу все это въ первый разъ. Мнѣ Анита не говорила ни одного слова... Затѣмъ, вы совершенно напрасно этимъ волнуетесь: нынче, кажется, всѣ дѣвушки бредятъ сценой. Это яркій примѣръ массоваго помѣшательства... Какъ вамъ не стыдно, Григорій Максимычъ, подозрѣвать меня въ такихъ вещахъ? Я-то ужъ лучше другихъ знаю, что такое сцена, и не стала-бы толкать Аниту на эту опасную дорогу, гдѣ къ цѣли приходитъ одна изъ тысячи.

Этотъ случайный эпизодъ и взволновалъ, и серьезно обидѣлъ Бачульскую. Она всегда относилась къ Анитѣ, какъ къ родной дочери, и вдругъ она же будетъ толкать ее на сцену... Затѣмъ, ея голова была занята совершенно другими мыслями. Послѣднее объясненіе съ Бургардтомъ серьезно ее обезпокоило. Подъ этимъ впечатлѣніемъ она съ чисто женской рѣшимостью отправилась къ старому Гаузеру, который принялъ ее очень холодно.

— Предупреждаю васъ, что у меня всего пять свободныхъ минутъ, — безцеремонно объяснилъ старикъ и даже показалъ ей на свои старинные часы.— Да, всего пять минутъ...

— Докторъ, вы забываете, что имѣете дѣло съ женщиной...

— О, это двѣ небольшихъ равницы — мужчинъ и женщинъ.

Приподнятая своимъ настроеніемъ и этимъ жесткимъ пріемомъ, Бачульская безъ всякихъ предисловій перешла въ наступательное положеніе. Она съ несвойственной ей храбростью начала обвинять доктора въ несправедливости. Да, старый докторъ Гаузеръ напрасно тогда оскорбилъ ни въ чемъ неповиннаго Бургардта, статскій совѣтникъ Гаузеръ держалъ себя на похоронахъ миссъ Мортонъ невозможно; просто добрый и милый докторъ, котораго всѣ такъ любятъ, оказался въ высшей степени несправедливымъ.

Старикъ Гаузеръ во все время этой горячей обвинительной рѣчи смотрѣлъ на свои часы и, когда Бачульская кончила, — задыхаясь отъ волненія, проговорилъ:

— Вы обвиняли меня ровно восемь минутъ и двадцать три секунды... Я вамъ не имѣю права не вѣрить, слѣдовательно, я виноватъ.. да... Но что-же я могу сдѣлать?

— О, милый, хорошій докторъ!..— заговорила Бачульская, точно повторяла какую-то театральную роль.— Онъ васъ такъ любитъ, а сейчасъ...

Задыхаясь отъ волненія, Бачульская довольно сбивчиво передала свои наблюденія относительно повышеннаго нервнаго состоянія Бургардта и закончила мольбой бывать по прежнему на Васильевскомъ островѣ.

— Докторъ Гаузеръ не практикуетъ, — упрямо отвѣтилъ стармкъ, пряча часы въ карманъ.

— Я васъ приглашаю, какъ друга дома...

Когда такое приглашеніе заставило плечи доктора Гаузера подняться, Бачульская неожиданно прибавила:

— Васъ удивляетъ, почему именно я васъ приглашаю? Хорошо, я скажу... да, скажу... У каждой женщины есть одно право, котораго никто не можетъ отнять: любить... Да!.. Я давно и совершенно безнадежно люблю Бургардта... Немного меньше жены и больше сестры люблю...

Старому Гаузеру пришлось подать стаканъ холодной воды, потомъ лавровишневыхъ капель, потомъ поклясться въ сохраненіи тайны и т. д. Когда Бачульская уѣхала, старикъ подошелъ къ зеркалу, повертѣлъ пальцемъ около лба и проговорилъ:

— О, старый Гаузеръ, за тобой еще ухаживаютъ совсѣмъ, совсѣмъ молодой женщинъ... Будь твердъ, старый Гаузеръ!

XLV

Докторъ Гаузеръ появился въ домѣ Бургардта съ немного виноватымъ видомъ и, въ свое оправданіе, сказалъ Бургардту:

— А я все-таки былъ правъ, хотя вы и не были виноваты, какъ я думалъ...

— Оставимте этотъ разговоръ, — отвѣтилъ Бургардтъ.— Кто виноватъ — не наше дѣло.

Присутствіе доктора какъ-то всѣхъ оживило. Анита не отходила отъ него. Ей казалось, что такой старый и почтенный человѣкъ долженъ знать больше всѣхъ, и поэтому она приставала къ нему со всевозможными вопросами и даже показала свою новую шубку.

— Не правда-ли, докторъ, какая хорошенькая шубка?

— О, очень.

Старикъ по этому случаю прочелъ ей цѣлую лекцію по спорнымъ вопросамъ гигіены спеціально женскихъ костюмовъ, начиная съ древнѣйшихъ временъ и кончая современными модами.

Вначалѣ Бургардтъ очень обрадовался доктору, а потомъ замѣтилъ, какъ онъ его тщательно наблюдаетъ и время отъ времени задаетъ разные наводящіе вопросы. Очевидно, составился цѣлый заговоръ, въ которомъ приняли участіе Бачульская, Шипидинъ и докторъ.

— Они, кажется, считаютъ меня за сумасшедшаго, — съ горечью думалъ Бургардтъ.— А всѣхъ подняла на ноги милѣйшая Марина Игнатьевна...

А потомъ у него явились другія мысли. Дѣло въ томъ, что сейчасъ точно считали своей обязанностью по очереди дежурить въ его мастерской и упорно слѣдили за его работой. Это вниманіе начинало его раздражать. Очевидно, всѣхъ интересовала не его работа въ готовомъ видѣ, а то, какъ онъ работаетъ. Но случайные гости приходили и уходили, а за то оставался Гаврюша, отъ котораго уже некуда было дѣваться. Онъ слѣдилъ за нимъ съ какимъ-то озлобленнымъ упорствомъ и отмѣчалъ малѣйшій промахъ. Въ послѣднемъ отношеніи Гаврюша сдѣлалъ большіе успѣхи, и Бургардтъ чувствовалъ себя неловко, выслушивая его замѣчанія. Разъ онъ не вытерпѣлъ и сказалъ:

— Гаврюша, скажите откровенно, за что вы меня ненавидите?

— Я?!. Васъ ненавижу?— притворно изумился Гаврюша.— Развѣ я могу васъ ненавидѣть, Егоръ Захарычъ? Я отлично понимаю ту неизмѣримую разницу, которая существуетъ между нами. Вы — корифей, гордость русскаго искусства, а я безвѣстная тля. Я только состою при искусствѣ изъ милости и отлично это понимаю...

Съ Гаврюшей невозможно было разговаривать. Онъ притворялся и лгалъ съ открытымъ лицомъ. Про себя Бургардтъ рѣшилъ, что непремѣнно разстанется съ нимъ послѣ весенней выставки въ академіи художествъ. Очевидно, Гаврюшу заѣдала профессіональная зависть, какъ это случается нерѣдко. Превосходство учителя угнетало и мучило его до послѣдней степени. За спиною Гаврюши, Бургардту чувствовалась направляющая и благословляющая рука Саханова.

Бургардтъ усиленно работалъ для выставки, чтобы закончить все. Онъ гналъ работу, точно на пожаръ. Въ его головѣ складывались уже другіе замыслы и новые сюжеты. Въ сущности, скульптура точно застыла въ средѣ другихъ отраслей искусства, какъ живопись или музыка. Что-нибудь новое трудно было найти, да и новости эти появлялись на выставкахъ единицами, какъ единицами являлись и сами скульпторы, не смотря на страстную жажду найти новые пути и новыя средства. Новаторство выражалось большею частью въ какихъ-то болѣзненныхъ формахъ. Что больше всего огорчало Бургардта, такъ это то, что скульптура оставалась какъ-то внѣ текущей жизни, повторяя избитые темы и пріемы.

Давно обѣщанная Сахановымъ статья "о голой женщинѣ въ искусствѣ" появилась только на святкахъ и произвела извѣстную сенсацію, хотя являлась только дополненіемъ статьи о роли мецената въ искусствѣ. Большое мѣсто въ этой статьѣ было отведено скульптурѣ, гдѣ, по выраженію автора, голая женщина царитъ по преимуществу. Обсуждая этотъ вопросъ, Сахановъ проявилъ много пуританизма и горячо возмущался, что скульптурная голая женщина такъ нахально лѣзетъ въ глаза на каждой выставкѣ. Если въ древности она являлась олицетвореніемъ извѣстныхъ религіозныхъ представленій, если въ Греціи, во времена ея цвѣтущаго періода, она служила выраженіемъ культа красоты, то въ наше время, время пара и электричества, голая скульптурная женщина обязана своимъ существованіемъ только разнузданному вкусу современныхъ богачей и дурнымъ инстинктамъ прогнившей до мозга уличной толпы. Въ общемъ — она только иллюстрація страшнаго упадка здоровыхъ вкусовъ современнаго общества и показатель его полной испорченности. Вѣдь если-бы показалась живая голая женщина, будь она первая красавица — на улицѣ, ее забрали-бы въ участокъ за нарушеніе общественныхъ приличій, а скульптурная голая женщина показывается всѣмъ, выставляется въ общественныхъ мѣстахъ и даже нашла себѣ мѣсто на надгробныхъ памятникахъ. Но особенно досталось голой женщинѣ въ русскомъ искусствѣ, какъ продукту, имѣвшему единственную цѣль — разжигать еще болѣе разнузданное барское воображеніе. Въ западной Европѣ всѣ эти голыя богини и нимфы имѣли еще хоть какой-нибудь raison d'être, какъ печальное наслѣдство сгнившаго до корня язычества, а ужъ мы взяли эту языческую голь совершенно зря, изъ обезьянства. Развѣ эти богини говорятъ что-нибудь нашему уму или чувству, кромѣ подслуживающагося разжиганія похоти ничтожной кучки, ополоумѣвшей отъ своего родного крѣпостнаго разврата съ разными Матрешками и Палашками? Правда, что русскимъ художникамъ въ этомъ отношеніи далеко до французскихъ, но все-таки и мы платимъ вполнѣ достаточную дань голой женщинѣ, какъ товару выгодному и ходкому. И т. д., и т. д. Общее впечатлѣніе статьи оставалось все-таки незаконченнымъ, точно Сахановъ что-то не договаривалъ. Нѣсколько избитыхъ остротъ не прибавили пикантности пикантному и безъ того сюжету. Очевидно, Сахановъ началъ исписываться и повторять самого себя.

— Да, тоже конченный человѣкъ, — невольно подумалъ Бургардтъ, перелистывая статейку.— Его время прошло...

Удивительнѣе всего было то, что въ статьѣ попадалось много цѣнныхъ мѣстъ, но они какъ-то совершенно терялись среди остального хлама, точно тѣ монеты, которыя теряются на улицѣ въ уличномъ мусорѣ. Это потерянное золото уже не производило впечатлѣнія, какъ сухой трескъ холостого заряда.

У Саханова была привычка провѣрять по живымъ людямъ произведенное его статьей впечатлѣніе, и онъ объѣзжалъ своихъ знакомыхъ, чтобы узнать ихъ мнѣніе, причемъ къ свѣдѣнію, какъ у большинства авторовъ, принимались только благопріятные отзывы и похвалы, а все непріятное отметалось. Черезъ недѣлю по выходѣ статьи Сахановъ пріѣхалъ къ Бургардту, гдѣ засталъ общество — Шипидина, доктора Гаузера, Бахтерева и Ольгу Спиридоновну. Бургардтъ сразу понялъ, зачѣмъ онъ пріѣхалъ, и изъ любезности хозяина завелъ рѣчь самъ о его статьѣ.

— Ахъ, да...— притворился равнодушнымъ Сахановъ.— Я уже получилъ нѣсколько ругательныхъ писемъ. Самое обидное было отъ одной очень молоденькой и очень хорошенькой дамы, которая назвала меня лысымъ осломъ... Я нахожу, что не совсѣмъ еще заслужилъ такое названіе, потому что есть люди болѣе лысые, чѣмъ вашъ покорный слуга.

— Я тоже читала вашу статью, — замѣтила Ольга Спиридоновна, подбирая строго губы.— У васъ ничего не сказано о балетѣ... Ныньче Богъ знаетъ, кто пишетъ о насъ. Придумали какую-то поэзію спины... Рѣшительно ничего не понимаю... О женщинахъ нынче пишутъ, какъ о лошадяхъ...

— Слѣдовательно, совершенно вѣрно, — поддержалъ ее Шипидинъ.— Именно, какъ о лошадяхъ... Что касается спеціально статьи г. Саханова, то, какъ мнѣ кажется, онъ сдѣлалъ выстрѣлъ изъ пушки по воробью и просмотрѣлъ одно, именно, что голая женщина постепенно уходить изъ искусства. Есть цѣлый рядъ большихъ художниковъ, которые, кажется, ни разу ее не выводили, какъ Рѣпинъ, Верещагинъ и т. д. Насколько мнѣ помнится, у Егора Захарыча тоже не было ни одной нимфы или богини.

— Нѣтъ, былъ такой грѣхъ,— сознался Бургардтъ.— Въ юности пробовалъ лѣпить русалку, но дѣло не состоялось, потому что не нашелъ подходящей модели...

Сахановъ остался недоволенъ малыми размѣрами удѣленнаго ему вниманія и скоро уѣхалъ.

— Слѣдовательно, жалкій человѣкъ, — замѣтилъ Шипидинъ, не обращаясь въ частности ни къ кому.

XLVI

Время отъ Рождества до выставки пролетѣло стрѣлой. Бургардтъ почти не выходилъ изъ своей мастерской. Онъ рѣшился, во что бы то ни стало, кончить все. Въ сущности, это была даже не работа, а что-то вродѣ запоя. Даже завтракъ подавали въ мастерскую. Изъ знакомыхъ позволялось входить сюда только Шипидину и Ольгѣ Спиридоновнѣ, пріѣзжавшей на сеансы. Послѣдняя продолжала откровенно возмущаться собственнымъ бюстомъ.

— Старуху какую-то вылѣпилъ... Очень нужна такая старая кожа кому-то!..

Только разъ, вглядѣвшись, она съ удивленіемъ проговорила:

— А, вѣдь, старуха-то на половину еще молодая...

Это замѣчаніе страшно обрадовало Бургардта. Онъ даже покраснѣлъ отъ удовольствія. Именно, дороже всего было то, что это сказала Ольга Спиридоновна, откровенный и вполнѣ непосредственный человѣкъ.

Только авторы художественныхъ произведеній въ любой области искусства понимаютъ, какъ трудно кончать даже самую маленькую вещь. Вѣдь нѣтъ такой работы, которую нельзя было-бы сдѣлать лучше. Замыселъ всегда блѣднѣетъ въ исполненіи, не выражая и сотой доли того, что желалъ бы сказать художникъ. А муки поправокъ, дополненій и передѣлокъ? Бургардтъ даже во снѣ продолжалъ свою работу и страшно мучился. Нервы были напряжены до послѣдней степени, и онъ начиналъ галлюцинировать на яву.

Бургардтъ дошелъ въ концѣ концовъ до какого-то мученичества. Моменты отчаянія, неизбѣжные при всякомъ творчествѣ, дѣлались все чаще и оставались дольше, пока Бургардтъ не возненавидѣлъ собственную работу. Послѣднее чувство охватило его въ послѣднія двѣ недѣли, и онъ доканчивалъ свою работу въ какомъ-то отупѣломъ состояніи.

— Э, не все-ли равно?— думалъ онъ.— Какой я художникъ, какой скульпторъ...

Конецъ наступалъ какъ-то неожиданно, точно что оборвалось. Въ сущности, оставалось сдѣлать еще много, но Бургардтъ понялъ, что дальше ему уже нечего дѣлать и что онъ своими поправками будетъ только портить то, что уже сдѣлано такъ или иначе. За недѣлю до выставки онъ бросилъ все и даже не заглядывалъ въ мастерскую, какъ боятся зайти въ комнату, гдѣ лежитъ дорогой покойникъ, котораго еще всѣ привыкли видѣть живымъ. Изъ всѣхъ близкихъ людей только одинъ Шипидинъ понималъ это настроеніе и тоже не заглядывалъ въ мастерскую. Онъ боялся увидѣть не то, что предполагалъ. Съ Бургардтомъ онъ старался не говорить о выставкѣ и, вообще, о художествѣ, что было-бы просто жестоко въ виду его настроенія. Гаврюша впередъ торжествовалъ. Онъ отлично видѣлъ, что въ настоящей работѣ прежняго Бургардта уже не было, а только одни намеки на то, чѣмъ онъ могъ бы быть. Да, не было цѣлаго, а только отдѣльныя "счастливыя мѣста", какъ выражался Сахановъ.

Въ самомъ отчаяніи есть кульминаціонныя точки, когда всѣ чувства достигаютъ послѣдней степени напряженія. Именно такое состояніе переживалъ Бургардтъ, отправивъ свою работу на академическую выставку. Онъ даже не пожелалъ посмотрѣть, какъ будутъ ихъ выставлять, и предоставилъ все Гаврюшѣ.— Не безпокойтесь, Егоръ Захаровичъ, ужъ я устрою все, — говорилъ Гаврюша, на этотъ разъ вполнѣ искренно.— Мѣсто у насъ отличное, да и конкуррентовъ очень мало...

У Гаврюши явилось опасеніе за работу учителя, и онъ теперь относился къ ней ревниво. Развѣ публика, которая толчется на выставкѣ, что нибудь понимаетъ? Конечно, Бургардтъ могъ сдѣлать все лучше, но все-таки это работа Бургардта. Пусть попробуютъ другіе сдѣлать такъ.

Отправивъ работу, Бургардтъ долго стоялъ въ опустѣвшей мастерской, точно напрасно старался припомнить что-то, какъ напрасно припоминаютъ иногда счастливые молодые сны. Да, вотъ онъ здѣсь работалъ, волновался, мучился, и все вдругъ отпало и точно умерло. Больше не нужно волненій... Довольно. Онъ чувствовалъ, какъ его начинаютъ душить безсильныя слезы и, пошатываясь, какъ пьяный, ушелъ въ свой кабинетъ.

— Зачѣмъ я отправилъ все на выставку?— думалъ онъ съ тоской.— Нужно было все разбить... уничтожить...

У него являлась мысль даже о томъ, чтобы вернуть съ выставки все, но потомъ его охватила всего такая усталость, что не хотѣлось ни о чемъ думать.

Въ молодости для Бургардта открытіе академической выставки составляло настоящій праздникъ, наступленія котораго онъ ждалъ съ величайшимъ нетерпѣніемъ. А сейчасъ онъ думалъ объ этой выставкѣ со страхомъ. Даже когда она открылась, онъ пережидалъ первые три дня, когда выставку посѣщала настоящая дорогая публика, и пошелъ только на четвертый, и то въ сопровожденіи Шипидина, тащившаго его насильно.

— Слѣдовательно, это невозможно, — ворчалъ другъ дѣтства.— Выставка имѣетъ успѣхъ... Около твоихъ вещей цѣлая толпа. Странно, что всѣмъ нравится больше всего бюстъ Ольги Спиридоновны... Не понимаю.

Выставка была удачною. Публика переходила изъ зала въ залъ толпой, останавливаясь главнымъ образомъ передъ излюбленными ей "стариками", репутація которыхъ установилась давно. Молодые художники, а особенно начинающіе, фигурировавшіе на выставкѣ въ первый разъ, возбуждали толки, разницу мнѣній и критику. Публика точно не рѣшалась сказать окончательное и рѣшительное слово, то слово, которое даетъ художнику имя. Бургардтъ и Шипидинъ, разсматривая картины, долго прислушивались къ толкамъ и пересудамъ этихъ неизвѣстныхъ людей, мнѣніе которыхъ имѣло такое роковое и рѣшающее значеніе.

— Это удивительно, какъ въ массѣ публика оцѣниваетъ вѣрно, — говорилъ Бургардтъ.— Людей съ настоящимъ художественнымъ пониманіемъ и вкусомъ у насъ ничтожная кучка, а судитъ вотъ эта масса...

Васяткинъ, конечно, былъ на выставкѣ и суетливо перебѣгалъ отъ одной группы къ другой. У него на каждомъ шагу встрѣчались знакомые. Онъ что-то такое объяснялъ, размахивалъ руками и, вообще, производилъ впечатлѣніе завзятаго спеціалиста и тонкаго знатока. Бургардтъ поморщился, когда Васяткинъ потащилъ своихъ знакомыхъ къ его работамъ. Его сердце невольно сжалось отъ страха. Не доставало для полноты картины только Саханова. Но и онъ явился и сдѣлалъ видъ, что не замѣчаетъ Бургардта.

— Эге, дѣло не ладно, — подумалъ Шипидинъ.

Къ своимъ работамъ Бургардтъ подошелъ послѣ всего, когда публика отхлынула съ выставки. Гаврюша постарался и поставилъ барельефы при очень выгодномъ освѣщеніи. Здѣсь они много выигрывали, сравнительно съ мастерской.

— Что-же, не вредно...— похвалилъ Шипидинъ.— Говоря между нами, мнѣ больше всего нравится Сергій. Вещь капитальная...

Сейчасъ Бургардтъ смотрѣлъ на собственную работу уже глазами посторонняго человѣка. У него явилась даже мысль, что ужъ не все такъ плохо, а есть и нѣкоторыя достоинства. Конечно, можно было многое сдѣлать лучше, чувствовалась торопливость работы и нѣкоторая недоконченность, но въ общемъ получалось довольно цѣльное впечатлѣніе. И бюстъ человѣка Андрея вышелъ у Гаврюши тоже недурно, и его портила только намѣренная небрежность въ отдѣлкѣ деталей.

— Ничего, хорошо, — похвалилъ Шипидинъ работу Гаврюши.— Слѣдовательно, будетъ настоящій художникъ со временемъ.

— Очень можетъ быть, — согласился Бургардтъ.

Вернувшись домой, Бургардтъ еще изъ передней услышалъ голоса Бахтерева и старика Гаузера. Они о чемъ-то очень горячо спорили и сразу замолчали, когда Бургардтъ вошелъ въ кабинетъ. На письменномъ столѣ валялся скомканный номеръ газеты, и Бургардтъ понялъ сразу, въ чемъ дѣло.

— Обругалъ Сахановъ?— спросилъ онъ, здороваясь.

— Это чортъ знаетъ, что такое!— вспылилъ докторъ, бѣгая по комнатѣ.— Всему, наконецъ, есть границы...

— Просто: негодяй и мерзавецъ!..— подтвердилъ Бахтеревъ.

Бургардтъ взялъ номеръ и принялся читать посвященный ему фельетонъ. Сахановъ разбиралъ его по косточкамъ, доказывая пунктъ за пунктомъ, что Бургардтъ конченный человѣкъ. Нужно отдать справедливость, что статья была написана великолѣпно, какъ давно уже не писалъ Сахановъ, и, главное, въ серьезномъ тонѣ, безъ всякихъ выходокъ грубыхъ и спеціально газетнаго гаерства. Прочитавъ внимательно всю статью, Бургардтъ положилъ газету на столъ и проговорилъ совершенно спокойно:

— Да, къ сожалѣнію, онъ правъ... Было-бы хуже, если-бы онъ началъ хвалить меня ни за что. Да... Повѣрьте, что никакой критикъ не можетъ ни прибавить, ни убавить даже полвершка моего роста.

ЭПИЛОГЪ

Что хуже: женское письмо или Тамбовская губернія? Этотъ немного странный вопросъ задалъ себѣ Евстратъ Павлычъ Бахтеревъ, остановившійся, какъ въ сказкѣ, на распутіи трехъ полевыхъ дорожекъ. День былъ жаркій, настоящій іюльскій. Кругомъ безъ конца разлеглись поля назрѣвавшей пшеницы. Мѣстахъ въ пяти отдѣльными купами круглились рощицы, въ которыхъ прятались заброшенныя помѣщичьи усадьбы. Одна изъ этихъ купъ принадлежала усадьбѣ "Уланка", куда Бахтереву нужно было пройти. На желѣзнодорожномъ полустанкѣ безтолковый сторожъ ткнулъ пальцемъ прямо и сказалъ:

— Иди все прямо, баринъ... Дорога одна.

Вотъ тебѣ и одна дорога... Бахтеревъ въ отчаяніи сѣлъ на землю, досталъ изъ кармана письмо Бачульской и еще разъ перечиталъ его. Конечно, числа, какъ на всѣхъ женскихъ письмахъ, не полагалось, а самый адресъ можно было прочитать только по догадкѣ: Уланка, Ульянка, даже выходило что-то вродѣ Улыбки.

— Очень даже трогательно, — ворчалъ Бахтеревъ, пряча письмо.

Бачульская писала ему въ Воронежъ, гдѣ Бахтеревъ гастролировалъ, и просила убѣдительно навѣстить ее. До рокового полустанка все шло благополучно, а тутъ сразу точно на необитаемый островъ пріѣхалъ: лошадей нѣтъ, послать за ними некого, фамиліи Бачульской никто не слыхалъ и т. д. Однимъ словомъ, получалась Тамбовская губернія, о которой всѣ свѣдѣнія Бахтерева ограничивались тамбовскими окороками и знаменитой "кашей изъ Тамбова", которой "не было пріятнѣй, веселѣй".

Послѣ нѣкотораго колебанія, Бахтеревъ рѣшилъ, что нужно идти по средней дорожкѣ, тѣмъ болѣе, что по ней навстрѣчу ѣхала деревенская телѣга, — послѣднее было только предположеніемъ, потому-что гдѣ-то далеко впереди, надъ лоснившейся шелкомъ безконечной пшеницей медленно двигалось облачко пыли.

Бахтереву пришлось идти по меньшей мѣрѣ битый часъ, только для того, чтобы убѣдиться, что предполагаемая крестьянская телѣга точно провалилась сквозь землю. Но, когда онъ хотѣлъ придти въ отчаяніе, изъ живой стѣны пшеницы показалась баба, Да, настоящая россійская баба — въ лапоткахъ, съ замотанной, не смотря на лѣтній зной, шалью

253

головой. Когда Бахтеревъ задалъ вопросъ объ Улановкѣ, баба ткнула рукой прямо и отвѣтила:

— А вонъ она...

Очевидно, эта тамбовская баба была родственницей желѣзнодорожнаго сторожа. Бахтеревъ пошелъ впередъ съ твердой рѣшимостью куда-нибудь дойти. Попался какой-то глубокій оврагъ, по дну котораго пряталась въ лозникахъ безымянная рѣчонка, потомъ глинистый косогоръ, потомъ плотина, а за ней барская усадьба въ уютной рощицѣ.

— Здѣсь, — рѣшилъ Бахтеревъ.

Усадьба походила на всѣ помѣщичьи усадьбы. Двухъ-этажный деревянный домъ съ колоннами, террасой, съ какой-то башенкой, крутомъ запущенный садикъ, за домомъ неизбѣжная "вѣковая аллея", которая хранила воспоминаніе о счастьи дѣдушекъ и бабушекъ, и т. д. Бахтеревъ вошелъ прямо въ открытое парадное крыльцо, потомъ попалъ въ какой-то корридоръ и, наконецъ, очутился въ уютномъ садикѣ изъ сиреней и акацій. На зеленой садовой скамейкѣ сидѣла женщина съ какой-то женской работой, рядомъ съ ней въ колясочкѣ, прикрытой кисеей, спалъ ребенокъ. Появленіе Бахтерева заставило женщину подняться.

— Боже мой, кого я вижу?!— сказала она.

— Марина Игнатьевна, вы ли это?— въ свою очередь удивился Бахтеревъ и покосился на дѣтскую колясочку.

Она густо покраснѣла и театральнымъ жестомъ пригласила говорить тихо.

— Онъ спитъ...— объяснила она съ виновато счастливымъ видомъ.

Бехтеревъ принялъ позу благороднаго отца изъ "La dame aux camélias" и даже заложилъ правую руку на бортъ лѣтняго пиджака.

— Фамилія?— коротко спросилъ онъ.

Она еще сильнѣе покраснѣла и отвѣтила, опустивъ глаза:

— "Домби и сынъ"...

— Ага, понимаю...

Они оба разсмѣялись. Вѣроятно, старая барская усадьба давно не слыхала такого счастливаго, хорошаго смѣха...

— А гдѣ же онъ! — спросилъ Бахтеревъ.

— Онъ у Шипидина... Я сейчасъ пошлю за нимъ. Это совсѣмъ близко — версты четыре. Мы считаемъ разстояніе по деревенски.

Она встала и позвала горничную. Отданъ былъ приказъ, и горничная отправилась бѣгомъ, шлепая босыми ногами. Когда Бачульская возвращалась, Бахтеревъ ее обнялъ и поцѣловалъ.

— Ахъ, это нельзя...— смущенно объясняла она.— Я уже начинаю забывать наши актерскіе добрые поцѣлуи.

— Не актерскіе, а дружескіе... Да и я уже настолько старъ, что мнѣ можно это позволить. Притомъ, я вижу, что вы счастливы, и мое старое сердце забилось...

Они сѣли на зеленую скамеечку, и Бачульская въ короткихъ словахъ разсказала все, что случилось за этотъ годъ. Бургардтъ послѣ выставки сейчасъ же исчезъ неизвѣстно куда. Она и Шипидинъ страшно перепугались, пока не пришла мысль искать его въ Финляндіи, — дѣйствительно, Бургардтъ уѣхалъ на Иматру и тамъ поселился. Съ нимъ было очень не хорошо. Временами онъ заговаривался, потомъ были истерическіе припадки, безграничный страхъ и страшная тоска.

— О, намъ много было съ нимъ хлопотъ, — разсказывала Бачульская и прибавила уже вполголоса: — Да и сейчасъ бываютъ несчастные дни... Но все-таки жизнь въ деревнѣ точно воскресила его, хотя о работѣ нечего и думать. Надо подождать... Мы теперь занимаемся больше всего деревенскимъ хозяйствомъ. Есть двѣ лошади, двѣ коровы, Анита выкармливаетъ телку — однимъ словомъ, настоящіе помѣщики. Я ужасно рада, что его все это интересуетъ и даже больше — онъ увлекается. Прошлое мнѣ иногда кажется какимъ-то тяжелымъ сномъ. Кстати, когда будете писать мнѣ, адресуйте на имя m-me Бургардтъ... Бачульская больше не существуетъ.

Бахтеревъ крѣпко пожалъ ея руку и проговорилъ съ тяжелымъ вздохомъ:

— Да, да, чувствую, что вы счастливы... Можетъ быть, когда нибудь забредетъ къ вамъ старый товарищъ по сценѣ... Да, не оставьте его... Одно слово участія... нѣсколько дней отдыха...

Она со слезами на глазахъ крѣпко его расцѣловала. Въ этотъ трогательный моментъ на террасѣ показались Бургардтъ и Шипидинъ, оба загорѣлые и оба въ одинаковыхъ костюмахъ. Бургардтъ страшно обрадовался гостю и тоже заключилъ его въ свои объятія.

— Боже, какъ я васъ радъ видѣть, Евстратъ Павлычъ, — повторялъ онъ.— Да, радъ... Жена вамъ писала уже не первое письмо, и мы частенько васъ поджидали.

— Слѣдовательно, и я тоже радъ, — прибавилъ отъ себя Шипидинъ, оглядывая гостя съ ногъ до головы.— А какой-бы изъ васъ отличный рабочій вышелъ... да...

Вечеромъ они долго сидѣли въ саду вокругъ самовара,

вспоминая прошлое, и Бургардтъ, какъ случается съ семейными людьми, проговорилъ словами жены:

— А, знаете, прошлое мнѣ кажется какимъ-то тяжелымъ сномъ... Это и былъ сонъ.

КОНЕЦЪ